中国建筑业统计年鉴

CHINA STATISTICAL YEARBOOK ON CONSTRUCTION

2003

国家统计局固定资产投资统计司 编

Compiled by the Department of Investment and Construction Statistics of National Bureau of Statistics

中国统计出版社
China Statistics Press

(京)新登字 041 号

图书在版编目(CIP)数据

中国建筑业统计年鉴.2003/国家统计局固定资产投资统计司编.
-北京:中国统计出版社.2004.2
ISBN 7-5037-4291-7

Ⅰ.中…
Ⅱ.国…
Ⅲ.建筑业-统计资料-中国-2003-年鉴
Ⅳ.F426.9-66

中国版本图书馆 CIP 数据核字(2004)第 001531 号

中国建筑业统计年鉴-2003

作　　者/国家统计局固定资产投资统计司
责任编辑/吕　军
封面设计/张　冰
出版发行/中国统计出版社
通信地址/北京市西城区月坛南街 75 号　邮政编码/100826
办公地址/北京市丰台区西三环南路甲 6 号
电　　话/(010)63459084、63266600-22500(发行部)
印　　刷/北京顺义振华印刷厂
经　　销/新华书店
开　　本/787×1092mm　1/16
字　　数/510 千字
印　　张/22
印　　数/1-1000 册
版　　别/2004 年 3 月第 1 版
版　　次/2004 年 3 月北京第 1 次印刷
书　　号/ISBN 7-5037-4291-7/F·1767
定　　价/105.00 元

《中国建筑业统计年鉴－2003》

编　委　会

编 者 说 明

《中国建筑业统计年鉴－2003》是一部全面反映中国建筑业发展情况的年度性资料，是《中国建筑业统计年鉴－2002》的续编。本书收集了全国和各省、自治区、直辖市2002年度有关建筑业发展方面的统计数据。

《中国建筑业统计年鉴－2003》资料直接由2002年全国建筑业统计报表基层数据库加工形成。根据2002年建筑业统计报表制度的规定，2002年建筑业年报统计范围由原资质等级四级及以上的独立核算的建筑业企业改为具有建筑业资质等级的所有独立核算的建筑业企业。具体包括总承包建筑业企业、专业承包建筑业企业和劳务分包建筑业企业。

本年鉴资料分为四个部分：一、综合；二、按经济类型分组的建筑业企业；三、中央和地方建筑业企业；四、按资质分组的建筑业企业；五、各行业建筑业企业。每部分资料的编排，根据制度和实际工作要求，既有按经济类型的分组，又有按行业的分组。在各分组中又分别设置了反映建筑业总产值、建筑业增加值、各种用途的房屋建筑竣工面积、工程质量、技术装备、实收资本、资产和负债、利润和税金等方面情况的表式。年鉴资料内容较为丰富完整。

使用本年鉴资料时请注意以下几点：

1. 本年报资料的统计数据除第四部分以外，均不包括劳务分包建筑业企业数据。

2. 本年报资料各项相加不等于总计均由于四舍五入的缘故。

3. 本年报资料由国家统计局固定资产投资统计司编印并负责解释。

由于编辑时间比较仓促，本书难免存在一些不妥之处，欢迎广大读者批评指正。

目　录

一、综　合

二、按经济类型分组的建筑业企业

三、中央和地方建筑业企业

四、按资质分组的建筑业企业

五、各行业建筑业企业

一

综　合

历年建筑业企业概况

年　　份	总　　计	国有企业	集体企业	港澳台商投资企业	外商投资企业	其　　他
企业单位数(个)						
1980	6604	1996	4608			
1985	11150	3385	7765			
1990	13327	4275	9052			
1991	13825	4638	9187			
1992	14536	4985	9551			
1993	20998	6363	14130	173	140	192
1994	23315	7251	15196	268	267	333
1995	24133	7531	15348	329	312	613
1996	41364	9109	29044	417	388	2406
1997	44017	9650	29872	491	454	3550
1998	45634	9458	28410	629	337	6800
1999	47234	9394	27197	664	341	9638
2000	47518	9030	24756	635	319	12778
2001	45893	8264	19096	622	274	17637
2002	47820	7536	13177	632	279	26196
从业人员(万人)						
1980	648.0	481.8	166.2			
1985	911.5	576.7	334.8			
1990	1010.7	621.0	389.7			
1991	1058.3	638.9	419.4			
1992	1157.5	681.2	476.3			
1993	1096.7	631.5	455.7	1.2	1.2	7.1
1994	1445.9	818.2	601.9	3.8	3.8	18.2
1995	1497.9	824.3	631.9	5.0	5.4	31.3
1996	2121.9	855.9	1171.4	8.7	8.6	77.3
1997	2101.5	828.6	1148.2	8.2	9.6	106.9
1998	2030.0	738.4	1057.3	9.3	5.1	219.9
1999	2020.1	690.6	993.1	11.5	6.1	318.9
2000	1994.3	635.6	887.5	8.2	4.4	458.6
2001	2110.7	590.7	739.9	7.7	4.3	768.1
2002	2245.2	543.8	579.2	7.4	4.5	1110.4
建筑业总产值(亿元)						
1980	286.93	220.90	66.03			
1985	675.10	474.51	200.59			
1990	1345.01	935.19	409.82			
1991	1564.33	1062.48	501.85			
1992	2174.44	1432.13	742.31			
1993	3253.50	2054.83	1163.85	7.30	5.30	22.22
1994	4653.32	3033.66	1519.45	23.24	18.20	58.77
1995	5793.75	3670.25	1899.47	33.60	33.19	157.24
1996	8282.25	4160.21	3695.68	46.85	50.51	329.00
1997	9126.48	4526.52	3925.81	63.72	70.49	539.94
1998	10061.99	4571.44	4012.01	91.94	62.52	1324.08
1999	11152.86	4861.38	4081.79	91.97	64.43	2053.29
2000	12497.60	5053.79	4035.84	99.18	67.49	3241.30
2001	15361.56	5362.81	3775.89	102.55	73.06	6047.25
2002	18527.18	5582.86	3338.50	113.87	91.38	9400.57

注：1.本表1996年至2001年数据为资质等级(旧资质)四级及四级以上建筑业企业数据；2002年数据为所有具有资质等级的施工总承包、专业承包建筑业企业(不含劳务分包建筑业企业)数据；因此数据存在着与以前年度不可比因素，以下各表同。

2.从业人员数1993年至1997年为年平均人数。

各地区历年建筑业总产值

单位:万元

地　　区	1997	1998	1999	2000	2001	2002
全国总计	**91264777**	**100619922**	**111528640**	**124975961**	**153615626**	**185271753**
北　　京	5192363	6230089	6814102	7274774	8879099	10550535
天　　津	1909999	2111208	2227406	2380991	2886808	4061628
河　　北	3760962	3935044	4321432	4921005	6145010	7111712
山　　西	1920095	2178150	2397739	2393974	3114390	4469457
内 蒙 古	963852	1017600	1168732	1367309	1782561	2200194
辽　　宁	4291256	4189831	4893444	5980933	7611747	8393428
吉　　林	1369882	1460359	1713517	2391840	2740726	2926017
黑 龙 江	2435310	2739532	2996115	3340903	3723204	4079097
上　　海	5524161	5859020	5683036	6223565	7215808	8222730
江　　苏	10716094	11962007	13299853	15388416	18218039	21995164
浙　　江	8773546	9425292	11282810	13837658	17684490	22829906
安　　徽	2359972	2356154	2773364	3028240	4215500	5282183
福　　建	2268855	2446658	2511292	2711420	3690460	4026874
江　　西	856436	893804	1022296	1164115	1691530	2450718
山　　东	6479717	7001115	7672600	8170949	9842204	11511730
河　　南	2946903	3049638	3169845	3573425	4524908	5367328
湖　　北	3059698	3436527	3990201	4541767	5290240	6365491
湖　　南	2965005	3273222	3338963	3544202	4897879	5955616
广　　东	6747406	7886723	8719500	8919834	11320549	13417808
广　　西	1275627	1344209	1491385	1509158	1802891	2211684
海　　南	279923	308507	333933	302139	353453	415089
重　　庆	2440552	2896198	3175927	3486579	4368169	5006543
四　　川	5206436	5977644	6495237	7138102	8228676	10725229
贵　　州	767046	831976	966508	1090571	1502008	1811244
云　　南	2189844	2517439	3114900	3092645	3439350	3582375
西　　藏	79519	94455	134958	168178	186832	216949
陕　　西	1642493	1879804	2183009	2423046	2797388	3465727
甘　　肃	1056249	1133752	1187695	1251202	1473057	1923798
青　　海	309340	355576	396528	447162	542130	733550
宁　　夏	334919	393603	482827	562352	703722	839121
新　　疆	1141318	1434787	1569486	2349506	2742800	3122828

各地区历年建筑业增加值

单位:万元

地　区	1997	1998	1999	2000	2001	2002
全国总计	**25405426**	**27837909**	**30222586**	**33410864**	**40235718**	**46982984**
北　京	1424872	1787588	1809631	1861649	2215886	2391033
天　津	508102	580644	599298	596889	665186	893313
河　北	1058799	1026622	1176002	1255840	1595275	1834168
山　西	571361	619820	623871	659211	775992	1038088
内蒙古	309691	352602	387728	415530	530331	640435
辽　宁	1331824	1271822	1458714	1650483	2013803	2188234
吉　林	428432	410049	477403	648043	828044	751837
黑龙江	720763	796891	838384	901381	1012242	1104913
上　海	1209914	1311338	1224694	1381463	1432718	1846303
江　苏	2620881	2915897	3212848	3700633	4346794	5169128
浙　江	2212090	2431151	2861430	3521692	4368676	5251258
安　徽	680801	703797	783765	837832	1195204	1456226
福　建	618988	738348	662526	710129	954305	995149
江　西	256353	262760	303880	324209	448780	679543
山　东	1894007	2020712	2162466	2269464	2740505	3091036
河　南	795700	875188	915452	1006563	1184251	1353486
湖　北	951010	1063379	1208960	1346062	1438777	1810211
湖　南	836320	876333	909667	965511	1307676	1533062
广　东	1964243	2230076	2492533	2509568	3212604	3632251
广　西	378210	436240	463926	495053	536363	628768
海　南	73788	67747	77185	68036	78689	102333
重　庆	677742	783224	870648	912266	1207981	1347663
四　川	1593421	1776678	1855648	2073881	2442159	3077972
贵　州	230913	244071	276657	313945	411845	493866
云　南	613405	678146	857556	819742	884943	935206
西　藏	33468	41089	40991	45811	42524	69159
陕　西	508819	509819	557333	591203	683851	793115
甘　肃	347624	380112	388427	402912	459363	588566
青　海	97950	117884	137154	162241	161192	191710
宁　夏	110707	120438	145697	173888	204157	233983
新　疆	345229	407445	442113	789737	855600	860969

各地区历年建筑业企业利税总额

单位:万元

地 区	1997	1998	1999	2000	2001	2002
全国总计	**3815831**	**4192554**	**4944082**	**5792206**	**7934252**	**9697797**
北 京	253878	305450	341341	385714	465129	584471
天 津	71020	82554	80172	96435	121086	191909
河 北	166060	165394	207616	224663	416927	381119
山 西	54660	59524	72317	93678	119342	178827
内蒙古	29568	39201	51242	58719	81525	113728
辽 宁	126853	89493	183582	255827	388175	406326
吉 林	28550	30355	54198	88242	136570	128794
黑龙江	71737	90084	109410	134863	168938	176265
上 海	264634	273404	278825	342818	386166	480415
江 苏	369130	416444	443934	585377	740637	936746
浙 江	425246	476539	571252	740235	1009064	1284708
安 徽	81957	80036	105523	126076	217112	275184
福 建	109996	129438	120981	141997	236135	231295
江 西	29593	30587	37586	44866	72464	134489
山 东	359251	379508	416839	419264	561028	666717
河 南	112364	113707	132961	148742	202791	245271
湖 北	123314	151995	190966	216898	278040	390134
湖 南	122324	115843	121018	153028	255126	319042
广 东	350041	424246	522531	543688	800994	888679
广 西	53428	65467	63830	64151	85386	125653
海 南	16135	9686	17655	14801	19191	30539
重 庆	100613	117637	133598	152870	236729	262773
四 川	209659	229653	268304	318422	415125	569936
贵 州	24536	26509	32956	47008	71097	95505
云 南	106361	119929	154874	160638	159381	167754
西 藏	6225	6745	8358	12805	16876	26030
陕 西	49080	50480	67403	84901	111932	144683
甘 肃	48910	55147	61307	67918	71882	103144
青 海	8849	9832	8921	18312	25542	36704
宁 夏	9886	10074	19804	29994	35175	37429
新 疆	31970	37597	64778	19257	28688	83528

各地区历年建筑业企业劳动生产率

按建筑业增加值计算。 单位:元/人

地区	1997	1998	1999	2000	2001	2002
全国总计	**12089**	**13350**	**14451**	**15929**	**17621**	**19316**
北京	17736	21203	21900	22553	26435	26701
天津	17364	19791	20875	21765	25736	25953
河北	10785	10807	12360	13070	15023	16378
山西	12101	14249	15071	16824	18118	18039
内蒙古	9529	11716	11753	11913	13509	15140
辽宁	11883	12163	13948	15062	16867	18629
吉林	12059	11988	13355	16594	21197	17960
黑龙江	11220	12917	13462	13991	15559	16994
上海	20666	23038	21488	24375	23565	30020
江苏	12683	12904	14540	16793	18823	20565
浙江	15863	17059	19013	21228	23593	26175
安徽	10080	10902	11195	11738	13259	16423
福建	12835	17159	16826	17061	22417	23305
江西	7566	8749	10455	11240	13428	16072
山东	10889	12026	12615	12517	13555	15004
河南	8501	10228	11656	12766	13628	14632
湖北	12499	12869	14105	16268	17315	19758
湖南	10297	10594	11787	12697	14987	17176
广东	14396	16332	17523	19829	22559	24744
广西	10578	12537	13273	15308	15449	17503
海南	8198	9463	12660	11868	11821	14539
重庆	9826	10245	11656	12859	14526	16132
四川	10331	11163	11589	13118	14223	15701
贵州	9780	11386	12296	14311	16162	18200
云南	11432	12717	14653	15531	16089	18075
西藏	19937	23931	16375	17105	16676	23492
陕西	10644	11827	13599	14559	15160	16666
甘肃	8207	10728	11203	11701	12594	13383
青海	10241	12030	13505	15348	15508	15736
宁夏	10486	10448	11699	13895	15211	15944
新疆	11739	13545	15660	25209	26411	23879

各地区历年建筑业企业利润总额

单位:万元

地　　区	1997	1998	1999	2000	2001	2002
全国总计	**1099170**	**1173285**	**1547982**	**1920635**	**2943904**	**3703532**
北　京	104320	123744	135595	163561	187424	251894
天　津	21445	29350	21991	27993	37517	73614
河　北	48968	40479	62006	67370	126382	146051
山　西	-828	-10161	-882	-514	17683	37332
内蒙古	-5999	3241	13076	14561	19053	40988
辽　宁	-8711	-42535	30962	66730	148186	127030
吉　林	-15110	-16523	790	17339	36912	29628
黑龙江	3122	10870	23741	31070	53572	45741
上　海	126383	130723	141889	184252	191779	235432
江　苏	113507	138139	121082	206569	258129	353159
浙　江	170603	194607	235308	318850	458497	606604
安　徽	10221	774	15904	28127	72552	90671
福　建	28436	26052	25773	25831	89109	91740
江　西	-1710	-2548	3395	6157	15635	40478
山　东	161762	162328	176337	182235	262288	312306
河　南	26029	21442	37901	31281	58802	75985
湖　北	16076	38036	51890	58425	88285	129633
湖　南	29655	19488	17230	43938	86497	111240
广　东	131085	153969	199092	203926	373276	373902
广　西	8418	16059	13227	9147	22519	43171
海　南	4868	295	6439	3907	6709	14339
重　庆	27203	33093	41582	49310	90786	99587
四　川	51222	58555	76014	100995	150604	213687
贵　州	-286	638	1775	9855	17334	25997
云　南	34195	35929	53070	58350	46654	46553
西　藏	4858	4392	5033	7385	11402	14307
陕　西	3517	-3552	5799	14497	24786	34906
甘　肃	10906	14455	16917	19977	19906	22434
青　海	-797	-1555	-3873	3812	5249	13780
宁　夏	157	-622	5559	13722	13863	12354
新　疆	-4347	-5875	13359	-48022	-47485	-11011

按经济类型划分的建筑业企业主要经济指标

指　　标		合计	内资企业	#国有	#集体
建筑业企业个数	(个)	47820	46909	7536	13177
从业人员	(万人)	2245.19	2233.26	543.75	579.18
自有固定资产原价	(亿元)	6183.80	6120.75	2532.83	1033.97
自有固定资产净价	(亿元)	4273.18	4233.10	1649.06	754.52
年末自有机械设备台数	(万台)	754.00	747.38	171.08	217.46
年末自有机械设备净值	(亿元)	2172.29	2154.51	681.12	426.35
年末自有机械设备总功率	(万千瓦)	11022.52	10961.31	3663.21	2341.21
建筑业总产值	(亿元)	18527.18	18321.92	5582.86	3338.50
建筑业增加值	(亿元)	4698.30	4648.19	1426.57	880.49
#本年固定资产折旧	(亿元)	301.05	297.48	114.85	42.76
主营业务应付工资	(亿元)	2051.72	2036.18	551.65	431.73
主营业务应付福利费	(亿元)	223.02	221.49	66.27	42.92
工程结算税金及附加	(亿元)	566.76	560.95	169.11	108.55
管理费用中的税金	(亿元)	32.67	32.24	10.01	7.70
工程结算利润	(亿元)	1395.05	1372.47	440.64	235.69
房屋建筑施工面积	(万平方米)	215608.70	214403.29	44567.31	52564.43
房屋建筑竣工面积	(万平方米)	110217.05	109710.61	19628.20	30071.33
利润总额	(亿元)	370.35	365.24	45.59	75.74
税金总额	(亿元)	599.43	593.19	179.11	116.25
劳动生产率					
按总产值计算	(元/人)	76171	75832	92844	55670
按增加值计算	(元/人)	19316	19238	23724	14682
技术装备率	(元/人)	9675	9647	12527	7361
动力装备率	(千瓦/人)	4.9	4.9	6.7	4.0
房屋建筑面积竣工率	(%)	51.1	51.2	44.0	57.2
单位工程一次交验合格率	(%)	87.8	87.9	88.3	86.0
产值利润率	(%)	2.0	2.0	0.8	2.3
产值利税率	(%)	5.2	5.2	4.0	5.8

按经济类型划分的建筑业企业主要经济指标

续表

指　　标		港澳台商投资企业	#港澳台商独资企业	外商投资企业	#外商独资企业
建筑业企业个数	（个）	632	74	279	26
从业人员	（万人）	7.41	0.46	4.52	0.17
自有固定资产原价	（亿元）	38.87	2.39	24.18	0.96
自有固定资产净价	（亿元）	24.10	1.26	15.98	0.58
年末自有机械设备台数	（万台）	4.36	0.29	2.26	0.09
年末自有机械设备净值	（亿元）	10.39	0.69	7.39	0.19
年末自有机械设备总功率	（万千瓦）	39.03	3.22	22.17	0.64
建筑业总产值	（亿元）	113.87	6.47	91.38	2.99
建筑业增加值	（亿元）	29.13	1.74	20.98	1.03
#本年固定资产折旧	（亿元）	2.20	0.22	1.37	0.06
主营业务应付工资	（亿元）	9.00	0.50	6.55	0.21
主营业务应付福利费	（亿元）	0.91	0.05	0.61	0.03
工程结算税金及附加	（亿元）	3.24	0.28	2.57	0.08
管理费用中的税金	（亿元）	0.21	0.01	0.22	0.01
工程结算利润	（亿元）	13.13	0.65	9.45	0.62
房屋建筑施工面积	（万平方米）	485.33	52.95	720.08	12.00
房屋建筑竣工面积	（万平方米）	193.72	21.47	312.72	8.90
利润总额	（亿元）	2.42	−0.17	2.69	0.07
税金总额	（亿元）	3.45	0.30	2.79	0.09
劳动生产率					
按总产值计算	（元/人）	118402	105237	139049	119828
按增加值计算	（元/人）	30289	28210	31921	41269
技术装备率	（元/人）	14026	15118	16361	10866
动力装备率	（千瓦/人）	5.3	7.0	4.9	3.7
房屋建筑面积竣工率	（%）	39.9	40.5	43.4	74.2
单位工程一次交验合格率	（%）	63.0	92.6	88.6	97.4
产值利润率	（%）	2.1	−2.6	2.9	2.4
产值利税率	（%）	5.2	2.0	6.0	5.5

建筑业企业主要经济指标完成情况

指　　标	计量单位	2001年	2002年	2002年比2001年增减(%)
建筑业总产值	亿元	15361.6	18527.2	20.6
建筑业增加值	亿元	4023.6	4698.3	16.8
#本年提取的固定资产折旧	亿元	260.3	301.1	15.7
主营业务应付工资	亿元	1797.0	2051.7	14.2
主营业务应付福利费	亿元	187.9	223.0	18.7
工程结算税金及附加	亿元	472.3	566.8	20.0
工程结算利润	亿元	1159.6	1395.1	20.3
房屋建筑施工面积	万平方米	188328.7	215608.7	14.5
房屋建筑竣工面积	万平方米	97699.0	110217.1	12.8
年末自有机械设备净值	亿元	1506.2	2172.3	44.2
年末自有机械设备总功率	万千瓦	10251.7	11022.5	7.5
实收资本	亿元	4518.6	5855.6	29.6
资产合计	亿元	16967.6	20390.1	20.2
#流动资产	亿元	12140.6	14315.3	17.9
固定资产	亿元	3571.6	4518.3	26.5
负债合计	亿元	11333.8	12985.7	14.6
#流动负债	亿元	10743.9	12323.8	14.7
长期负债	亿元	589.9	661.9	12.2
资产负债率	%	66.8	63.7	-4.6
税金总额	亿元	499.0	599.4	20.1
利润总额	亿元	294.4	370.4	25.8
按建筑业总产值计算的劳动生产率	元/人	67275	76171	13.2
按建筑业增加值计算的劳动生产率	元/人	17621	19316	9.6
房屋建筑面积竣工率	%	51.9	51.1	-1.5
单位工程一次交验合格率	%		87.8	
技术装备率	元/人	7136	9675	35.6
动力装备率	千瓦/人	4.9	4.9	
产值利税率	%	5.2	5.2	
产值利润率	%	1.9	2.0	5.3
人均利税	元/人	3475	3987	14.7
建筑业企业个数	个	45893	47820	4.2
计算劳动生产率的平均人数	万人	2283.4	2432.3	6.5

各地区建筑业企业签订合同情况

单位：万元

地区	合同总额	上年结转合同额	本年新签合同额
全国总计	**267342881**	**91747274**	**175595607**
北京	16806770	6330851	10475919
天津	6027521	2164991	3862530
河北	9165316	2704779	6460537
山西	6487893	2105240	4382653
内蒙古	2702589	590809	2111780
辽宁	11208628	3444720	7763908
吉林	4195472	1614642	2580830
黑龙江	4888697	1084789	3803908
上海	13499458	4557475	8941983
江苏	28339319	8372183	19967136
浙江	34423267	11758589	22664678
安徽	7218705	1858922	5359783
福建	6416552	2574046	3842506
江西	3595396	1141780	2453616
山东	15153923	5192773	9961150
河南	7777605	2623719	5153886
湖北	10546372	4053834	6492538
湖南	8722698	3343984	5378714
广东	22419567	9735952	12683615
广西	3427686	1210590	2217096
海南	673298	246748	426550
重庆	6884432	2514398	4370034
四川	14265446	4958513	9306933
贵州	2663655	1260435	1403220
云南	5039861	1618917	3420944
西藏	317632	30263	287369
陕西	5954068	2167367	3786701
甘肃	2273573	762441	1511132
青海	1251931	491871	760060
宁夏	1033465	243168	790297
新疆	3962086	988485	2973601

各地区建筑业企业承包工程完成情况

单位：万元

地　区	直接从建设单位承揽工程完成的产值	自行完成施工产值	分包出去工程的产值	从建设单位以外承揽工程完成的产值
全国总计	**180966888**	**175892776**	**5074112**	**9378977**
北　京	10458006	9932346	525660	618189
天　津	4059199	3898233	160966	163395
河　北	7004423	6918664	85759	193048
山　西	4365654	4246980	118674	222477
内蒙古	2168969	2148078	20891	52116
辽　宁	8313751	8228449	85302	164979
吉　林	2876393	2852094	24299	73923
黑龙江	4083554	4019626	63928	59471
上　海	7989291	6973460	1015831	1249270
江　苏	20311413	19724427	586986	2270737
浙　江	22123070	21902975	220095	926931
安　徽	5186316	5082790	103526	199393
福　建	3978102	3892513	85589	134361
江　西	2383116	2347837	35279	102881
山　东	11179202	11032117	147085	479613
河　南	5206091	5117076	89015	250252
湖　北	6226234	6123802	102432	241689
湖　南	5760503	5687538	72965	268078
广　东	13736949	12829436	907513	588372
广　西	2232676	2158091	74585	53593
海　南	413888	404197	9691	10892
重　庆	4866092	4780027	86065	226516
四　川	10466841	10330317	136524	394912
贵　州	1787884	1774123	13761	37121
云　南	3522030	3479598	42432	102777
西　藏	225563	214787	10776	2162
陕　西	3459125	3354710	104415	111017
甘　肃	1881254	1858763	22491	65035
青　海	745445	720914	24531	12636
宁　夏	827355	824151	3204	14970
新　疆	3128499	3034657	93842	88171

各地区建筑业总产值和竣工产值

单位:万元

地区	建筑业总产值	#装饰装修产值	#在外省完成的产值	按构成分组			竣工产值
				建筑工程产值	安装工程产值	其他产值	
全国总计	**185271753**	**12227101**	**37932017**	**157103166**	**21735028**	**6433559**	**137294144**
北　京	10550535	2140777	1188637	9339909	1002403	208223	7564428
天　津	4061628	154629	1139059	3199946	699662	162020	2690174
河　北	7111712	337900	1641956	6086819	862121	162772	5131502
山　西	4469457	189528	1809043	3883344	483034	103079	2596276
内蒙古	2200194	64982	192020	1921028	235471	43695	1876638
辽　宁	8393428	438646	1435333	6816884	1413006	163538	6046287
吉　林	2926017	67843	524609	2480464	405570	39983	2540035
黑龙江	4079097	257481	427449	3221151	648484	209462	3493027
上　海	8222730	1021853	801993	6752971	1088844	380915	6211333
江　苏	21995164	1312487	8201275	18469001	2392250	1133913	16792590
浙　江	22829906	1468990	7029225	19667676	2311993	850237	16520027
安　徽	5282183	299900	1152407	4556132	508800	217251	3892048
福　建	4026871	254215	486270	3479863	443222	103789	3132400
江　西	2450718	149544	367419	2055961	273315	121442	1841090
山　东	11511730	677885	1042969	9555164	1699517	257049	8407118
河　南	5367328	208838	1382059	4465301	779025	123002	4079336
湖　北	6365491	351485	1588379	5450166	541775	373550	4682049
湖　南	5955616	200565	1228756	5059199	496724	399693	4380418
广　东	13417808	1284104	1180175	11192793	1932300	292715	9969637
广　西	2211684	85861	214041	1872844	264353	74487	1584834
海　南	415089	30412	54695	378947	32560	3582	240408
重　庆	5006543	222861	534956	4416152	413229	177162	3422512
四　川	10725229	541770	2180916	9264133	1025469	435627	8204089
贵　州	1811244	38540	215003	1532814	253102	25328	1263699
云　南	3582375	166154	152219	3181449	275941	124985	2814836
西　藏	216949	6330	831	192450	20121	4378	193658
陕　西	3465727	80061	1337536	3069214	323756	72757	2382174
甘　肃	1923798	48282	183943	1568000	297353	58445	1649649
青　海	733550	15358	94480	629139	83530	20881	584893
宁　夏	839121	21164	55815	706890	122983	9248	691341
新　疆	3122828	88656	88549	2637362	405115	80351	2415638

各地区建筑业企业单位工程施工个数及工程质量

地　区	单位工程施工个数（个）	#本年新开工	#实行投标承包个数	#本年新开工	单位工程竣工个数（个）	#一次交验合格个数	单位工程一次交验合格率（%）	投标承包个数的比重(%)
全国总计	**912259**	**634397**	**481465**	**329183**	**610192**	**535880**	**87.8**	**52.8**
北　京	34923	25144	11969	7893	24236	21311	87.9	34.3
天　津	22139	15920	7721	5462	15304	12148	79.4	34.9
河　北	33263	22716	22674	15824	21636	20221	93.5	68.2
山　西	28893	19785	15972	9201	17382	15775	90.8	55.3
内蒙古	10055	7621	6449	4854	7422	7175	96.7	64.1
辽　宁	44760	33976	19834	13909	33162	25987	78.4	44.3
吉　林	15212	10373	10426	6667	10732	9538	88.9	68.5
黑龙江	16612	12931	9062	6374	13640	12302	90.2	54.6
上　海	40722	27802	13386	9117	27705	22370	80.7	32.9
江　苏	90341	68472	49998	37394	66213	60646	91.6	55.3
浙　江	74578	49592	45707	29651	45456	40903	90.0	61.3
安　徽	45634	34116	27956	20644	29925	27417	91.6	61.3
福　建	30129	17915	8886	5784	20403	17258	84.6	29.5
江　西	16513	11929	9640	6895	10396	9438	90.8	58.4
山　东	68129	47826	38522	26533	45459	40744	89.6	56.5
河　南	29606	19888	19780	13622	18640	16546	88.8	66.8
湖　北	34271	22236	20402	12569	22157	20466	92.4	59.5
湖　南	25003	16468	15375	10413	15991	14812	92.6	61.5
广　东	63525	42094	21660	13917	41724	32705	78.4	34.1
广　西	23992	16075	11916	7444	14773	12638	85.5	49.7
海　南	2242	1430	1079	741	1284	960	74.8	48.1
重　庆	19885	13201	11279	8015	12421	11639	93.7	56.7
四　川	54896	37755	29522	20897	36542	34259	93.8	53.8
贵　州	9870	6148	5950	3881	5922	5224	88.2	60.3
云　南	22274	14240	11639	7607	15273	11272	73.8	52.3
西　藏	896	788	628	544	778	767	98.6	70.1
陕　西	16800	9376	12664	7312	8686	8025	92.4	75.4
甘　肃	10794	7944	6796	5046	7598	6509	85.7	63.0
青　海	3539	2518	2389	1647	2461	2222	90.3	67.5
宁　夏	5962	4816	2829	2132	4546	4043	88.9	47.5
新　疆	16801	13302	9355	7194	12325	10560	85.7	55.7

各地区建筑业企业房屋建筑面积及工程质量

地　　区	房屋建筑施工面积（万平方米）	#本年新开工	#实行投标承包面积		房屋建筑竣工面积（万平方米）	#一次交验合格面积	竣工面积一次交验合格率（%）	实行投标承包面积的比重（%）
				#本年新开工				
全国总计	**215608.7**	**126658.2**	**165451.7**	**101849.1**	**110217.1**	**100146.4**	**90.9**	**76.7**
北　　京	10240.9	4821.7	8705.2	4326.9	3827.0	3711.0	97.0	85.0
天　　津	2817.8	1541.0	2357.7	1368.0	1332.1	1179.5	88.5	83.7
河　　北	8297.9	5363.6	7255.4	4829.2	4741.2	4370.8	92.2	87.4
山　　西	2912.4	1647.1	2315.4	1349.8	1432.9	1201.2	83.8	79.5
内 蒙 古	2178.3	1480.6	1615.9	1141.1	1497.1	1410.7	94.2	74.2
辽　　宁	7234.9	4595.6	6195.3	3898.8	4037.0	3481.3	86.2	85.6
吉　　林	2475.6	1679.6	2067.8	1498.9	1597.5	1394.3	87.3	83.5
黑 龙 江	3325.9	2295.5	2534.8	1779.0	2120.5	1938.6	91.4	76.2
上　　海	6240.1	3509.5	4651.2	2847.2	2426.8	2175.2	89.6	74.5
江　　苏	27753.4	18469.5	21775.3	14720.0	15478.6	14808.4	95.7	78.5
浙　　江	28512.8	16793.0	24224.7	14181.3	12781.8	12317.7	96.4	85.0
安　　徽	6344.3	4047.0	4613.5	3198.0	3847.6	3542.9	92.1	72.7
福　　建	5541.0	2789.7	3516.0	1897.7	2518.5	2124.9	84.4	63.5
江　　西	3530.8	2311.5	2649.8	1823.8	1915.7	1677.6	87.6	75.0
山　　东	15184.1	9319.8	11749.3	7458.5	8064.9	7197.6	89.2	77.4
河　　南	7118.4	3907.9	5752.5	3238.7	3630.8	3217.2	88.6	80.8
湖　　北	7227.5	4396.4	5744.7	3531.2	4151.2	3699.0	89.1	79.5
湖　　南	7155.9	4213.8	5225.7	3320.5	3661.1	3329.7	90.9	73.0
广　　东	18882.4	8980.3	11086.4	5776.2	7947.9	6553.7	82.5	58.7
广　　西	2997.8	1746.1	2336.4	1426.7	1325.6	1217.9	91.9	77.9
海　　南	544.9	313.8	443.7	274.1	208.8	187.4	89.8	81.4
重　　庆	8707.4	4701.2	6028.7	3639.0	4711.1	4299.2	91.3	69.2
四　　川	14903.8	9125.0	10719.0	7167.4	8491.6	7733.4	91.1	71.9
贵　　州	2309.4	1137.9	1782.5	939.4	1054.3	952.6	90.4	77.2
云　　南	3406.1	1851.0	2358.8	1423.3	2226.2	1925.5	86.5	69.3
西　　藏	124.7	81.4	55.3	43.9	95.0	93.6	98.5	44.4
陕　　西	3325.0	1796.6	2704.9	1614.1	1453.9	1286.8	88.5	81.3
甘　　肃	2456.7	1407.8	1812.8	1115.2	1495.7	1166.5	78.0	73.8
青　　海	451.3	279.2	349.7	238.5	244.1	215.1	88.1	77.5
宁　　夏	834.7	565.7	689.9	508.8	430.9	399.0	92.6	82.7
新　　疆	2572.6	1489.4	2133.6	1274.1	1469.6	1338.2	91.1	82.9

各地区按主要用途分的建筑业企业房屋建筑竣工面积

单位:万平方米

地区	合计	厂房	住宅	办公用房	商业、居民服务业用房	文化教育用房	医疗用房	科研用房	其他用房
全国总计	**110217.1**	**15027.6**	**63711.6**	**8863.6**	**9453.1**	**6653.9**	**1009.3**	**476.4**	**5021.5**
北京	3827.0	270.2	2687.1	320.0	186.2	123.3	26.1	32.1	182.0
天津	1332.1	267.3	726.9	76.7	74.0	68.9	7.7	10.4	100.2
河北	4741.2	372.0	3042.8	411.3	433.4	261.2	34.7	33.3	152.4
山西	1432.9	129.9	827.9	132.4	157.8	108.2	7.3	1.7	67.6
内蒙古	1497.1	76.4	943.5	102.8	206.1	94.3	7.5	4.0	62.5
辽宁	4037.0	375.1	2705.9	237.7	330.2	180.2	21.4	8.2	178.5
吉林	1597.5	179.0	1010.6	109.5	104.3	95.3	15.3	4.3	79.2
黑龙江	2120.5	127.6	1376.7	142.5	187.3	177.2	10.0	8.4	90.9
上海	2426.8	682.0	1261.2	142.5	102.0	140.7	17.8	6.7	73.9
江苏	15478.6	2892.3	8130.7	1195.9	1272.3	917.6	131.9	119.7	818.2
浙江	12781.8	3027.6	5887.8	1071.9	1099.8	969.9	134.5	33.7	556.6
安徽	3847.6	348.1	2160.3	404.7	393.1	318.5	49.6	15.2	158.1
福建	2518.5	365.6	1399.1	244.3	223.9	120.1	22.1	9.8	133.6
江西	1915.7	170.1	1103.1	156.4	222.0	139.8	22.0	8.1	94.1
山东	8064.9	1256.4	4657.4	633.6	698.7	422.3	72.9	26.2	297.4
河南	3630.8	287.6	2294.0	350.1	215.6	232.9	48.3	11.9	190.4
湖北	4151.2	401.7	2569.8	378.7	301.0	203.7	46.4	17.1	232.8
湖南	3661.1	287.4	1984.3	408.3	444.9	260.3	38.4	24.2	213.3
广东	7947.9	1902.7	4123.3	470.4	606.1	414.0	58.4	24.5	348.5
广西	1325.6	118.7	719.2	152.5	109.6	120.1	22.6	14.0	68.9
海南	208.8	4.2	126.0	24.4	18.6	17.5	0.7	0.7	16.6
重庆	4711.1	341.7	3278.7	291.6	460.3	189.6	29.6	4.8	114.7
四川	8491.6	528.8	5604.7	552.2	855.8	450.2	82.1	26.8	391.2
贵州	1054.3	73.7	641.4	79.9	98.0	80.1	10.9	1.3	68.9
云南	2226.2	192.6	1241.9	271.7	216.3	170.5	35.1	11.0	87.1
西藏	95.0	1.4	26.3	55.7	4.5	3.3	0.6		3.4
陕西	1453.9	97.3	901.5	143.6	104.3	126.9	18.2	6.5	55.5
甘肃	1495.7	154.5	897.9	131.4	112.9	105.1	8.0	8.6	77.4
青海	244.1	9.4	163.2	30.7	14.6	15.3	1.2		9.5
宁夏	430.9	25.2	272.8	36.3	38.9	29.1	6.6	0.2	21.7
新疆	1469.6	61.0	945.3	103.9	160.6	98.2	21.3	2.7	76.6

各地区建筑业企业机械设备情况

地区	年末自有机械设备总台数(台)	年末自有机械设备总功率(千瓦)	#施工机械总功率	年末自有机械设备净值(万元)	技术装备率(元/人)	动力装备率(千瓦/人)
全国总计	**7540011**	**110225153**	**86640024**	**21722927**	**9675**	**4.9**
北京	183774	3791469	2628681	609587	10731	6.7
天津	106184	2198738	1733351	524211	19328	8.1
河北	448700	6039230	5071761	1028242	10312	6.1
山西	165721	3045067	2312860	622465	12538	6.1
内蒙古	100471	1776481	1490289	344924	12493	6.4
辽宁	279150	6217611	4724923	1063452	11186	6.5
吉林	96766	2170404	1705030	424810	13342	6.8
黑龙江	165083	3627454	2876954	768393	17094	8.1
上海	148528	2333577	1920105	572391	13639	5.6
江苏	717999	9274101	7885795	1983951	7986	3.7
浙江	569463	7014148	5767414	1655502	8326	3.5
安徽	351456	3706076	3119464	734831	8210	4.1
福建	174591	2451989	2075795	497949	10946	5.4
江西	130283	1781114	1401200	346159	8079	4.2
山东	529565	6945887	5536870	1307639	7157	3.8
河南	361426	4548769	3467816	791770	8816	5.1
湖北	372168	4948521	3642299	1064759	11544	5.4
湖南	329067	4570555	3648945	814957	8852	5.0
广东	626785	8939371	6987254	1611262	10764	6.0
广西	169096	2260068	1732735	344381	9898	6.5
海南	19226	309405	236201	48604	7205	4.6
重庆	205543	2829621	2341702	667145	8190	3.5
四川	491933	7437439	5634292	1414237	6862	3.6
贵州	71459	1143775	747031	215788	7952	4.2
云南	223899	3035383	2164165	631351	11699	5.6
西藏	5513	124061	71063	43129	17213	5.0
陕西	162181	2309061	1688936	495512	11193	5.2
甘肃	155764	1921724	1380406	332483	8399	4.9
青海	36876	679009	492203	158186	16839	7.2
宁夏	45230	718983	609125	162100	16884	7.5
新疆	96111	2076062	1545359	442757	18995	8.9

各地区建筑业企业主要生产效益指标

地　　区	建筑业企业个数（个）	计算劳动生产率的平均人数（人）	按总产值计算的劳动生产率（元/人）	按增加值计算的劳动生产率（元/人）	人均竣工产值（元/人）	人均施工面积（平方米/人）	人均竣工面积（平方米/人）
全国总计	**47820**	**24323131**	**76171**	**19316**	**56446**	**88.6**	**45.3**
北　京	2058	895476	117820	26701	84474	114.4	42.7
天　津	898	344209	117999	25953	78155	81.9	38.7
河　北	1606	1119879	63504	16378	45822	74.1	42.3
山　西	1050	575467	77667	18039	45116	50.6	24.9
内蒙古	694	423006	52013	15140	44364	51.5	35.4
辽　宁	2415	1174642	71455	18629	51473	61.6	34.4
吉　林	816	418607	69899	17960	60678	59.1	38.2
黑龙江	1427	650188	62737	16994	53723	51.2	32.6
上　海	1679	615024	133698	30020	100993	101.5	39.5
江　苏	4084	2513606	87504	20565	66807	110.4	61.6
浙　江	3133	2006224	113795	26175	82344	142.1	63.7
安　徽	1693	886674	59573	16423	43895	71.6	43.4
福　建	1563	427017	94302	23305	73355	129.8	59.0
江　西	1010	422808	57963	16072	43544	83.5	45.3
山　东	4102	2060095	55880	15004	40809	73.7	39.2
河　南	1594	925046	58022	14632	44099	77.0	39.3
湖　北	1579	916185	69478	19758	51104	78.9	45.3
湖　南	1418	892581	66724	17176	49076	80.2	41.0
广　东	3885	1467936	91406	24744	67916	128.6	54.1
广　西	918	359232	61567	17503	44117	83.5	36.9
海　南	204	70387	58972	14539	34155	77.4	29.7
重　庆	1702	835392	59930	16132	40969	104.2	56.4
四　川	3324	1960408	54709	15701	41849	76.0	43.3
贵　州	590	271360	66747	18200	46569	85.1	38.9
云　南	1296	517412	69236	18075	54402	65.8	43.0
西　藏	156	29439	73694	23492	65783	42.4	32.3
陕　西	863	475897	72825	16666	50057	69.9	30.6
甘　肃	637	439797	43743	13383	37509	55.9	34.0
青　海	312	121827	60212	15736	48010	37.1	20.0
宁　夏	434	146754	57179	15944	47109	56.9	29.4
新　疆	680	360556	86611	23879	66998	71.4	40.8

各地区建筑业企业营业额

单位:万元

地区	企业营业额	在境外完成的营业额	企业总产值	#建筑业总产值	#对内销售产值
全国总计	**200156293**	**2334063**	**197822230**	**185271753**	**1789804**
北京	11964609	630913	11333696	10550535	113572
天津	4311544	16561	4294983	4061628	42175
河北	7661829	14360	7647469	7111712	19409
山西	4746123	16806	4729317	4469457	17713
内蒙古	2261799	1765	2260034	2200194	23092
辽宁	8804116	106513	8697603	8393428	44578
吉林	3006341	1898	3004443	2926017	40009
黑龙江	4344737	16967	4327770	4079097	52432
上海	9723394	38841	9684553	8222730	164266
江苏	24503644	752460	23751184	21995164	147166
浙江	24057032	102816	23954216	22829906	165936
安徽	5742588	32935	5709653	5282183	147522
福建	4217167	8003	4209164	4026874	28786
江西	2535415	10754	2524661	2450718	14810
山东	12704022	148464	12555558	11511730	245547
河南	5687448	30138	5657310	5367328	41727
湖北	6898217	50536	6847681	6365491	85787
湖南	6302222	56419	6245803	5955616	41312
广东	14212457	30498	14181959	13417808	34232
广西	2454471	16214	2438257	2211684	8354
海南	418774	116	418658	415089	26
重庆	5185434	38193	5147241	5006543	20963
四川	11658190	157152	11501038	10725229	205710
贵州	1870283	2782	1867501	1811244	8610
云南	3723094	14465	3708629	3582375	12592
西藏	228776		228776	216949	88
陕西	3625829	22276	3603553	3465727	20183
甘肃	2053779	3515	2050264	1923798	11429
青海	768390	123	768267	733550	1387
宁夏	908815		908815	839121	10070
新疆	3575754	11580	3564174	3122828	20321

各地区建筑业增加值及其构成

单位：万元

地区	建筑业增加值	本年提取固定资产折旧	主营业务应付工资总额	主营业务应付福利费总额
全国总计	**46982984**	**3010518**	**20517210**	**2230194**
北京	2391033	135933	783188	91494
天津	893313	82773	277091	29626
河北	1834168	122362	778038	75900
山西	1038088	101739	353690	44755
内蒙古	640435	42657	295061	26646
辽宁	2188234	150958	929491	102883
吉林	751837	56980	304985	37961
黑龙江	1104913	81894	486613	59138
上海	1846303	138286	649456	71551
江苏	5169128	251831	2656420	309778
浙江	5251258	200421	2752730	286617
安徽	1456226	86168	631781	76586
福建	995149	53050	457470	37896
江西	679543	47102	287623	36922
山东	3091036	172961	1362985	149208
河南	1353486	91694	579019	56071
湖北	1810211	132023	636045	84003
湖南	1533062	111697	684712	72090
广东	3632251	234608	1464082	146528
广西	628768	43221	265313	32485
海南	102333	4571	43664	4780
重庆	1347663	75150	679530	73613
四川	3077972	205620	1434489	140801
贵州	493866	32997	227045	26264
云南	935206	104434	384340	35056
西藏	69159	4303	23330	1277
陕西	793115	71189	313037	36332
甘肃	588566	40845	255973	24759
青海	191710	19628	67141	6781
宁夏	233983	17863	109137	11708
新疆	860969	95560	343731	40685

各地区建筑业增加值及其构成

续表　　　　单位:万元

地　区	工程结算税金及附加	工程结算利润	管理费用中的税金	管理费用中的劳动待业保险费
全国总计	**5667556**	**13950478**	**326709**	**1280319**
北　京	319844	957349	12733	90492
天　津	111211	340588	7084	44940
河　北	220571	567922	14497	54878
山　西	134557	353818	6938	42591
内蒙古	67001	184530	5739	18801
辽　宁	268510	658858	10786	66748
吉　林	95610	227819	3556	24926
黑龙江	124850	312655	5674	34089
上　海	237203	689235	7780	52792
江　苏	560334	1273200	23253	94312
浙　江	652866	1272920	25238	60466
安　徽	172987	428506	11526	48672
福　建	134674	284055	4881	23123
江　西	79220	194534	14791	19351
山　东	327491	978738	26920	72733
河　南	157390	409091	11896	48325
湖　北	242013	636581	18488	61058
湖　南	191636	418812	16166	37949
广　东	485728	1172421	29049	99835
广　西	76998	182844	5484	22423
海　南	15338	31968	862	1150
重　庆	154986	334503	8200	21681
四　川	335369	850015	20880	90798
贵　州	64756	119270	4752	18782
云　南	112484	255424	8717	34751
西　藏	10336	27930	1387	596
陕　西	104781	234879	4996	27901
甘　肃	72591	165486	8119	20793
青　海	21309	67627	1615	7609
宁　夏	23810	64472	1265	5728
新　疆	91102	254428	3437	32026

各地区建筑业企业资产构成

单位:万元

地 区	资产合计	#流动资产小计	#长期投资	#固定资产小计	#无形及递延资产
全国总计	**203901075**	**143153123**	**8742542**	**45183333**	**5219417**
北 京	14757066	11602037	1305051	1474285	180984
天 津	4880187	3392418	313281	1064258	76444
河 北	7131270	4633498	167409	2023605	248134
山 西	5548743	3500698	270924	1582021	130694
内蒙古	2347074	1540252	60382	663464	79048
辽 宁	9301550	6471899	257376	2279704	223275
吉 林	3573129	2554217	55973	854480	96940
黑龙江	5575077	3870353	166640	1449331	72167
上 海	11235025	8484791	727571	1780682	135091
江 苏	19695036	14899515	566894	3786158	322432
浙 江	14326240	10902672	549864	2571872	230296
安 徽	5495706	3627137	88908	1476584	248581
福 建	5485021	4152288	235543	949252	105295
江 西	2893910	1860694	78810	822283	107384
山 东	13017189	9534503	321180	2596655	465808
河 南	5570379	3434908	128102	1738574	236770
湖 北	7486976	4618304	287139	2195736	347707
湖 南	5380768	3320166	118262	1657726	223605
广 东	21372834	16335466	1111506	3336699	404020
广 西	4095817	2412411	405395	1140347	95205
海 南	500649	343024	18121	119235	17790
重 庆	4499494	2981916	191676	1149898	146087
四 川	10732848	6794359	624022	2810912	419877
贵 州	2252208	1577405	41449	523658	85167
云 南	4258549	2605148	248531	1231712	135561
西 藏	312664	135889	27293	136189	11611
陕 西	3706512	2461259	78166	1053581	66890
甘 肃	2254984	1366534	51918	735276	74855
青 海	871636	530590	28934	280010	29206
宁 夏	1098153	681459	62540	334453	17682
新 疆	4244381	2527313	153682	1364693	184811

各地区建筑业企业流动资产及递延资产

单位:万元

地区	流动资产	#存货	#在建工程	无形及递延资产	#无形资产
全国总计	**143153123**	**41073296**	**24271110**	**5219417**	**4287889**
北京	11602037	3020609	1673740	180984	131817
天津	3392418	712334	294287	76444	56935
河北	4633498	988570	446163	248134	207917
山西	3500698	633437	280578	130694	115677
内蒙古	1540252	310279	95024	79048	73679
辽宁	6471899	1287601	506981	223275	185960
吉林	2554217	350297	99819	96940	83818
黑龙江	3870353	685332	150534	72167	50171
上海	8484791	2760836	1748259	135091	99139
江苏	14899515	5601936	4008542	322432	273959
浙江	10902672	3706880	2567873	230296	180981
安徽	3627137	974048	509994	248581	206251
福建	4152288	1468420	1047370	105295	81807
江西	1860694	603449	398945	107384	88298
山东	9534503	2433821	1153820	465808	408922
河南	3434908	967499	464291	236770	209499
湖北	4618304	1188640	619139	347707	287679
湖南	3320166	895391	554158	223605	198988
广东	16335466	5432326	3587938	404020	286136
广西	2412411	753752	525045	95205	84874
海南	343024	92706	61390	17790	6940
重庆	2981916	1104685	716284	146087	121562
四川	6794359	2313495	1361080	419877	373623
贵州	1577405	452004	354684	85167	68787
云南	2605148	688973	411425	135561	122598
西藏	135889	19828	7440	11611	7019
陕西	2461259	578319	243502	66890	55712
甘肃	1366534	332352	172594	74855	43571
青海	530590	88140	35538	29206	25317
宁夏	681459	203371	66296	17682	16704
新疆	2527313	423966	108377	184811	133549

各地区建筑业企业固定资产情况

单位:万元

地区	固定资产小计	固定资产原价	#生产经营用	固定资产折旧	#本年折旧
全国总计	**45183333**	**61838028**	**48488808**	**19106231**	**3010518**
北京	1474285	2277883	1618781	828355	135933
天津	1064258	1549815	1231515	562741	82773
河北	2023605	2678421	2017553	757756	122362
山西	1582021	2064340	1579706	553401	101739
内蒙古	663464	915957	762840	265811	42657
辽宁	2279704	3343916	2688556	1117199	150958
吉林	854480	1187256	914425	372006	56980
黑龙江	1449331	1965012	1689513	530891	81894
上海	1780682	2786975	2356924	1041884	138286
江苏	3786158	5095168	4256770	1562748	251831
浙江	2571872	3490757	2951968	1010759	200421
安徽	1476584	2054121	1605502	577537	86168
福建	949252	1278257	991124	369668	53050
江西	822283	1053535	743906	280348	47102
山东	2596655	3572642	2788537	1118761	172961
河南	1738574	2201833	1724048	668206	91694
湖北	2195736	2992032	2191820	943485	132023
湖南	1657726	2213230	1650876	656178	111697
广东	3336699	4679540	3560990	1595408	234608
广西	1140347	1433514	1137838	336558	43221
海南	119235	140391	114398	37094	4571
重庆	1149898	1499879	1215697	410413	75150
四川	2810912	3952856	3148873	1310718	205620
贵州	523658	657703	496585	172834	32997
云南	1231712	1637329	1234703	483576	104434
西藏	136189	157993	127334	29910	4303
陕西	1053581	1407135	1101084	438411	71189
甘肃	735276	941721	674062	241707	40845
青海	280010	370484	250341	99781	19628
宁夏	334453	427769	323398	101033	17863
新疆	1364693	1810564	1339141	631054	95560

各地区建筑业企业负债及所有者权益

单位:万元

地区	负债合计	流动负债	长期负债	所有者权益	#实收资本
全国总计	**129856808**	**123237647**	**6619161**	**74044267**	**58555713**
北京	10739402	10327477	411925	4017664	2947188
天津	3302139	3036883	265256	1578048	1287543
河北	4226665	3978357	248308	2904605	2541976
山西	3608460	3333207	275253	1940283	1734182
内蒙古	1366380	1283111	83269	980694	829020
辽宁	5672368	5451553	220815	3629182	2851724
吉林	2468923	2392587	76336	1104206	954818
黑龙江	3408465	3295464	113001	2166612	1911019
上海	7612111	7391152	220959	3622914	2263463
江苏	13313432	12858369	455063	6381604	4786314
浙江	9270901	8915642	355259	5055339	3648692
安徽	3195299	3012101	183198	2300407	1956648
福建	3460682	3347999	112683	2024339	1683151
江西	1706610	1590417	116193	1187300	978152
山东	8553240	8125887	427353	4463949	3677497
河南	3132339	3007993	124346	2438040	2034746
湖北	4439220	4067664	371556	3047756	2292678
湖南	2993534	2718855	274679	2387234	1880047
广东	14922722	14149800	772922	6450112	4600387
广西	2249131	2149108	100023	1846686	1495469
海南	266363	253843	12520	234286	153118
重庆	2294043	2119248	174795	2205451	1974746
四川	5814650	5374480	440170	4918198	4008609
贵州	1501456	1398484	102972	750752	639356
云南	2529477	2257954	271523	1729072	1427703
西藏	94047	83225	10822	218617	183206
陕西	2471596	2333957	137639	1234916	1054698
甘肃	1356890	1286340	70550	898094	722986
青海	524253	490024	34229	347383	289616
宁夏	644438	621248	23190	453715	419825
新疆	2717572	2585218	132354	1526809	1327136

各地区建筑业企业实收资本

单位:万元

地区	合计	国家资本	集体资本	法人资本	个人资本	港澳台资本	外商资本
全国总计	**58555713**	**15700727**	**10038259**	**17386861**	**14867009**	**365261**	**197596**
北京	2947188	992750	376999	1089772	411784	47349	28534
天津	1287543	429100	156132	528672	160245	9958	3436
河北	2541976	878086	381593	471391	805254	3718	1934
山西	1734182	805719	124291	558606	238225	6229	1112
内蒙古	829020	230873	90677	209985	296717	718	50
辽宁	2851724	907545	527781	763164	593385	29936	29913
吉林	954818	364478	111431	317812	154122	3166	3809
黑龙江	1911019	581087	304604	548249	473551	1793	1735
上海	2263463	682976	382502	582267	515767	63000	36951
江苏	4786314	982640	795186	1544190	1419819	28205	16274
浙江	3648692	310711	455836	799282	2065141	8616	9106
安徽	1956648	684456	464291	450470	346816	8521	2094
福建	1683151	327251	283321	423901	605187	27084	16407
江西	978152	330732	200599	283212	159310	2970	1329
山东	3677497	656653	966521	1040257	990173	12495	11398
河南	2034746	635724	387163	618618	391500	1182	559
湖北	2292678	630775	394146	910559	336405	11455	9338
湖南	1880047	476210	475671	526003	396320	5843	
广东	4600387	1134968	918000	1608228	858805	64120	16266
广西	1495469	856201	260458	281368	95402	823	1217
海南	153118	79353	20666	39939	10248	2607	305
重庆	1974746	293794	262054	495814	916363	6155	566
四川	4008609	804809	592998	1206634	1395032	7852	1284
贵州	639356	360039	143192	39518	93570	3029	8
云南	1427703	292868	320594	407677	403150	1514	1900
西藏	183206	66914	51996	52741	11555		
陕西	1054698	220502	233038	436713	159925	3460	1060
甘肃	722986	215138	167221	195998	140966	2689	974
青海	289616	96698	46345	98610	47838	125	
宁夏	419825	144076	50541	95246	129790	135	37
新疆	1327136	227601	92412	761965	244644	514	

各地区建筑业企业收入情况

单位:万元

地区	工程结算收入	工程结算成本	工程结算税金及附加	工程结算利润	其他业务收入	#其他业务利润
全国总计	**172092117**	**152474083**	**5667556**	**13950478**	**5355660**	**856237**
北　京	10835344	9558151	319844	957349	374844	77606
天　津	3948297	3496498	111211	340588	142387	13944
河　北	6726704	5938211	220571	567922	95576	16251
山　西	4454155	3965780	134557	353818	171314	23229
内蒙古	2131427	1879896	67001	184530	51900	10301
辽　宁	7769976	6842608	268510	658858	220229	29290
吉　林	2797055	2473626	95610	227819	85515	14983
黑龙江	4033518	3596013	124850	312655	81613	7988
上　海	8740479	7814041	237203	689235	376606	58690
江　苏	16504692	14671158	560334	1273200	517231	70171
浙　江	18910356	16984570	652866	1272920	362780	67840
安　徽	4983400	4381907	172987	428506	245605	23137
福　建	3928892	3510163	134674	284055	99990	19460
江　西	2170387	1896633	79220	194534	41775	7528
山　东	10233612	8927383	327491	978738	378503	42103
河　南	4972195	4405714	157390	409091	106145	21163
湖　北	6321655	5443061	242013	636581	228913	50129
湖　南	5414429	4803981	191636	418812	109959	23139
广　东	15582459	13924310	485728	1172421	602206	122647
广　西	2252261	1992419	76998	182844	93192	20039
海　南	381300	333994	15338	31968	1610	896
重　庆	4256613	3767124	154986	334503	84650	10128
四　川	9683121	8497737	335369	850015	302351	30799
贵　州	1702945	1518919	64756	119270	118232	14812
云　南	3337482	2969574	112484	255424	70594	11001
西　藏	220296	182030	10336	27930	3765	983
陕　西	3284574	2944914	104781	234879	115146	18671
甘　肃	1884814	1646737	72591	165486	67076	7555
青　海	669359	580423	21309	67627	18179	3395
宁　夏	760440	672158	23810	64472	40500	7535
新　疆	3199880	2854350	91102	254428	147274	30824

各地区建筑业企业费用情况

单位：万元

地区	管理费用	#税金	#财产保险费	#劳动待业保险费	财务费用	#利息支出
全国总计	**10166903**	**326709**	**78108**	**1280319**	**949836**	**738304**
北京	763031	12733	2734	90492	65226	71259
天津	272638	7084	3037	44940	17273	13097
河北	400327	14497	3054	54878	42065	28257
山西	316340	6938	2599	42591	19646	17656
内蒙古	139357	5739	1270	18801	13180	10718
辽宁	524225	10786	2132	66748	36609	26900
吉林	199563	3556	1058	24926	12995	10325
黑龙江	254676	5674	1135	34089	20472	15323
上海	528948	7780	2149	52792	22789	15730
江苏	911768	23253	5485	94312	74621	65384
浙江	669351	25238	7026	60466	75102	60393
安徽	325026	11526	3085	48672	30180	21940
福建	206669	4881	838	23123	16986	14321
江西	148856	14791	1065	19351	16147	9223
山东	630477	26920	6002	72733	62812	45082
河南	323216	11896	1565	48325	28143	18868
湖北	454762	18488	7572	61058	60107	38909
湖南	282577	16166	1979	37949	36103	25450
广东	857098	29049	6666	99835	87231	61167
广西	145752	5484	2195	22423	12235	9571
海南	18013	862	288	1150	1297	655
重庆	215676	8200	1423	21681	32622	28310
四川	584405	20880	5932	90798	68657	49921
贵州	98460	4752	766	18782	10498	8716
云南	193052	8717	2224	34751	23137	16346
西藏	13077	1387	79	596	1292	1027
陕西	199151	4996	1581	27901	23392	19821
甘肃	127501	8119	1473	20793	14341	11315
青海	52373	1615	364	7609	3858	2949
宁夏	49955	1265	326	5728	7152	7041
新疆	260583	3437	1006	32026	13668	12630

各地区建筑业企业利润及税金情况

单位:万元

地区	利润总额	#应交所得税	税金总额	工程结算税金及附加	管理费用中的税金
全国总计	**3703532**	**1187922**	**5994265**	**5667556**	**326709**
北京	251894	78332	332577	319844	12733
天津	73614	22342	118295	111211	7084
河北	146051	49965	235068	220571	14497
山西	37332	14785	141495	134557	6938
内蒙古	40988	12289	72740	67001	5739
辽宁	127030	54750	279296	268510	10786
吉林	29628	13705	99166	95610	3556
黑龙江	45741	17439	130524	124850	5674
上海	235432	45640	244983	237203	7780
江苏	353159	114716	583587	560334	23253
浙江	606604	188249	678104	652866	25238
安徽	90671	30417	184513	172987	11526
福建	91740	27577	139555	134674	4881
江西	40478	13453	94011	79220	14791
山东	312306	94048	354411	327491	26920
河南	75985	25780	169286	157390	11896
湖北	129633	43751	260501	242013	18488
湖南	111240	38231	207802	191636	16166
广东	373902	110167	514777	485728	29049
广西	43171	12056	82482	76998	5484
海南	14339	2124	16200	15338	862
重庆	99587	30489	163186	154986	8200
四川	213687	68943	356249	335369	20880
贵州	25997	6898	69508	64756	4752
云南	46553	19669	121201	112484	8717
西藏	14307	1478	11723	10336	1387
陕西	34906	12611	109777	104781	4996
甘肃	22434	14040	80710	72591	8119
青海	13780	3431	22924	21309	1615
宁夏	12354	4586	25075	23810	1265
新疆	-11011	15961	94539	91102	3437

各地区建筑业企业工程拖欠款及企业亏损情况

地　区	年末拖欠工程款(万元)	#竣工拖欠	企业个数(个)	#亏损企业个数	亏损企业的比重(%)
全国总计	**33656155**	**19245673**	**47820**	**8968**	**18.8**
北　京	4312784	2051608	2058	540	26.2
天　津	1245987	495988	898	217	24.2
河　北	1478702	888862	1606	234	14.6
山　西	1059240	587054	1050	218	20.8
内蒙古	550449	364854	694	96	13.8
辽　宁	1489058	1036573	2415	640	26.5
吉　林	1034908	671686	816	246	30.1
黑龙江	1320608	800700	1427	350	24.5
上　海	1174627	618242	1679	258	15.4
江　苏	2867209	1690878	4084	636	15.6
浙　江	1861487	1265639	3133	238	7.6
安　徽	871388	467145	1693	285	16.8
福　建	601701	372093	1563	212	13.6
江　西	275127	148184	1010	162	16.0
山　东	2777069	1648384	4102	707	17.2
河　南	625136	372317	1594	425	26.7
湖　北	1136511	600955	1579	203	12.9
湖　南	782088	421075	1418	245	17.3
广　东	2484179	1444535	3885	815	21.0
广　西	349050	219153	918	244	26.6
海　南	38194	21497	204	56	27.5
重　庆	727794	407344	1702	317	18.6
四　川	1442778	845571	3324	495	14.9
贵　州	129251	64031	590	167	28.3
云　南	813049	465712	1296	258	19.9
西　藏	9243	5227	156	5	3.2
陕　西	623593	322652	863	145	16.8
甘　肃	493758	288338	637	111	17.4
青　海	141748	61248	312	78	25.0
宁　夏	182378	109685	434	127	29.3
新　疆	757061	488443	680	238	35.0

各地区建筑业企业主要经济效益指标

地　区	产值利润率(%)	产值利税率(%)	资本利润率(%)	资本利税率(%)	人均利润(元/人)	人均利税(元/人)	资产负债率(%)
全国总计	**2.0**	**5.2**	**6.3**	**16.6**	**1523**	**3987**	**63.7**
北　京	2.4	5.5	8.5	19.8	2813	6527	72.8
天　津	1.8	4.7	5.7	14.9	2139	5575	67.7
河　北	2.1	5.4	5.7	15.0	1304	3403	59.3
山　西	0.8	4.0	2.2	10.3	649	3108	65.0
内蒙古	1.9	5.2	4.9	13.7	969	2689	58.2
辽　宁	1.5	4.8	4.5	14.2	1081	3459	61.0
吉　林	1.0	4.4	3.1	13.5	708	3077	69.1
黑龙江	1.1	4.3	2.4	9.2	704	2711	61.1
上　海	2.9	5.8	10.4	21.2	3828	7811	67.8
江　苏	1.6	4.3	7.4	19.6	1405	3727	67.6
浙　江	2.7	5.6	16.6	35.2	3024	6404	64.7
安　徽	1.7	5.2	4.6	14.1	1023	3104	58.1
福　建	2.3	5.7	5.5	13.7	2148	5417	63.1
江　西	1.7	5.5	4.1	13.7	957	3181	59.0
山　东	2.7	5.8	8.5	18.1	1516	3236	65.7
河　南	1.4	4.6	3.7	12.1	821	2651	56.2
湖　北	2.0	6.1	5.7	17.0	1415	4258	59.3
湖　南	1.9	5.4	5.9	17.0	1246	3574	55.6
广　东	2.8	6.6	8.1	19.3	2547	6054	69.8
广　西	2.0	5.7	2.9	8.4	1202	3498	54.9
海　南	3.5	7.4	9.4	19.9	2037	4339	53.2
重　庆	2.0	5.2	5.0	13.3	1192	3146	51.0
四　川	2.0	5.3	5.3	14.2	1090	2907	54.2
贵　州	1.4	5.3	4.1	14.9	958	3519	66.7
云　南	1.3	4.7	3.3	11.7	900	3242	59.4
西　藏	6.6	12.0	7.8	14.2	4860	8842	30.1
陕　西	1.0	4.2	3.3	13.7	733	3040	66.7
甘　肃	1.2	5.4	3.1	14.3	510	2345	60.2
青　海	1.9	5.0	4.8	12.7	1131	3013	60.1
宁　夏	1.5	4.5	2.9	8.9	842	2550	58.7
新　疆	−0.4	2.7	−0.8	6.3	−305	2317	64.0

二

按经济类型分组的建筑业企业

各地区国有建筑业企业签订合同情况

单位：万元

地区	合同总额	上年结转合同额	本年新签合同额
全国总计	**89383031**	**33144095**	**56238936**
北京	6517780	2516159	4001621
天津	2594202	996537	1597665
河北	3404679	994585	2410094
山西	3753596	1280839	2472757
内蒙古	623180	149999	473181
辽宁	3634036	1006252	2627784
吉林	1594977	613337	981640
黑龙江	1339181	343846	995335
上海	3154081	901509	2252572
江苏	7351772	2426657	4925115
浙江	2717061	1332417	1384644
安徽	2583961	861171	1722790
福建	2708926	1176048	1532878
江西	1827516	604422	1223094
山东	4212143	1610881	2601262
河南	3625133	1082336	2542797
湖北	6185481	2755642	3429839
湖南	3586480	1629128	1957352
广东	8420407	3534667	4885740
广西	2109986	857544	1252442
海南	510611	192317	318294
重庆	1313128	504281	808847
四川	4340026	1621482	2718544
贵州	1992425	1000301	992124
云南	2181911	791247	1390664
西藏	133335	15516	117819
陕西	2905752	1086150	1819602
甘肃	1001557	337818	663739
青海	882560	418640	463920
宁夏	481252	136149	345103
新疆	1695896	366218	1329678

各地区国有建筑业企业承包工程完成情况

单位:万元

地区	直接从建设单位承揽工程完成的产值	自行完成施工产值	分包出去工程的产值	从建设单位以外承揽工程完成的产值
全国总计	**55511594**	**52864050**	**2647544**	**2964536**
北京	3736238	3634577	101661	218130
天津	1600730	1516966	83764	64111
河北	2416316	2401215	15101	70185
山西	2534393	2430744	103649	90600
内蒙古	494479	483527	10952	21794
辽宁	2802236	2742699	59537	90770
吉林	1217063	1203287	13776	23617
黑龙江	1087635	1079861	7774	23988
上海	1692941	1343788	349153	344064
江苏	5015244	4553460	461784	484095
浙江	1551201	1477558	73643	123607
安徽	1644469	1573475	70994	53849
福建	1466561	1408360	58201	80091
江西	1172545	1144612	27933	61607
山东	2796405	2689768	106637	136067
河南	2387824	2310488	77336	133171
湖北	2966191	2894689	71502	124042
湖南	2190042	2153223	36819	98395
广东	4681875	4123303	558572	279379
广西	1239290	1215120	24170	28382
海南	291253	283801	7452	8096
重庆	710346	672200	38146	75738
四川	2836275	2777908	58367	117419
贵州	1251256	1244284	6972	15340
云南	1208512	1189116	19396	30017
西藏	99067	90167	8900	
陕西	1546221	1471083	75138	73816
甘肃	715646	696441	19205	34546
青海	443408	420572	22836	6829
宁夏	342751	341631	1120	8790
新疆	1373181	1296127	77054	44001

各地区国有建筑业总产值和竣工产值

单位:万元

地　　区	建筑业总产值	#装饰装修产值	#在外省完成的产值	按构成分组			竣工产值
				建筑工程产值	安装工程产值	其他产值	
全国总计	**55828586**	**2398054**	**13390659**	**46287159**	**7907070**	**1634357**	**40398884**
北　京	3852707	623476	715725	3414445	364220	74042	2741224
天　津	1581077	44368	549098	1299851	215072	66154	1047316
河　北	2471400	81485	823569	1921231	490448	59721	1540932
山　西	2521344	81668	1084973	2217091	271370	32883	1473186
内蒙古	505321	6437	99852	389781	106980	8560	424652
辽　宁	2833469	47947	639006	2139855	627668	65946	1936946
吉　林	1226904	7620	199275	1074949	128308	23647	1011876
黑龙江	1103849	41771	133582	882145	187558	34146	1000229
上　海	1687852	130324	300892	1157423	457630	72799	1415695
江　苏	5037555	185289	1581436	4218318	504822	314415	3684921
浙　江	1601165	38274	296796	1242904	278423	79838	1258338
安　徽	1627324	48296	426783	1418570	161378	47376	1029346
福　建	1488451	49268	158504	1314011	136388	38052	1117110
江　西	1206219	51199	245155	1019355	156165	30699	908411
山　东	2825835	113925	463518	2219066	563925	42844	2078487
河　南	2443659	89533	755510	1866831	527912	48916	1951667
湖　北	3018731	95622	1063124	2643144	280387	95200	1883730
湖　南	2251618	46336	685786	1829838	309492	112288	1579951
广　东	4402682	324950	600364	3779432	539514	83736	3232310
广　西	1243502	35118	194469	1107974	113087	22441	850880
海　南	291897	8794	41156	267774	22791	1332	139369
重　庆	747938	16540	143319	640138	88898	18902	538750
四　川	2895327	144566	913672	2382901	408968	103458	2280780
贵　州	1259624	18610	166307	1046381	193965	19278	846237
云　南	1219133	15246	129673	1070284	107648	41201	855270
西　藏	90167	3399	831	78247	10357	1563	85603
陕　西	1544899	22583	660156	1301409	209117	34373	1248461
甘　肃	730987	11011	120125	535613	177366	18008	587907
青　海	427401	1522	94180	367454	46125	13822	342815
宁　夏	350421	2258	32405	296446	48894	5081	279919
新　疆	1340128	10619	71418	1144298	172194	23636	1026566

各地区国有建筑业企业单位工程施工个数及工程质量

地区	单位工程施工个数（个）	#本年新开工	#实行投标承包个数	#本年新开工	单位工程竣工个数（个）	#一次交验合格个数	单位工程一次交验合格率（%）	投标承包个数的比重（%）
全国总计	**238999**	**163741**	**136302**	**87877**	**152544**	**134633**	**88.3**	**57.0**
北京	10778	7537	4649	2818	7377	6973	94.5	43.1
天津	5724	3956	3419	2325	3259	2925	89.8	59.7
河北	11284	7703	7618	5224	6845	6608	96.5	67.5
山西	12111	7565	7915	4433	6661	5724	85.9	65.4
内蒙古	2041	1406	1480	1089	1360	1345	98.9	72.5
辽宁	13499	10830	6437	4460	9828	7556	76.9	47.7
吉林	5485	4255	3400	2518	4407	3668	83.2	62.0
黑龙江	5026	3154	3084	1882	3813	3596	94.3	61.4
上海	7550	4682	2464	1834	4761	3190	67.0	32.6
江苏	17509	12852	10951	7741	12262	11701	95.4	62.5
浙江	5667	3904	2575	1711	3232	2793	86.4	45.4
安徽	10525	7709	6651	4523	7063	6417	90.9	63.2
福建	6825	4387	3057	1646	4031	3337	82.8	44.8
江西	7064	5248	3862	2754	4452	4061	91.2	54.7
山东	14159	9596	9630	6161	8616	7447	86.4	68.0
河南	11658	8320	7968	5743	7449	6774	90.9	68.3
湖北	12321	7927	7265	3815	7584	7287	96.1	59.0
湖南	7442	4725	4433	2803	4300	4045	94.1	59.6
广东	15415	10105	5970	3921	9874	8301	84.1	38.7
广西	8779	5652	5419	3018	5074	4497	88.6	61.7
海南	1358	863	615	399	687	566	82.4	45.3
重庆	2765	1949	1706	1146	1912	1794	93.8	61.7
四川	15840	10934	8147	5253	10033	9235	92.0	51.4
贵州	4085	2273	2768	1509	2113	1971	93.3	67.8
云南	5776	3425	3522	1912	3631	2368	65.2	61.0
西藏	221	178	168	142	183	180	98.4	76.0
陕西	5237	2894	3842	2107	2495	2187	87.7	73.4
甘肃	3361	2339	2350	1611	2262	2175	96.2	69.9
青海	1458	992	977	558	973	861	88.5	67.0
宁夏	2561	2091	1060	746	2044	1911	93.5	41.4
新疆	5475	4290	2900	2075	3963	3140	79.2	53.0

各地区国有建筑业企业房屋建筑面积及工程质量

地区	房屋建筑施工面积（万平方米）	#本年新开工	#实行投标承包面积		房屋建筑竣工面积（万平方米）	#一次交验合格面积	竣工面积一次交验合格率（%）	实行投标承包面积的比重（%）
				#本年新开工				
全国总计	**44567.3**	**22912.8**	**37404.2**	**20021.4**	**19628.2**	**18171.5**	**92.6**	**83.9**
北京	3523.5	1591.2	3183.8	1491.3	1175.7	1152.6	98.0	90.4
天津	1087.1	533.9	932.9	511.2	473.5	427.1	90.2	85.8
河北	1529.9	865.6	1311.1	798.9	772.0	711.5	92.2	85.7
山西	1348.3	675.1	1135.1	595.8	569.8	485.5	85.2	84.2
内蒙古	183.7	101.3	151.5	80.6	102.9	102.4	99.5	82.5
辽宁	1435.5	782.6	1278.4	679.4	705.0	601.1	85.3	89.1
吉林	917.0	578.1	763.8	521.7	574.3	503.5	87.7	83.3
黑龙江	875.3	557.8	736.0	468.3	489.3	428.5	87.6	84.1
上海	644.0	442.1	495.2	349.1	259.3	250.7	96.7	76.9
江苏	3694.0	2288.7	3256.5	1985.6	1885.2	1855.0	98.4	88.2
浙江	611.0	302.3	586.3	292.2	232.0	229.9	99.1	96.0
安徽	1248.4	692.8	1065.6	611.1	645.5	605.5	93.8	85.4
福建	1874.9	836.4	1340.1	655.2	732.0	620.3	84.7	71.5
江西	1112.7	712.5	972.4	616.7	577.0	531.5	92.1	87.4
山东	2598.7	1371.6	2304.1	1223.5	1136.2	1072.5	94.4	88.7
河南	2166.3	1126.5	1883.8	996.6	1011.9	935.2	92.4	87.0
湖北	2847.6	1425.2	2536.1	1262.3	1266.5	1174.8	92.8	89.1
湖南	1507.6	703.0	1186.1	579.9	561.1	527.2	93.9	78.7
广东	5108.0	2149.8	3512.5	1667.2	1883.5	1742.5	92.5	68.8
广西	1351.3	704.8	1249.3	661.7	500.1	481.7	96.3	92.5
海南	372.1	217.3	324.9	201.2	108.5	106.9	98.6	87.3
重庆	739.7	389.5	636.7	352.7	374.6	354.3	94.6	86.1
四川	2760.6	1469.6	2266.5	1263.6	1370.7	1209.9	88.3	82.1
贵州	1286.9	550.3	1108.9	497.7	493.8	441.3	89.4	86.2
云南	850.0	344.5	761.4	312.5	436.9	411.9	94.3	89.6
西藏	16.2	12.3	11.2	8.7	11.1	10.9	98.4	68.8
陕西	1235.7	624.1	1058.4	596.2	449.0	403.7	89.9	85.7
甘肃	637.8	268.4	509.9	225.2	297.9	293.4	98.5	79.9
青海	100.5	59.7	91.1	52.0	56.4	54.0	95.7	90.6
宁夏	270.9	175.4	236.0	166.2	108.9	103.9	95.4	87.1
新疆	632.1	360.6	518.6	297.1	367.7	342.3	93.1	82.0

各地区按主要用途分的国有建筑业企业房屋建筑竣工面积

单位:万平方米

地　区	合计	厂房	住宅	办公用房	商业、居民服务业用房	文化教育用房	医疗用房	科研用房	其他用房
全国总计	**19628.2**	**2398.5**	**11037.2**	**1723.5**	**1612.4**	**1319.1**	**232.2**	**146.9**	**1158.4**
北　京	1175.7	56.2	786.6	116.5	54.5	57.4	13.3	20.2	71.0
天　津	473.5	73.4	294.5	22.1	14.5	16.4	2.6	4.6	45.4
河　北	772.0	98.9	400.0	106.3	69.4	51.0	4.2	6.8	35.4
山　西	569.8	67.2	340.2	40.7	41.7	47.4	2.4	1.0	29.2
内蒙古	102.9	1.9	57.2	3.4	13.8	10.4	0.3		15.8
辽　宁	705.0	87.7	470.6	25.8	61.0	20.7	3.0	1.4	34.8
吉　林	574.3	63.8	337.1	52.7	33.1	42.8	9.8	2.3	32.8
黑龙江	489.3	34.6	286.6	33.0	47.6	59.9	5.1	2.9	19.6
上　海	259.3	86.7	114.9	5.3	8.8	25.8	0.1	1.2	16.7
江　苏	1885.2	349.8	880.4	159.3	231.7	123.7	24.5	15.2	100.7
浙　江	232.0	47.4	125.6	19.3	13.9	18.9	3.1	0.1	3.7
安　徽	645.5	73.4	349.2	75.3	52.4	44.9	6.0	6.8	37.5
福　建	732.0	82.1	377.7	90.6	64.0	35.3	10.9	0.9	70.5
江　西	577.0	58.8	312.8	57.7	63.7	41.2	6.6	4.6	31.7
山　东	1136.2	206.0	543.9	140.1	76.9	95.8	16.0	7.1	50.4
河　南	1011.9	105.9	595.9	101.3	55.2	79.9	11.6	5.2	56.8
湖　北	1266.5	139.3	715.7	150.8	90.7	70.8	21.3	10.4	67.5
湖　南	561.1	64.9	269.4	63.6	77.6	46.2	7.6	8.9	22.9
广　东	1883.5	282.2	1073.4	94.5	146.1	130.1	20.2	13.8	123.1
广　西	500.1	51.1	274.2	49.2	56.8	32.4	5.1	7.4	24.0
海　南	108.5	0.7	69.3	17.7	6.1	8.0	0.4	0.5	5.7
重　庆	374.6	38.3	270.5	19.6	13.6	23.2	3.0	1.4	5.1
四　川	1370.7	104.3	841.6	83.4	110.1	81.4	24.5	9.2	116.2
贵　州	493.8	52.9	260.5	42.0	52.4	24.8	6.1	1.3	53.9
云　南	436.9	47.4	234.8	40.0	48.4	26.2	5.4	6.8	27.9
西　藏	11.1		4.7	4.3	0.9	0.5	0.3		0.3
陕　西	449.0	52.4	228.4	46.0	38.8	49.0	7.3	5.1	22.1
甘　肃	297.9	42.8	162.3	22.0	26.6	26.8	1.3	1.4	14.7
青　海	56.4	5.0	33.2	10.5	2.3	2.9			2.3
宁　夏	108.9	8.6	59.9	14.2	7.6	5.9	4.6		8.2
新　疆	367.7	14.9	266.1	16.2	32.3	19.3	5.8	0.5	12.5

各地区国有建筑业企业机械设备情况

地　　区	年末自有机械设备总台数(台)	年末自有机械设备总功率(千瓦)	#施工机械总功率	年末自有机械设备净值(万元)	技术装备率(元/人)	动力装备率(千瓦/人)
全国总计	**1710768**	**36632052**	**27116209**	**6811241**	**12527**	**6.7**
北　京	52204	1341591	907139	214456	10017	6.3
天　津	37697	853139	661290	165318	18258	9.4
河　北	87368	1874521	1535922	340780	15056	8.3
山　西	52107	1388550	952206	293858	14479	6.8
内蒙古	11828	367887	304299	81390	16290	7.4
辽　宁	78539	2378735	1672514	403134	14481	8.5
吉　林	42957	1044320	791623	177250	13093	7.7
黑龙江	44050	1117172	856356	195460	14517	8.3
上　海	46574	797177	657242	155812	17481	8.9
江　苏	149469	2673759	2119213	525737	12460	6.3
浙　江	34959	708090	539800	169116	15876	6.6
安　徽	67009	1231340	1009113	234653	11464	6.0
福　建	29823	693752	595546	130776	10597	5.6
江　西	39174	911734	673080	157148	9762	5.7
山　东	78903	1659716	1237868	310747	12089	6.5
河　南	124544	2079517	1480154	352473	11359	6.7
湖　北	126008	2262018	1659143	509214	14410	6.4
湖　南	75232	1780999	1321422	278938	12277	7.8
广　东	168765	3185174	2447765	539375	12715	7.5
广　西	45254	1019974	776174	158286	9179	5.9
海　南	9967	195580	151437	30963	7066	4.5
重　庆	23198	494761	393535	109728	11003	5.0
四　川	88275	2116797	1392740	328235	7875	5.1
贵　州	34005	672362	411229	135023	8534	4.2
云　南	31816	848535	471656	147785	12594	7.2
西　藏	1234	55836	22088	12432	20727	9.3
陕　西	39715	696465	517429	148408	9584	4.5
甘　肃	31519	633977	364969	107364	10832	6.4
青　海	15916	330809	252412	97273	27558	9.4
宁　夏	13375	294374	245357	63005	19409	9.1
新　疆	29284	923391	695488	237104	26264	10.2

各地区国有建筑业企业主要生产效益指标

地　区	建筑业企业个数（个）	计算劳动生产率的平均人数（人）	按总产值计算的劳动生产率（元/人）	按增加值计算的劳动生产率（元/人）	人均竣工产值（万/人）	人均施工面积（平方米/人）	人均竣工面积（平方米/人）
全国总计	**7536**	**6013128**	**92844**	**23724**	**67184**	**74.1**	**32.6**
北　京	331	330638	116523	28111	82907	106.6	35.6
天　津	158	116930	135216	29396	89568	93.0	40.5
河　北	287	241760	102225	24642	63738	63.3	31.9
山　西	224	257899	97765	20570	57123	52.3	22.1
内蒙古	55	69813	72382	20451	60827	26.3	14.7
辽　宁	458	331091	85580	22671	58502	43.4	21.3
吉　林	256	165293	74226	19508	61217	55.5	34.8
黑龙江	277	170097	64895	18845	58803	51.5	28.8
上　海	212	122162	138165	40104	115887	52.7	21.2
江　苏	511	468915	107430	25145	78584	78.8	40.2
浙　江	163	113033	141655	34467	111325	54.1	20.5
安　徽	245	206903	78652	20922	49750	60.3	31.2
福　建	215	113138	131561	29469	98739	165.7	64.7
江　西	218	157396	76636	20352	57715	70.7	36.7
山　东	502	302369	93457	25033	68740	85.9	37.6
河　南	367	323741	75482	17628	60285	66.9	31.3
湖　北	356	342304	88189	24022	55031	83.2	37.0
湖　南	270	226310	99493	22608	69814	66.6	24.8
广　东	675	407452	108054	29411	79330	125.4	46.2
广　西	200	170103	73103	21212	50021	79.4	29.4
海　南	103	45261	64492	13789	30792	82.2	24.0
重　庆	133	107989	69261	18242	49889	68.5	34.7
四　川	373	412005	70274	21639	55358	67.0	33.3
贵　州	154	160097	78679	20421	52858	80.4	30.9
云　南	152	124613	97834	24867	68634	68.2	35.1
西　藏	32	8106	111235	29404	105604	20.0	13.7
陕　西	158	178554	86523	18993	69921	69.2	25.2
甘　肃	123	118839	61511	17935	49471	53.7	25.1
青　海	73	46214	92483	26028	74180	21.8	12.2
宁　夏	104	48933	71612	18547	57205	55.4	22.3
新　疆	151	125170	107065	31076	82014	50.5	29.4

各地区国有建筑业企业营业额

单位:万元

地区	企业营业额	在境外完成的营业额	企业总产值	#建筑业总产值	#对内销售产值
全国总计	**62534615**	**1465117**	**61069498**	**55828586**	**792098**
北京	4803297	603948	4199349	3852707	62395
天津	1663712	626	1663086	1581077	4296
河北	2571481	10103	2561378	2471400	12069
山西	2699376	9329	2690047	2521344	9488
内蒙古	516363		516363	505321	2354
辽宁	2954140	7871	2946269	2833469	26006
吉林	1278856	1296	1277560	1226904	30225
黑龙江	1193032	4175	1188857	1103849	5444
上海	2190257	5884	2184373	1687852	87137
江苏	6291460	371527	5919933	5037555	49561
浙江	1735694	4227	1731467	1601165	16928
安徽	1725310	13315	1711995	1627324	18819
福建	1563764	3492	1560272	1488451	12724
江西	1251625	8888	1242737	1206219	10531
山东	3314607	134960	3179647	2825835	88467
河南	2614942	21548	2593394	2443659	22104
湖北	3390338	41571	3348767	3018731	66424
湖南	2396242	40059	2356183	2251618	25457
广东	4744418	21718	4722700	4402682	9990
广西	1361381	6893	1354488	1243502	6429
海南	292612	116	292496	291897	
重庆	822621	37993	784628	747938	8405
四川	3576249	78276	3497973	2895327	178238
贵州	1293654	2782	1290872	1259624	3298
云南	1279787	9742	1270045	1219133	2436
西藏	92244		92244	90167	27
陕西	1633572	21074	1612498	1544899	10217
甘肃	760555	3314	757241	730987	10046
青海	454915		454915	427401	660
宁夏	370242		370242	350421	5523
新疆	1697869	390	1697479	1340128	6400

各地区国有建筑业增加值及其构成

单位:万元

地区	建筑业增加值	本年提取固定资产折旧	主营业务应付工资总额	主营业务应付福利费总额
全国总计	**14265654**	**1148501**	**5516535**	**662733**
北　京	929449	63031	295852	38698
天　津	343727	30439	107940	11938
河　北	595742	48726	200144	28129
山　西	530509	61495	157128	19850
内蒙古	142775	10648	61765	5638
辽　宁	750627	71229	292612	35191
吉　林	322460	21456	130816	17543
黑龙江	320550	20998	137930	17357
上　海	489921	34371	172242	23111
江　苏	1179080	67359	543075	59982
浙　江	389587	27460	156117	18395
安　徽	432881	30327	166232	21431
福　建	333411	19638	139165	15829
江　西	320327	20793	126050	17408
山　东	756913	53022	297738	37216
河　南	570691	43136	225222	23951
湖　北	822298	71241	281958	41500
湖　南	511650	55958	186997	21247
广　东	1198365	85443	501563	52887
广　西	360819	27398	158117	17945
海　南	62412	2825	28580	3020
重　庆	196992	14489	84743	9194
四　川	891528	68300	369537	39990
贵　州	326929	23843	146332	19089
云　南	309872	33171	120547	11655
西　藏	23835	1470	7100	484
陕　西	339135	32766	128312	15043
甘　肃	213142	15904	93994	11946
青　海	120287	14482	34275	3959
宁　夏	90758	7646	40498	5056
新　疆	388982	69437	123954	18051

各地区国有建筑业增加值及其构成

续表　　　　　　　　　　　　　　　　　　　　　　　　　　　　　　　　单位：万元

地　　区	工程结算税金及附加	工程结算利润	管理费用中的税金	管理费用中的劳动待业保险费
全国总计	**1691054**	**4406364**	**100078**	**740389**
北　京	125670	344388	6482	55328
天　津	40630	122771	3365	26644
河　北	67415	209788	2394	39146
山　西	76205	184591	2902	28338
内蒙古	14530	44991	864	4339
辽　宁	86385	220578	4494	40138
吉　林	39729	98395	1219	13302
黑龙江	34274	93874	1388	14729
上　海	52272	176181	1882	29862
江　苏	132912	323292	7346	45114
浙　江	43115	127145	1753	15602
安　徽	55678	131101	3751	24361
福　建	46219	97163	1603	13794
江　西	34058	97088	10944	13986
山　东	82571	247673	5860	32833
河　南	68107	173159	5004	32112
湖　北	98035	279830	5413	44321
湖　南	63472	155279	4406	24291
广　东	157615	335685	9088	56084
广　西	41386	96182	2259	17532
海　南	9466	17350	290	881
重　庆	23115	55226	888	9337
四　川	86913	265503	4593	56692
贵　州	42192	77233	2982	15258
云　南	34924	81618	1785	26172
西　藏	3286	10489	646	360
陕　西	46438	99775	1581	15220
甘　肃	23279	51369	2023	14627
青　海	14232	45741	797	6801
宁　夏	9908	22996	596	4058
新　疆	37023	119910	1480	19127

各地区国有建筑业企业资产构成

单位:万元

地区	资产合计	#流动资产小计	#长期投资	#固定资产小计	#无形及递延资产
全国总计	**76061185**	**51848558**	**4295762**	**17422000**	**1771050**
北京	6621395	4930152	864657	665362	53786
天津	2203278	1541657	219336	402753	30140
河北	2911142	1944458	62468	778791	91488
山西	3283171	1992312	238597	932315	65316
内蒙古	534933	368357	6345	142822	17246
辽宁	3340779	2223657	76572	956111	60503
吉林	1630132	1190851	28032	373716	31181
黑龙江	1757200	1277297	27006	422452	23764
上海	3411898	2128413	298238	914207	44375
江苏	5421592	4125333	160397	1014116	86633
浙江	1412431	1060599	37813	279968	17651
安徽	2076480	1387303	30508	528357	112980
福建	1700200	1284065	50600	316097	27919
江西	1429499	931163	42107	395438	46686
山东	3703517	2796355	64750	708326	90235
河南	2704414	1763955	69176	787384	67105
湖北	4138671	2611837	162384	1145947	201964
湖南	2385898	1530086	26396	682261	113580
广东	8442946	6166172	676352	1349295	156545
广西	2630534	1443177	352519	765120	37531
海南	306606	203374	9806	75900	15180
重庆	982260	646454	91181	205827	32371
四川	3530870	2285649	323710	796790	94435
贵州	1582816	1141975	23120	334831	62430
云南	1583437	1009102	124326	382893	54856
西藏	118438	52033	13752	49793	1462
陕西	1803475	1258523	59626	446916	18174
甘肃	992144	605192	25378	304114	41171
青海	524114	336800	19042	149045	18979
宁夏	439985	258176	32846	146136	1833
新疆	2456930	1354081	78722	968917	53531

各地区国有建筑业企业流动资产及递延资产

单位：万元

地　　区	流动资产	#存货	#在建工程	无形及递延资产	#无形资产
全国总计	**51848558**	**11618059**	**6268601**	**1771050**	**1407998**
北　　京	4930152	1203061	652975	53786	45761
天　　津	1541657	282129	108671	30140	23910
河　　北	1944458	297880	137265	91488	67346
山　　西	1992312	256257	84737	65316	57525
内 蒙 古	368357	32192	14212	17246	16105
辽　　宁	2223657	383627	152286	60503	44859
吉　　林	1190851	138919	45257	31181	26217
黑 龙 江	1277297	180577	33413	23764	14241
上　　海	2128413	631249	337482	44375	26823
江　　苏	4125333	1166584	779684	86633	68325
浙　　江	1060599	295624	169821	17651	12333
安　　徽	1387303	304820	163297	112980	96417
福　　建	1284065	318069	226301	27919	21540
江　　西	931163	246878	180638	46686	36598
山　　东	2796355	512665	235252	90235	80071
河　　南	1763955	347567	173356	67105	61147
湖　　北	2611837	562839	286086	201964	176230
湖　　南	1530086	306841	150970	113580	105232
广　　东	6166172	1773796	1058590	156545	97023
广　　西	1443177	419189	299014	37531	33759
海　　南	203374	39676	20536	15180	4788
重　　庆	646454	158228	96625	32371	22860
四　　川	2285649	543039	292077	94435	83244
贵　　州	1141975	286661	234242	62430	50240
云　　南	1009102	192555	107612	54856	50942
西　　藏	52033	6495	2011	1462	1327
陕　　西	1258523	264572	85872	18174	13013
甘　　肃	605192	130661	62927	41171	29810
青　　海	336800	35458	15500	18979	16422
宁　　夏	258176	54678	21268	1833	1463
新　　疆	1354081	245273	40624	53531	22427

各地区国有建筑业企业固定资产情况

单位:万元

地区	固定资产小计	固定资产原价	#生产经营用	固定资产折旧	#本年折旧
全国总计	**17422000**	**25328311**	**19417432**	**8837700**	**1148501**
北京	665362	1083495	729441	431256	63031
天津	402753	648365	458429	283842	30439
河北	778791	1133411	774423	398644	48726
山西	932315	1239791	913886	341904	61495
内蒙古	142822	230837	199557	93164	10648
辽宁	956111	1501978	1183233	558411	71229
吉林	373716	547518	408806	195788	21456
黑龙江	422452	591538	497848	174768	20998
上海	914207	1451851	1345461	551575	34371
江苏	1014116	1515087	1251135	518851	67359
浙江	279968	430083	379432	161817	27460
安徽	528357	790818	584958	262461	30327
福建	316097	452788	329268	152512	19638
江西	395438	529384	383168	158121	20793
山东	708326	1050706	815048	383833	53022
河南	787384	1042625	806047	312187	43136
湖北	1145947	1663213	1198908	601179	71241
湖南	682261	970005	702875	341017	55958
广东	1349295	1972710	1480390	722838	85443
广西	765120	969154	818450	222524	27398
海南	75900	90886	79015	25717	2825
重庆	205827	290828	239941	98625	14489
四川	796790	1323005	1086385	558757	68300
贵州	334831	437857	330249	129464	23843
云南	382893	550593	404938	182908	33171
西藏	49793	59913	53643	12810	1470
陕西	446916	645456	481447	236429	32766
甘肃	304114	403890	252481	113021	15904
青海	149045	214521	157152	71228	14482
宁夏	146136	194339	132683	52348	7646
新疆	968917	1301666	938735	489701	69437

各地区国有建筑业企业负债及所有者权益

单位:万元

地　区	负债合计	流动负债	长期负债	所有者权益	#实收资本
全国总计	**52877122**	**49563649**	**3313473**	**23184063**	**17838846**
北　京	4923550	4733731	189819	1697845	1015558
天　津	1543560	1379837	163723	659718	558455
河　北	2056807	1919406	137401	854335	792444
山　西	2243738	2022113	221625	1039433	959735
内蒙古	345880	314750	31130	189053	174662
辽　宁	2181058	2082750	98308	1159721	883488
吉　林	1234911	1201110	33801	395221	371167
黑龙江	1162340	1103524	58816	594860	516115
上　海	2150105	2044871	105234	1261793	560389
江　苏	4011420	3800646	210774	1410172	1048662
浙　江	965662	940840	24822	446769	294167
安　徽	1357860	1254498	103362	718620	626627
福　建	1203059	1155147	47912	497141	392361
江　西	961961	892245	69716	467538	366663
山　东	2796636	2677548	119088	906881	761555
河　南	1769449	1711150	58299	934965	817979
湖　北	2878145	2650321	227824	1260526	864049
湖　南	1625599	1480147	145452	760299	531510
广　东	6214013	5813325	400688	2228933	1569749
广　西	1453149	1374366	78783	1177385	946998
海　南	168075	162647	5428	138531	86594
重　庆	637878	581816	56062	344382	333871
四　川	2332314	2130781	201533	1198556	958480
贵　州	1158751	1070895	87856	424065	347106
云　南	1171934	974000	197934	411503	336668
西　藏	34584	30433	4151	83854	65018
陕　西	1349128	1266512	82616	454347	359319
甘　肃	687864	662825	25039	304280	247859
青　海	375839	354580	21259	148275	113551
宁　夏	287915	270908	17007	152070	148100
新　疆	1593938	1505927	88011	862992	789947

各地区国有建筑业企业实收资本

单位:万元

地区	合计	国家资本	集体资本	法人资本	个人资本	港澳台资本	外商资本
全国总计	**17838846**	**13162045**	**1495**	**4671991**	**3315**		
北京	1015558	757542		258016			
天津	558455	390740		167715			
河北	792444	722333		70111			
山西	959735	727061		232674			
内蒙古	174662	145852		28810			
辽宁	883488	704701		178787			
吉林	371167	317809		53358			
黑龙江	516115	417546		98569			
上海	560389	434108		126281			
江苏	1048662	804561		244101			
浙江	294167	196643		97524			
安徽	626627	513614		113013			
福建	392361	277623		114738			
江西	366663	291271		75392			
山东	761555	565423		196132			
河南	817979	568160		249819			
湖北	864049	543892		320157			
湖南	531510	396186		135324			
广东	1569749	1032309		537440			
广西	946998	826291		120707			
海南	86594	77883		8711			
重庆	333871	272908		60963			
四川	958480	712768	1495	243694	523		
贵州	347106	347106					
云南	336668	240668		95270	730		
西藏	65018	63033		1985			
陕西	359319	194094		165225			
甘肃	247859	206185		41674			
青海	113551	92437		20782	332		
宁夏	148100	140510		5860	1730		
新疆	789947	180788		609159			

各地区国有建筑业企业收入情况

单位:万元

地区	工程结算收入	工程结算成本	工程结算税金及附加	工程结算利润	其他业务收入	#其他业务利润
全国总计	**57001027**	**50903609**	**1691054**	**4406364**	**2615417**	**394917**
北京	4512703	4042645	125670	344388	268344	58777
天津	1486017	1322616	40630	122771	70443	7056
河北	2442550	2165347	67415	209788	60219	9634
山西	2564492	2303696	76205	184591	90538	13519
内蒙古	486584	427063	14530	44991	6709	1801
辽宁	2687594	2380631	86385	220578	121552	17775
吉林	1166088	1027964	39729	98395	33294	3848
黑龙江	1122057	993909	34274	93874	24616	3059
上海	2032240	1803787	52272	176181	182086	23912
江苏	4457191	4000987	132912	323292	294838	28894
浙江	1490158	1319898	43115	127145	33962	5919
安徽	1611673	1424894	55678	131101	64134	7683
福建	1454494	1311112	46219	97163	49757	7965
江西	1053453	922307	34058	97088	24120	4514
山东	2714396	2384152	82571	247673	94734	10319
河南	2296717	2055451	68107	173159	68884	13586
湖北	2929085	2551220	98035	279830	159573	23303
湖南	2114584	1895833	63472	155279	64086	12736
广东	6364233	5870933	157615	335685	337415	56549
广西	1333616	1196048	41386	96182	76188	16357
海南	252282	225466	9466	17350	1126	710
重庆	703203	624862	23115	55226	35450	2895
四川	2827670	2475254	86913	265503	129555	13133
贵州	1203955	1084530	42192	77233	109349	12887
云南	1134077	1017535	34924	81618	48000	6539
西藏	92825	79050	3286	10489	819	395
陕西	1498441	1352228	46438	99775	41278	9017
甘肃	669619	594971	23279	51369	34223	2785
青海	429868	369895	14232	45741	15735	2297
宁夏	330194	297290	9908	22996	16566	2629
新疆	1538968	1382035	37023	119910	57824	14424

各地区国有建筑业企业费用情况

单位:万元

地　　区	管理费用	#税金	#财产保险费	#劳动待业保险费	财务费用	#利息支出
全国总计	**4022006**	**100078**	**25444**	**740389**	**340941**	**285144**
北　　京	335948	6482	997	55328	27259	31057
天　　津	115760	3365	477	26644	8331	7240
河　　北	183740	2394	1478	39146	19487	15267
山　　西	175406	2902	2006	28338	10134	11116
内 蒙 古	38931	864	158	4339	2126	1734
辽　　宁	210436	4494	904	40138	16286	12579
吉　　林	95393	1219	554	13302	7007	4518
黑 龙 江	86730	1388	532	14729	6823	5255
上　　海	181372	1882	384	29862	5787	3039
江　　苏	275953	7346	1706	45114	22305	17403
浙　　江	95434	1753	849	15602	4942	4300
安　　徽	110319	3751	978	24361	13045	9986
福　　建	85857	1603	278	13794	7961	7084
江　　西	83016	10944	530	13986	7167	5276
山　　东	196863	5860	1680	32833	12439	11444
河　　南	161509	5004	822	32112	10483	10126
湖　　北	246110	5413	1212	44321	34831	24331
湖　　南	130348	4406	574	24291	13478	10506
广　　东	322965	9088	1944	56084	37117	26496
广　　西	88614	2259	1654	17532	8328	7680
海　　南	9816	290	126	881	687	478
重　　庆	45792	888	238	9337	4641	4188
四　　川	227153	4593	1917	56692	18527	15638
贵　　州	68679	2982	448	15258	8264	7643
云　　南	82339	1785	934	26172	6916	5645
西　　藏	5149	646	16	360	641	193
陕　　西	90884	1581	568	15220	10870	10351
甘　　肃	57004	2023	478	14627	4806	4377
青　　海	35936	797	168	6801	1748	1787
宁　　夏	21553	596	196	4058	3527	3085
新　　疆	156997	1480	638	19127	4978	5322

各地区国有建筑业企业利润及税金情况

单位:万元

地区	利润总额	#应交所得税	税金总额	工程结算税金及附加	管理费用中的税金
全国总计	**455858**	**235930**	**1791132**	**1691054**	**100078**
北京	77263	24345	132152	125670	6482
天津	11420	4615	43995	40630	3365
河北	20100	9727	69809	67415	2394
山西	8447	5155	79107	76205	2902
内蒙古	5355	1560	15394	14530	864
辽宁	19013	14296	90879	86385	4494
吉林	-2093	2439	40948	39729	1219
黑龙江	3113	3444	35662	34274	1388
上海	26435	5872	54154	52272	1882
江苏	48515	22702	140258	132912	7346
浙江	28016	12653	44868	43115	1753
安徽	16889	7216	59429	55678	3751
福建	14863	5123	47822	46219	1603
江西	13457	5259	45002	34058	10944
山东	39561	14009	88431	82571	5860
河南	13354	7033	73111	68107	5004
湖北	10487	9093	103448	98035	5413
湖南	20531	13852	67878	63472	4406
广东	48032	24781	166703	157615	9088
广西	15264	5137	43645	41386	2259
海南	6854	1416	9756	9466	290
重庆	9145	2498	24003	23115	888
四川	30635	14373	91506	86913	4593
贵州	13099	3609	45174	42192	2982
云南	-5831	2895	36709	34924	1785
西藏	5385	574	3932	3286	646
陕西	8470	3744	48019	46438	1581
甘肃	-10234	2383	25302	23279	2023
青海	9675	2153	15029	14232	797
宁夏	29	881	10504	9908	596
新疆	-49391	3093	38503	37023	1480

各地区国有建筑业企业工程拖欠款及企业亏损情况

地区	年末拖欠工程款(万元)	#竣工拖欠	企业个数(个)	#亏损企业个数	亏损企业的比重(%)
全国总计	**13131115**	**7152047**	**7536**	**1894**	**25.1**
北京	1585781	766983	331	84	25.4
天津	496615	233478	158	40	25.3
河北	662733	381701	287	69	24.0
山西	683913	385423	224	55	24.6
内蒙古	119657	52933	55	11	20.0
辽宁	474864	340261	458	146	31.9
吉林	552887	351586	256	82	32.0
黑龙江	506764	300495	277	80	28.9
上海	314847	135732	212	39	18.4
江苏	897144	433605	511	129	25.2
浙江	122858	80722	163	18	11.0
安徽	345485	192031	245	61	24.9
福建	304549	164174	215	40	18.6
江西	159939	74928	218	45	20.6
山东	851762	448544	502	139	27.7
河南	354768	233280	367	99	27.0
湖北	731296	390821	356	67	18.8
湖南	343746	142497	270	88	32.6
广东	1210941	731528	675	172	25.5
广西	217406	130421	200	53	26.5
海南	30447	15161	103	34	33.0
重庆	182066	106013	133	32	24.1
四川	581846	270902	373	58	15.5
贵州	79556	41074	154	51	33.1
云南	326478	189622	152	47	30.9
西藏	1211	519	32	2	6.2
陕西	314931	154528	158	32	20.3
甘肃	226102	127929	123	31	25.2
青海	98462	32164	73	13	17.8
宁夏	84457	53169	104	33	31.7
新疆	267604	189823	151	44	29.1

各地区国有建筑业企业主要经济效益指标

地　区	产值利润率(%)	产值利税率(%)	资本利润率(%)	资本利税率(%)	人均利润(元/人)	人均利税(元/人)	资产负债率(%)
全国总计	**0.8**	**4.0**	**2.6**	**12.6**	**758**	**3737**	**69.5**
北　京	2.0	5.4	7.6	20.6	2337	6334	74.4
天　津	0.7	3.5	2.0	9.9	977	4739	70.1
河　北	0.8	3.6	2.5	11.3	831	3719	70.7
山　西	0.3	3.5	0.9	9.1	328	3395	68.3
内蒙古	1.1	4.1	3.1	11.9	767	2972	64.7
辽　宁	0.7	3.9	2.2	12.4	574	3319	65.3
吉　林	-0.2	3.2	-0.6	10.5	-127	2351	75.8
黑龙江	0.3	3.5	0.6	7.5	183	2280	66.1
上　海	1.6	4.8	4.7	14.4	2164	6597	63.0
江　苏	1.0	3.7	4.6	18.0	1035	4026	74.0
浙　江	1.7	4.6	9.5	24.8	2479	6448	68.4
安　徽	1.0	4.7	2.7	12.2	816	3689	65.4
福　建	1.0	4.2	3.8	16.0	1314	5541	70.8
江　西	1.1	4.8	3.7	15.9	855	3714	67.3
山　东	1.4	4.5	5.2	16.8	1308	4233	75.5
河　南	0.5	3.5	1.6	10.6	412	2671	65.4
湖　北	0.3	3.8	1.2	13.2	306	3328	69.5
湖　南	0.9	3.9	3.9	16.6	907	3907	68.1
广　东	1.1	4.9	3.1	13.7	1179	5270	73.6
广　西	1.2	4.7	1.6	6.2	897	3463	55.2
海　南	2.3	5.7	7.9	19.2	1514	3670	54.8
重　庆	1.2	4.4	2.7	9.9	847	3070	64.9
四　川	1.1	4.2	3.2	12.7	744	2965	66.1
贵　州	1.0	4.6	3.8	16.8	818	3640	73.2
云　南	-0.5	2.5	-1.7	9.2	-468	2478	74.0
西　藏	6.0	10.3	8.3	14.3	6643	11494	29.2
陕　西	0.5	3.7	2.4	15.7	474	3164	74.8
甘　肃	-1.4	2.1	-4.1	6.1	-861	1268	69.3
青　海	2.3	5.8	8.5	21.8	2094	5346	71.7
宁　夏		3.0		7.1	6	2153	65.4
新　疆	-3.7	-0.8	-6.3	-1.4	-3946	-870	64.9

各地区集体建筑业企业签订合同情况

单位:万元

地区	合同总额	上年结转合同额	本年新签合同额
全国总计	**41493558**	**13099477**	**28394081**
北京	2051003	672522	1378481
天津	614696	131926	482770
河北	1277021	347505	929516
山西	324963	82365	242598
内蒙古	151105	28505	122600
辽宁	1737677	361248	1376429
吉林	262295	35415	226880
黑龙江	601707	84233	517474
上海	1182643	429251	753392
江苏	5690277	1368625	4321652
浙江	3885195	1491363	2393832
安徽	1575793	428892	1146901
福建	1534464	620845	913619
江西	853861	242624	611237
山东	3687719	1330541	2357178
河南	1085462	385505	699957
湖北	1189820	326717	863103
湖南	1951983	634932	1317051
广东	4253835	1832185	2421650
广西	678362	218113	460249
海南	75538	22573	52965
重庆	1041098	360957	680141
四川	2729984	808984	1921000
贵州	298281	102462	195819
云南	1085215	275016	810199
西藏	79256	6150	73106
陕西	684668	251682	432986
甘肃	521371	142368	379003
青海	108832	14898	93934
宁夏	77859	17921	59938
新疆	201575	43154	158421

各地区集体建筑业企业承包工程完成情况

单位:万元

地区	直接从建设单位承揽工程完成的产值	自行完成施工产值	分包出去工程的产值	从建设单位以外承揽工程完成的产值
全国总计	**32162652**	**31834984**	**327668**	**1550021**
北京	1576855	1549300	27555	58642
天津	492714	480314	12400	31981
河北	1165687	1114629	51058	42759
山西	244408	242131	2277	23524
内蒙古	136526	136306	220	482
辽宁	1556511	1551780	4731	27419
吉林	258545	258491	54	5142
黑龙江	598482	585665	12817	15625
上海	949255	930957	18298	67650
江苏	4418281	4379645	38636	458477
浙江	2671949	2633808	38141	124571
安徽	1323868	1312477	11391	65553
福建	1007825	998231	9594	21775
江西	628741	626714	2027	16588
山东	2901530	2885583	15947	176518
河南	809234	801503	7731	22931
湖北	963233	948973	14260	37339
湖南	1429953	1419890	10063	72224
广东	3040721	3019452	21269	79193
广西	503422	503001	421	17228
海南	63358	61436	1922	2423
重庆	834042	828489	5553	28068
四川	2188284	2181195	7089	87555
贵州	237159	236950	209	4408
云南	802388	798715	3673	25554
西藏	70330	69712	618	538
陕西	472340	466794	5546	16585
甘肃	479440	478373	1067	12441
青海	99434	99434		2241
宁夏	71308	70407	901	1013
新疆	166829	164629	2200	3574

各地区集体建筑业总产值和竣工产值

单位:万元

地区	建筑业总产值	#装饰装修产值	#在外省完成的产值	按构成分组			竣工产值
				建筑工程产值	安装工程产值	其他产值	
全国总计	**33385005**	**1680249**	**4111471**	**28490713**	**3680001**	**1214291**	**25750289**
北京	1607942	320656	26475	1314840	262712	30390	1234196
天津	512295	24169	11466	354759	121151	36385	424161
河北	1157388	45161	204984	1030166	107642	19580	892654
山西	265655	14117	11407	206644	48577	10434	226951
内蒙古	136788	4243	11085	121665	14956	167	121324
辽宁	1579199	44491	53436	1216197	308661	54341	1293933
吉林	263633	3870	1491	189032	69172	5429	239676
黑龙江	601290	42094	44951	479343	81537	40410	515698
上海	998607	62227	38854	841492	92812	64303	823533
江苏	4838122	219016	1577197	4135833	464050	238239	3719418
浙江	2758379	77881	777224	2366218	318130	74031	1957725
安徽	1378030	72013	165687	1133248	180394	64388	1108636
福建	1020006	25069	117383	939318	69517	11171	776498
江西	643302	27546	17172	564455	57985	20862	476730
山东	3062101	152332	148190	2530091	464450	67560	2221857
河南	824434	43980	46766	711351	89291	23792	602779
湖北	986312	49899	76207	876664	56279	53369	794172
湖南	1492114	58388	205725	1297304	97403	97407	1149506
广东	3098645	166896	119209	2731021	285521	82103	2366636
广西	520229	25322	7816	467753	31616	20860	392186
海南	63859	1623		57628	6103	128	52595
重庆	856557	35885	67568	770538	57625	28394	630267
四川	2268750	98742	341561	1974765	199703	94282	1710948
贵州	241358	3497	2000	217088	21825	2445	192578
云南	824269	31572	9287	753575	42373	28321	665544
西藏	70250	1254		62890	5105	2255	59947
陕西	483379	10638	5634	442724	29211	11444	358363
甘肃	490814	7407	19254	422903	45344	22567	458657
青海	101675	3445		90995	8338	2342	88141
宁夏	71420	539	1940	59151	10667	1602	59885
新疆	168203	6277	1502	131062	31851	5290	135095

各地区集体建筑业企业单位工程施工个数及工程质量

地区	单位工程施工个数（个）	#本年新开工	#实行投标承包个数	#本年新开工	单位工程竣工个数（个）	#一次交验合格个数	单位工程一次交验合格率（%）	投标承包个数的比重（%）
全国总计	**218451**	**155134**	**105143**	**76001**	**154240**	**132696**	**86.0**	**48.1**
北京	10735	8226	2158	1654	8597	7354	85.5	20.1
天津	5846	4307	1173	943	4869	3177	65.2	20.1
河北	6857	4642	4378	3423	5061	4255	84.1	63.8
山西	3326	2509	1114	891	2370	2118	89.4	33.5
内蒙古	1209	1036	430	311	1065	1028	96.5	35.6
辽宁	12832	9221	4369	3512	10595	7766	73.3	34.0
吉林	1558	1323	879	787	1358	1120	82.5	56.4
黑龙江	3172	2856	1907	1232	2830	2565	90.6	60.1
上海	8340	7058	1783	1221	6336	5823	91.9	21.4
江苏	22186	17519	11580	9277	16188	14286	88.3	52.2
浙江	9933	6239	6274	3663	6215	5686	91.5	63.2
安徽	13243	9989	6231	4782	9660	8848	91.6	47.1
福建	5553	3689	2596	1879	3894	2860	73.4	46.7
江西	5054	3495	3318	2269	3093	2834	91.6	65.7
山东	19941	13241	11511	8017	13067	11509	88.1	57.7
河南	7078	4488	4320	2970	4550	3940	86.6	61.0
湖北	6600	4333	3870	2796	4157	3690	88.8	58.6
湖南	7988	5535	4917	3527	5513	5023	91.1	61.6
广东	19424	12343	7405	4537	12308	10217	83.0	38.1
广西	8555	5611	3999	2534	5010	4631	92.4	46.7
海南	661	443	296	245	463	284	61.3	44.8
重庆	4162	2921	2301	1739	2675	2533	94.7	55.3
四川	14003	9821	7239	5617	10061	9299	92.4	51.7
贵州	2982	1942	1674	1140	1978	1517	76.7	56.1
云南	6892	4714	3037	2214	4956	3850	77.7	44.1
西藏	396	354	299	255	371	363	97.8	75.5
陕西	3363	2209	2352	1633	2070	1896	91.6	69.9
甘肃	3087	2249	2043	1597	2213	1849	83.6	66.2
青海	602	451	394	311	483	411	85.1	65.4
宁夏	698	466	377	275	447	338	75.6	54.0
新疆	2175	1904	919	750	1787	1626	91.0	42.3

各地区集体建筑业企业房屋建筑面积及工程质量

地区	房屋建筑施工面积（万平方米）	#本年新开工	#实行投标承包面积	#本年新开工	房屋建筑竣工面积（万平方米）	#一次交验合格面积	竣工面积一次交验合格率（%）	实行投标承包面积的比重（%）
全国总计	**52564.4**	**32603.3**	**37202.6**	**24840.4**	**30071.3**	**26636.6**	**88.6**	**70.8**
北　京	1574.5	895.8	1062.8	673.2	739.1	697.5	94.4	67.5
天　津	477.7	296.8	392.2	237.1	312.7	250.8	80.2	82.1
河　北	1772.4	1217.0	1517.2	1088.6	1155.3	1047.9	90.7	85.6
山　西	416.2	279.6	322.6	224.7	278.9	227.5	81.6	77.5
内蒙古	203.5	146.4	172.2	124.9	157.7	145.2	92.1	84.6
辽　宁	1676.6	1245.2	1371.8	1051.9	1094.7	931.1	85.0	81.8
吉　林	260.7	211.9	226.0	185.4	216.7	171.7	79.2	86.7
黑龙江	678.5	512.2	503.3	360.9	476.0	446.2	93.7	74.2
上　海	917.0	576.9	641.6	438.4	457.5	382.2	83.5	70.0
江　苏	6823.4	4908.9	5000.1	3692.1	4185.0	4002.6	95.6	73.3
浙　江	3766.2	1994.6	3182.7	1752.4	1676.6	1580.3	94.3	84.5
安　徽	2491.3	1641.7	1642.1	1249.3	1584.6	1468.3	92.7	65.9
福　建	1936.6	1020.4	1153.0	641.2	929.6	753.8	81.1	59.5
江　西	1581.3	1004.1	1152.4	777.2	823.2	713.6	86.7	72.9
山　东	5100.7	3243.6	3768.6	2458.5	2921.4	2523.6	86.4	73.9
河　南	1877.0	1123.7	1370.0	875.4	1088.0	941.6	86.5	73.0
湖　北	1741.8	1183.8	1278.2	896.6	1146.4	1012.6	88.3	73.4
湖　南	2579.4	1591.6	1852.8	1219.9	1515.8	1363.8	90.0	71.8
广　东	6118.2	3007.2	3195.9	1825.1	2899.7	2340.5	80.7	52.2
广　西	1122.0	682.0	733.7	498.8	596.5	526.3	88.2	65.4
海　南	100.7	66.6	64.7	46.3	64.6	44.8	69.3	64.3
重　庆	1634.4	945.4	1104.7	719.8	901.3	824.6	91.5	67.6
四　川	3873.7	2508.6	2724.4	1966.7	2439.8	2245.5	92.0	70.3
贵　州	594.7	323.0	410.3	245.4	328.3	299.1	91.1	69.0
云　南	1081.8	638.3	652.3	452.7	749.9	641.0	85.5	60.3
西　藏	38.8	33.3	26.2	22.0	34.8	34.1	97.9	67.6
陕　西	962.2	539.7	806.3	480.4	502.5	427.2	85.0	83.8
甘　肃	804.8	527.0	605.4	435.3	570.2	400.8	70.3	75.2
青　海	78.7	46.7	54.6	32.9	47.0	31.6	67.4	69.4
宁　夏	116.5	82.8	93.7	76.1	76.2	68.7	90.2	80.5
新　疆	163.1	108.4	120.5	91.2	101.4	92.3	91.0	73.9

各地区按主要用途分的集体建筑业企业房屋建筑竣工面积

单位:万平方米

地区	合计	厂房	住宅	办公用房	商业、居民服务业用房	文化教育用房	医疗用房	科研用房	其他用房
全国总计	**30071.3**	**3908.4**	**17774.8**	**2369.0**	**2531.9**	**1893.1**	**258.3**	**98.2**	**1237.7**
北京	739.1	70.6	527.7	39.4	44.1	24.2	2.4	2.7	28.2
天津	312.7	70.6	187.7	20.0	10.6	14.1	1.5		8.1
河北	1155.3	71.3	784.8	92.3	94.2	64.9	10.5	4.2	33.0
山西	278.9	28.5	168.6	27.8	23.2	18.5	1.1	0.8	10.5
内蒙古	157.7	6.6	98.2	8.3	29.9	9.0	1.4	0.7	3.6
辽宁	1094.7	110.8	706.6	73.2	84.2	52.0	3.8	2.2	62.1
吉林	216.7	11.2	153.6	15.0	16.3	10.0	0.1		10.4
黑龙江	476.0	34.1	338.2	21.3	32.2	22.5	0.8	3.4	23.3
上海	457.5	171.5	237.4	12.0	10.9	18.3	0.3	0.2	7.0
江苏	4185.0	800.5	2187.6	292.3	365.2	253.2	26.8	28.9	230.3
浙江	1676.6	352.4	840.4	135.6	122.6	141.8	19.5	1.0	63.3
安徽	1584.6	121.3	896.8	167.4	145.3	155.6	33.4	4.6	60.2
福建	929.6	98.4	576.4	70.1	95.7	50.3	6.8	5.6	26.4
江西	823.2	49.4	509.5	64.4	103.3	61.7	13.1	2.0	19.8
山东	2921.4	378.4	1784.6	224.8	246.9	151.8	26.4	10.7	97.8
河南	1088.0	78.0	725.8	113.6	64.7	61.4	9.0	3.4	32.1
湖北	1146.4	101.4	759.0	90.1	59.7	57.8	8.8	1.3	68.3
湖南	1515.8	118.7	821.7	163.4	185.0	109.0	16.6	5.1	96.4
广东	2899.7	850.2	1344.6	186.7	213.4	157.0	18.1	4.9	124.8
广西	596.5	42.9	323.6	64.1	40.9	72.2	13.8	6.4	32.5
海南	64.6	2.6	34.7	6.6	9.4	8.3	0.3	0.2	2.4
重庆	901.3	72.6	611.9	55.5	88.9	38.8	3.2	0.1	30.2
四川	2439.8	139.9	1614.7	172.0	253.6	143.9	18.5	5.6	91.7
贵州	328.3	7.5	232.6	20.7	26.7	31.4	3.8	0.1	5.5
云南	749.9	58.1	444.8	83.3	67.6	58.4	7.4	1.0	29.4
西藏	34.8	0.4	16.6	12.2	3.2	1.5	0.2		0.9
陕西	502.5	24.7	326.8	53.2	32.5	47.5	5.5		12.2
甘肃	570.2	27.3	382.9	57.6	43.3	40.2	2.9	2.7	13.3
青海	47.0	1.1	33.3	6.0	2.8	2.3	0.4		1.1
宁夏	76.2	1.1	55.5	6.4	4.6	4.4	0.4	0.2	3.5
新疆	101.4	6.2	48.5	13.6	10.9	11.1	1.4	0.2	9.6

各地区集体建筑业企业机械设备情况

地　　区	年末自有机械设备总台数(台)	年末自有机械设备总功率(千瓦)	#施工机械总功率	年末自有机械设备净值(万元)	技术装备率(元/人)	动力装备率(千瓦/人)
全国总计	**2174584**	**23412138**	**18857432**	**4263493**	**7361**	**4.0**
北　京	41897	543320	439743	105480	8479	4.4
天　津	32571	322320	237369	56799	10802	6.1
河　北	116605	1090699	910474	161211	7636	5.2
山　西	34206	317557	232235	48107	6405	4.2
内蒙古	6929	143710	131145	17210	9205	7.7
辽　宁	79280	1379832	1106328	223589	8541	5.3
吉　林	12913	244645	204353	46257	9359	4.9
黑龙江	31200	458463	394532	97612	13390	6.3
上　海	18073	216149	171419	49839	8496	3.7
江　苏	175747	2115668	1867283	460274	7028	3.2
浙　江	99561	1072547	871231	224787	7944	3.8
安　徽	128211	1018940	864877	184221	5781	3.2
福　建	56845	746127	614102	144228	9200	4.8
江　西	46146	383040	300121	67521	4592	2.6
山　东	199712	1998685	1586587	367356	5459	3.0
河　南	93845	772076	614592	125902	5889	3.6
湖　北	101898	1005494	741855	184715	8151	4.4
湖　南	132216	1339489	1132406	228092	7170	4.2
广　东	227488	2604331	1977724	410764	8351	5.3
广　西	91628	791503	594062	119003	10833	7.2
海　南	6144	82367	55108	11042	7823	5.8
重　庆	42284	540082	468697	113311	6901	3.3
四　川	145059	1682166	1351230	306077	5862	3.2
贵　州	19687	176482	143247	40290	6846	3.0
云　南	87016	872833	685610	191031	9917	4.5
西　藏	2927	19113	15507	12523	9550	1.5
陕　西	57136	512879	410356	101487	8959	4.5
甘　肃	64366	621212	492525	105150	7042	4.2
青　海	6323	126040	68279	13336	7853	7.4
宁　夏	6202	79702	72076	18844	17661	7.5
新　疆	10469	134667	102359	27435	14993	7.4

各地区集体建筑业企业主要生产效益指标

地　　区	建筑业企业个数（个）	计算劳动生产率的平均人数（人）	按总产值计算的劳动生产率（元/人）	按增加值计算的劳动生产率（元/人）	人均竣工产值（元/人）	人均施工面积（平方米/人）	人均竣工面积（平方米/人）
全国总计	**13177**	**5996984**	**55670**	**14682**	**42939**	**87.7**	**50.1**
北　　京	536	153821	104533	23557	80236	102.4	48.1
天　　津	215	63069	81228	20137	67253	75.7	49.6
河　　北	393	245485	47147	12694	36363	72.2	47.1
山　　西	217	84536	31425	9291	26847	49.2	33.0
内 蒙 古	64	29816	45877	12676	40691	68.2	52.9
辽　　宁	727	293699	53769	15513	44056	57.1	37.3
吉　　林	189	59302	44456	12446	40416	44.0	36.5
黑 龙 江	353	115141	52222	14325	44788	58.9	41.3
上　　海	299	83336	119829	23879	98821	110.0	54.9
江　　苏	974	655749	73780	17072	56720	104.1	63.8
浙　　江	404	280184	98449	24413	69873	134.4	59.8
安　　徽	544	319770	43094	12614	34670	77.9	49.6
福　　建	448	141795	71935	17622	54762	136.6	65.6
江　　西	366	144484	44524	12045	32995	109.4	57.0
山　　东	1415	721676	42430	11854	30787	70.7	40.5
河　　南	508	215495	38258	10804	27972	87.1	50.5
湖　　北	468	233467	42246	15202	34016	74.6	49.1
湖　　南	571	305216	48887	13580	37662	84.5	49.7
广　　东	1200	477517	64891	16827	49561	128.1	60.7
广　　西	386	118098	44051	12204	33209	95.0	50.5
海　　南	54	14787	43186	12646	35568	68.1	43.7
重　　庆	361	162981	52556	13679	38671	100.3	55.3
四　　川	925	493306	45991	12644	34683	78.5	49.5
贵　　州	234	56296	42873	12793	34208	105.6	58.3
云　　南	448	175825	46880	12914	37853	61.5	42.7
西　　藏	86	13609	51620	21205	44050	28.5	25.6
陕　　西	334	116291	41566	11319	30816	82.7	43.2
甘　　肃	243	157704	31122	9194	29083	51.0	36.2
青　　海	67	20598	49362	10196	42791	38.2	22.8
宁　　夏	53	18835	37919	12123	31795	61.9	40.4
新　　疆	95	25096	67024	17650	53831	65.0	40.4

各地区集体建筑业企业营业额

单位:万元

地区	企业营业额	在境外完成的营业额	企业总产值	#建筑业总产值	#对内销售产值
全国总计	**35393992**	**119534**	**35274458**	**33385005**	**243088**
北京	1695389		1695389	1607942	2267
天津	529827	80	529747	512295	3659
河北	1296531	2060	1294471	1157388	614
山西	282127	747	281380	265655	7668
内蒙古	138836		138836	136788	5
辽宁	1681157	508	1680649	1579199	3228
吉林	266669		266669	263633	511
黑龙江	626543		626543	601290	1196
上海	1044403	3212	1041191	998607	5609
江苏	5297655	50392	5247263	4838122	18670
浙江	2882612	4026	2878586	2758379	5475
安徽	1556785	4747	1552038	1378030	118917
福建	1055874	2013	1053861	1020006	3608
江西	660747	86	660661	643302	3436
山东	3293938	3583	3290355	3062101	26761
河南	898826	3529	895297	824434	4207
湖北	1066886	782	1066104	986312	5387
湖南	1543795	5314	1538481	1492114	12019
广东	3165088	2949	3162139	3098645	5024
广西	540113	5330	534783	520229	1546
海南	64094		64094	63859	26
重庆	879789		879789	856557	2337
四川	2336905	26669	2310236	2268750	3061
贵州	250351		250351	241358	1607
云南	844832	2860	841972	824269	2571
西藏	78307		78307	70250	
陕西	492146	446	491700	483379	2937
甘肃	566998	201	566797	490814	629
青海	105680		105680	101675	28
宁夏	73749		73749	71420	20
新疆	177340		177340	168203	65

各地区集体建筑业增加值及其构成

单位:万元

地　　区	建筑业增加值	本年提取固定资产折旧	主营业务应付工资总额	主营业务应付福利费总额
全国总计	**8804892**	**427568**	**4317267**	**429228**
北　京	362350	18814	140381	14317
天　津	127003	5701	46644	3448
河　北	311626	16111	159013	10573
山　西	78544	5264	38231	3761
内蒙古	37794	1795	19838	1664
辽　宁	455627	23258	211045	22961
吉　林	73807	3760	34564	3432
黑龙江	164936	8582	81714	10440
上　海	199000	7990	79629	7293
江　苏	1119522	51981	596103	69592
浙　江	684026	20967	378030	41079
安　徽	403373	16574	204905	24012
福　建	249871	9454	143157	6254
江　西	174025	9619	89692	11176
山　东	855481	41986	396865	43355
河　南	232814	11527	111038	9463
湖　北	354910	17018	133117	13405
湖　南	414498	21301	217262	19854
广　东	803504	41287	379754	31621
广　西	144130	7801	61793	9560
海　南	18699	753	7714	1010
重　庆	222936	10810	122184	13529
四　川	623741	30690	331193	29821
贵　州	72019	2735	37834	2673
云　南	227052	16846	110353	8873
西　藏	28858	1070	10614	419
陕　西	131628	8220	64290	5904
甘　肃	144987	10014	65708	5562
青　海	21002	1189	11072	908
宁　夏	22834	1323	11365	1081
新　疆	44295	3128	22165	2188

各地区集体建筑业增加值及其构成

续表　　　　　　　　　　　　　　　　　　　　　　　　　　　　　单位:万元

地　区	工程结算税金及附加	工程结算利润	管理费用中的税金	管理费用中的劳动待业保险费
全国总计	**1085506**	**2356879**	**77029**	**111415**
北　京	42471	141162	1810	3395
天　津	19793	47981	670	2766
河　北	34763	84588	4424	2154
山　西	8812	20516	784	1176
内蒙古	4411	9551	307	228
辽　宁	60123	130014	2005	6221
吉　林	8887	21261	478	1425
黑龙江	16259	44508	1304	2129
上　海	29131	70950	793	3214
江　苏	121940	260533	4596	14777
浙　江	79121	154021	3538	7270
安　徽	46634	101735	3805	5708
福　建	35224	50213	1388	4181
江　西	21939	37599	1631	2369
山　东	91824	259055	9664	12732
河　南	26701	69072	2568	2445
湖　北	61617	122952	4045	2756
湖　南	51309	93922	6507	4343
广　东	108714	221880	7907	12341
广　西	22467	37432	2277	2800
海　南	3451	5142	508	121
重　庆	28180	44867	1708	1658
四　川	73819	146192	4698	7328
贵　州	9747	16773	893	1364
云　南	27340	58501	3773	1366
西　藏	4838	11435	406	76
陕　西	15247	33699	1829	2439
甘　肃	21333	38554	2081	1735
青　海	1839	5374	362	258
宁　夏	2313	6488	88	176
新　疆	5259	10909	182	464

各地区集体建筑业企业资产构成

单位:万元

地区	资产合计	#流动资产小计	#长期投资	#固定资产小计	#无形及递延资产
全国总计	**33004503**	**23071852**	**823511**	**7968864**	**901670**
北　京	1730880	1384611	68258	241378	15074
天　津	519745	393217	16811	94906	7044
河　北	832351	507930	16057	283025	20362
山　西	362588	247084	4794	101104	7335
内蒙古	142124	87001	6896	39182	8757
辽　宁	1729364	1197804	47635	424555	46805
吉　林	304507	211214	3400	82516	5585
黑龙江	630172	411501	9059	197241	11793
上　海	1378806	1200541	47480	115825	10865
江　苏	4043024	3100000	95329	770010	57247
浙　江	1952135	1510823	51337	360981	20836
安　徽	1249653	831343	25036	342230	42222
福　建	1433457	1072581	50648	269340	29630
江　西	719239	486381	15572	181687	30102
山　东	3208647	2281718	69434	681060	152413
河　南	820959	480368	14567	290349	32904
湖　北	825915	419709	13406	342678	45939
湖　南	1294260	768701	24791	431433	58074
广　东	3986761	3010652	99878	750990	87447
广　西	639805	348479	13562	234278	38438
海　南	59593	30285	1805	25409	1963
重　庆	618314	399923	12936	184981	15705
四　川	1838731	1163730	48686	535430	75920
贵　州	295716	177962	6719	94514	13959
云　南	839955	462812	21858	320799	22515
西　藏	117122	52581	10908	45625	7765
陕　西	566899	337769	3235	203699	19570
甘　肃	498430	274091	12108	195645	11762
青　海	117423	65157	2665	48661	436
宁　夏	88741	55131	1636	29959	1636
新　疆	159187	100753	7005	49374	1567

各地区集体建筑业企业流动资产及递延资产

单位:万元

地区	流动资产	#存货	#在建工程	无形及递延资产	#无形资产
全国总计	**23071852**	**8832417**	**5791065**	**901670**	**744521**
北京	1384611	616627	275014	15074	10811
天津	393217	139825	66077	7044	5305
河北	507930	150805	76541	20362	18426
山西	247084	71589	37721	7335	5946
内蒙古	87001	21346	7627	8757	7331
辽宁	1197804	255543	107733	46805	40141
吉林	211214	33804	13395	5585	4978
黑龙江	411501	98217	46991	11793	8934
上海	1200541	474429	351118	10865	10037
江苏	3100000	1438575	1109827	57247	51289
浙江	1510823	622733	488878	20836	17246
安徽	831343	288279	155569	42222	28335
福建	1072581	494627	356056	29630	25738
江西	486381	210226	143094	30102	25891
山东	2281718	751903	389842	152413	128807
河南	480368	217414	101689	32904	27677
湖北	419709	167155	79832	45939	30598
湖南	768701	253619	169232	58074	47582
广东	3010652	1223568	973111	87447	70787
广西	348479	152227	100469	38438	33483
海南	30285	17818	12420	1963	1714
重庆	399923	188583	138278	15705	12485
四川	1163730	467458	313450	75920	65681
贵州	177962	82044	59925	13959	12735
云南	462812	165607	97404	22515	18441
西藏	52581	6764	3287	7765	4195
陕西	337769	104280	60202	19570	17474
甘肃	274091	67032	30571	11762	9174
青海	65157	15388	7281	436	406
宁夏	55131	15497	8700	1636	1601
新疆	100753	19435	9731	1567	1273

各地区集体建筑业企业固定资产情况

单位:万元

地区	固定资产小计	固定资产原价	#生产经营用	固定资产折旧	#本年折旧
全国总计	**7968864**	**10339742**	**7955258**	**2794538**	**427568**
北京	241378	333397	234448	97072	18814
天津	94906	126673	96560	33147	5701
河北	283025	346015	288040	81613	16111
山西	101104	128708	101143	34303	5264
内蒙古	39182	51383	38285	12502	1795
辽宁	424555	597162	471333	195116	23258
吉林	82516	115187	90147	33625	3760
黑龙江	197241	254898	227611	59805	8582
上海	115825	162720	120256	47964	7990
江苏	770010	1046911	876571	324380	51981
浙江	360981	469828	386172	121299	20967
安徽	342230	453296	331441	111066	16574
福建	269340	349175	277590	90696	9454
江西	181687	221793	138681	56298	9619
山东	681060	917383	704064	275947	41986
河南	290349	348810	267012	74505	11527
湖北	342678	417779	292495	100587	17018
湖南	431433	531360	383165	131561	21301
广东	750990	1014243	755797	312018	41287
广西	234278	276589	200785	54094	7801
海南	25409	26806	16719	6194	753
重庆	184981	248064	199537	69732	10810
四川	535430	708665	557066	188512	30690
贵州	94514	109013	77950	19818	2735
云南	320799	394750	301111	97667	16846
西藏	45625	54763	43983	10787	1070
陕西	203699	236695	186873	57335	8220
甘肃	195645	238633	182156	56040	10014
青海	48661	58856	29380	12025	1189
宁夏	29959	37629	30758	8187	1323
新疆	49374	62558	48129	20643	3128

各地区集体建筑业企业负债及所有者权益

单位:万元

地区	负债合计	流动负债	长期负债	所有者权益	#实收资本
全国总计	**19661683**	**18782383**	**879300**	**13342820**	**10963904**
北京	1186292	1175832	10460	544588	436297
天津	315175	311795	3380	204570	174959
河北	401626	389265	12361	430725	363846
山西	215927	210018	5909	146661	124349
内蒙古	81992	78067	3925	60132	49764
辽宁	1033283	984821	48462	696081	579480
吉林	192792	190180	2612	111715	92490
黑龙江	355166	339488	15678	275006	242137
上海	1058902	1035136	23766	319904	242591
江苏	2768313	2683763	84550	1274711	1016660
浙江	1314667	1271824	42843	637468	483056
安徽	690191	657468	32723	559462	461348
福建	900085	873223	26862	533372	460364
江西	415183	391029	24154	304056	254263
山东	1975346	1873449	101897	1233301	1006360
河南	361075	331541	29534	459884	393422
湖北	303110	258888	44222	522805	417045
湖南	568609	528533	40076	725651	575945
广东	2761242	2603486	157756	1225519	982393
广西	274066	265549	8517	365739	305994
海南	28656	24046	4610	30937	26970
重庆	299926	282747	17179	318388	290791
四川	860659	814005	46654	978072	809414
贵州	150445	144579	5866	145271	128217
云南	389977	357437	32540	449978	379846
西藏	39286	35229	4057	77836	68018
陕西	290073	280498	9575	276826	242157
甘肃	230332	200599	29733	268098	209060
青海	59878	55994	3884	57545	51580
宁夏	41580	40441	1139	47161	41353
新疆	97829	93453	4376	61358	53735

各地区集体建筑业企业实收资本

单位:万元

地区	合计	国家资本	集体资本	法人资本	个人资本	港澳台资本	外商资本
全国总计	**10963904**	**11758**	**7625499**	**2384494**	**939511**	**2269**	**373**
北京	436297		227415	154518	54364		
天津	174959	10	128292	40487	6170		
河北	363846	783	296918	23515	40875	1755	
山西	124349		94388	23657	6304		
内蒙古	49764	51	23185	13627	12901		
辽宁	579480	317	423081	125777	30305		
吉林	92490		75648	15053	1789		
黑龙江	242137	58	198593	31992	11494		
上海	242591	142	200309	26361	15779		
江苏	1016660	1234	556662	301858	156533		373
浙江	483056	100	294367	81447	107142		
安徽	461348	52	359836	76754	24706		
福建	460364	4586	231050	82075	142165	488	
江西	254263	208	179628	58908	15518	1	
山东	1006360		775022	176601	54737		
河南	393422		286283	84252	22887		
湖北	417045		309286	93349	14410		
湖南	575945	2553	401858	139600	31934		
广东	982393	516	777093	193027	11757		
广西	305994	107	232767	68179	4916	25	
海南	26970		17290	9680			
重庆	290791	24	190570	66659	33538		
四川	809414	273	486649	233518	88974		
贵州	128217		128217				
云南	379846	190	272803	83163	23690		
西藏	68018	545	50130	16903	440		
陕西	242157	3	180363	58242	3549		
甘肃	209060		131845	62104	15111		
青海	51580		39666	6457	5457		
宁夏	41353	6	22600	18111	636		
新疆	53735		33685	18620	1430		

各地区集体建筑业企业收入情况

单位:万元

地　　区	工程结算收　　入	工程结算成　　本	工程结算税金及附加	工程结算利　　润	其他业务收入	#其他业务利润
全国总计	**28844242**	**25401857**	**1085506**	**2356879**	**569096**	**119825**
北　　京	1331539	1147906	42471	141162	15838	4434
天　　津	520216	452442	19793	47981	2935	868
河　　北	990863	871512	34763	84588	5190	934
山　　西	234937	205609	8812	20516	3949	1474
内 蒙 古	121180	107218	4411	9551	1851	540
辽　　宁	1513648	1323511	60123	130014	36956	4903
吉　　林	249912	219764	8887	21261	3179	562
黑 龙 江	517691	456924	16259	44508	5029	1114
上　　海	1002932	902851	29131	70950	14440	3624
江　　苏	3329379	2946906	121940	260533	60149	13153
浙　　江	2270509	2037367	79121	154021	38249	11364
安　　徽	1245083	1096714	46634	101735	44164	9426
福　　建	990440	905003	35224	50213	4720	2658
江　　西	553534	493996	21939	37599	8828	1418
山　　东	2660675	2309796	91824	259055	74991	9535
河　　南	738228	642455	26701	69072	5601	1819
湖　　北	1034726	850157	61617	122952	29931	17884
湖　　南	1325310	1180079	51309	93922	19448	3209
广　　东	2801517	2470923	108714	221880	36515	11859
广　　西	463572	403673	22467	37432	4824	1494
海　　南	60800	52207	3451	5142	408	162
重　　庆	730353	657306	28180	44867	11972	1868
四　　川	1931557	1711546	73819	146192	107793	4182
贵　　州	215726	189206	9747	16773	2566	1345
云　　南	741987	656146	27340	58501	6263	1889
西　　藏	69994	53721	4838	11435	1746	406
陕　　西	445260	396314	15247	33699	5636	3617
甘　　肃	456378	396491	21333	38554	8236	653
青　　海	66011	58798	1839	5374	1157	682
宁　　夏	66458	57657	2313	6488	882	268
新　　疆	163827	147659	5259	10909	5650	2481

各地区集体建筑业企业费用情况

单位:万元

地区	管理费用	#税金	#财产保险费	#劳动待业保险费	财务费用	#利息支出
全国总计	**1522256**	**77029**	**16567**	**111415**	**161980**	**98557**
北京	83295	1810	320	3395	5391	4491
天津	31626	670	158	2766	1537	633
河北	52271	4424	186	2154	4607	1839
山西	17261	784	76	1176	1645	1183
内蒙古	7260	307	24	228	571	445
辽宁	99037	2005	335	6221	5175	2757
吉林	19306	478	47	1425	468	491
黑龙江	36873	1304	33	2129	1574	850
上海	53672	793	286	3214	716	-266
江苏	177551	4596	1063	14777	16183	11460
浙江	88509	3538	1002	7270	7558	6844
安徽	72738	3805	531	5708	6761	3613
福建	35805	1388	148	4181	3103	2524
江西	26738	1631	307	2369	3627	1730
山东	156210	9664	1501	12732	19256	11908
河南	41651	2568	226	2445	5645	2293
湖北	59527	4045	4872	2756	11465	5306
湖南	53690	6507	622	4343	8658	5252
广东	145589	7907	1851	12341	18545	9751
广西	25442	2277	373	2800	3199	1585
海南	3183	508	113	121	194	90
重庆	26869	1708	146	1658	5059	3540
四川	86641	4698	1026	7328	12569	8246
贵州	12645	893	133	1364	903	272
云南	35306	3773	211	1366	7017	4641
西藏	5223	406	32	76	437	217
陕西	25661	1829	505	2439	4524	3263
甘肃	24293	2081	334	1735	4113	2564
青海	4069	362	32	258	862	701
宁夏	4138	88	45	176	247	145
新疆	10177	182	29	464	371	189

各地区集体建筑业企业利润及税金情况

单位:万元

地 区	利润总额	#应交所得税	税金总额	工程结算税金及附加	管理费用中的税金
全国总计	**757413**	**236579**	**1162535**	**1085506**	**77029**
北 京	57297	18223	44281	42471	1810
天 津	16781	5852	20463	19793	670
河 北	29017	8509	39187	34763	4424
山 西	2985	1311	9596	8812	784
内 蒙 古	2082	627	4718	4411	307
辽 宁	21884	10449	62128	60123	2005
吉 林	2844	820	9365	8887	478
黑 龙 江	6361	2559	17563	16259	1304
上 海	24386	6308	29924	29131	793
江 苏	78451	25405	126536	121940	4596
浙 江	69843	23777	82659	79121	3538
安 徽	27973	8593	50439	46634	3805
福 建	18535	7596	36612	35224	1388
江 西	10078	2826	23570	21939	1631
山 东	96127	26598	101488	91824	9664
河 南	23273	5874	29269	26701	2568
湖 北	38601	9533	65662	61617	4045
湖 南	32453	8542	57816	51309	6507
广 东	70952	26389	116621	108714	7907
广 西	10569	2899	24744	22467	2277
海 南	2636	303	3959	3451	508
重 庆	14032	4372	29888	28180	1708
四 川	49731	13343	78517	73819	4698
贵 州	4759	1426	10640	9747	893
云 南	18496	5623	31113	27340	3773
西 藏	5973	493	5244	4838	406
陕 西	6652	1750	17076	15247	1829
甘 肃	9102	4673	23414	21333	2081
青 海	780	426	2201	1839	362
宁 夏	2342	413	2401	2313	88
新 疆	2418	1067	5441	5259	182

各地区集体建筑业企业工程拖欠款及企业亏损情况

地　区	年末拖欠工程款(万元)	#竣工拖欠	企业个数(个)	#亏损企业个数	损企业的比重(%)
全国总计	**4393090**	**2873377**	**13177**	**2032**	**15.4**
北　京	373061	203585	536	111	20.7
天　津	60386	52672	215	44	20.5
河　北	135397	88419	393	42	10.7
山　西	57139	31528	217	43	19.8
内蒙古	28233	14961	64	7	10.9
辽　宁	230203	162759	727	167	23.0
吉　林	51143	36804	189	53	28.0
黑龙江	100652	80282	353	75	21.2
上　海	65681	49587	299	45	15.1
江　苏	511047	338245	974	109	11.2
浙　江	239381	160568	404	28	6.9
安　徽	166916	103651	544	80	14.7
福　建	121358	85099	448	58	12.9
江　西	56245	36363	366	61	16.7
山　东	609109	394104	1415	162	11.4
河　南	113135	47001	508	114	22.4
湖　北	93562	56742	468	35	7.5
湖　南	180551	102937	571	89	15.6
广　东	337772	246337	1200	194	16.2
广　西	79990	59222	386	63	16.3
海　南	1195	1059	54	5	9.3
重　庆	86188	57147	361	63	17.5
四　川	247065	179759	925	118	12.8
贵　州	15342	11580	234	59	25.2
云　南	188919	113996	448	70	15.6
西　藏	2903	1632	86		
陕　西	98484	54907	334	49	14.7
甘　肃	92047	67079	243	32	13.2
青　海	12677	6927	67	19	28.4
宁　夏	12748	8870	53	6	11.3
新　疆	24561	19555	95	31	32.6

各地区集体建筑业企业主要经济效益指标

地　　区	产值利润率（%）	产值利税率（%）	资本利润率（%）	资本利税率（%）	人均利润（元/人）	人均利税（元/人）	资产负债率（%）
全国总计	**2.3**	**5.8**	**6.9**	**17.5**	**1263**	**3202**	**59.6**
北　　京	3.6	6.3	13.1	23.3	3725	6604	68.5
天　　津	3.3	7.3	9.6	21.3	2661	5905	60.6
河　　北	2.5	5.9	8.0	18.7	1182	2778	48.3
山　　西	1.1	4.7	2.4	10.1	353	1488	59.6
内 蒙 古	1.5	5.0	4.2	13.7	698	2281	57.7
辽　　宁	1.4	5.3	3.8	14.5	745	2860	59.7
吉　　林	1.1	4.6	3.1	13.2	480	2059	63.3
黑 龙 江	1.1	4.0	2.6	9.9	552	2078	56.4
上　　海	2.4	5.4	10.1	22.4	2926	6517	76.8
江　　苏	1.6	4.2	7.7	20.2	1196	3126	68.5
浙　　江	2.5	5.5	14.5	31.6	2493	5443	67.3
安　　徽	2.0	5.7	6.1	17.0	875	2452	55.2
福　　建	1.8	5.4	4.0	12.0	1307	3889	62.8
江　　西	1.6	5.2	4.0	13.2	698	2329	57.7
山　　东	3.1	6.5	9.6	19.6	1332	2738	61.6
河　　南	2.8	6.4	5.9	13.4	1080	2438	44.0
湖　　北	3.9	10.6	9.3	25.0	1653	4466	36.7
湖　　南	2.2	6.0	5.6	15.7	1063	2958	43.9
广　　东	2.3	6.1	7.2	19.1	1486	3928	69.3
广　　西	2.0	6.8	3.5	11.5	895	2990	42.8
海　　南	4.1	10.3	9.8	24.5	1783	4460	48.1
重　　庆	1.6	5.1	4.8	15.1	861	2695	48.5
四　　川	2.2	5.7	6.1	15.8	1008	2600	46.8
贵　　州	2.0	6.4	3.7	12.0	845	2735	50.9
云　　南	2.2	6.0	4.9	13.1	1052	2821	46.4
西　　藏	8.5	16.0	8.8	16.5	4389	8242	33.5
陕　　西	1.4	4.9	2.7	9.8	572	2040	51.2
甘　　肃	1.9	6.6	4.4	15.6	577	2062	46.2
青　　海	0.8	2.9	1.5	5.8	379	1447	51.0
宁　　夏	3.3	6.6	5.7	11.5	1243	2518	46.9
新　　疆	1.4	4.7	4.5	14.6	964	3132	61.5

各地区私营建筑业企业签订合同情况

单位:万元

地区	合同总额	上年结转合同额	本年新签合同额
全国总计	**27032361**	**7786176**	**19246185**
北京	754834	122753	632081
天津	113466	17722	95744
河北	895170	247037	648133
山西	283250	81335	201915
内蒙古	460654	109937	350717
辽宁	888754	202206	686548
吉林	213970	57005	156965
黑龙江	447481	89798	357683
上海	1328382	378254	950128
江苏	2748632	577748	2170884
浙江	6481927	1886287	4595640
安徽	568299	138586	429713
福建	450716	155756	294960
江西	172871	41339	131532
山东	1884701	595968	1288733
河南	542818	204384	338434
湖北	581561	156964	424597
湖南	407112	153153	253959
广东	2281365	897781	1383584
广西	114028	34634	79394
海南	9783	2926	6857
重庆	1591945	534948	1056997
四川	2284528	705091	1579437
贵州	43368	17332	26036
云南	624139	158818	465321
西藏	52963	4631	48332
陕西	267175	90584	176591
甘肃	103160	24410	78750
青海	89555	19517	70038
宁夏	147264	32930	114334
新疆	198490	46342	152148

各地区私营建筑业企业承包工程完成情况

单位:万元

地区	直接从建设单位承揽工程完成的产值	自行完成施工产值	分包出去工程的产值	从建设单位以外承揽工程完成的产值
全国总计	**20321056**	**20164563**	**156493**	**995892**
北京	648583	642805	5778	33794
天津	93539	89975	3564	13603
河北	771765	769675	2090	15729
山西	210539	208120	2419	21807
内蒙古	387032	386732	300	9988
辽宁	637910	637267	643	9196
吉林	184092	177572	6520	7401
黑龙江	332975	331524	1451	2543
上海	878348	866286	12062	77365
江苏	2076638	2059655	16983	189406
浙江	4553135	4520015	33120	272306
安徽	454228	451904	2324	15603
福建	344062	343374	688	6282
江西	129510	127008	2502	4290
山东	1396336	1386168	10168	50992
河南	392617	391753	864	12228
湖北	443492	442521	971	29152
湖南	271372	268791	2581	10429
广东	1693995	1662641	31354	69746
广西	85529	85419	110	1664
海南	9609	9489	120	176
重庆	1254616	1247984	6632	45355
四川	1839345	1834063	5282	49139
贵州	43697	43232	465	958
云南	527386	521877	5509	20254
西藏	20298	20298		228
陕西	190498	189209	1289	11817
甘肃	93726	93561	165	8612
青海	70662	70259	403	1606
宁夏	108438	108388	50	2493
新疆	177084	176998	86	1730

各地区私营建筑业总产值和竣工产值

单位:万元

地区	建筑业总产值	#装饰装修产值	#在外省完成的产值	按构成分组			竣工产值
				建筑工程产值	安装工程产值	其他产值	
全国总计	**21160455**	**2224469**	**2482570**	**17950372**	**2223208**	**986875**	**16150408**
北京	676599	207355	10826	579124	78031	19444	579066
天津	103578	22226	5438	50680	40037	12861	71952
河北	785404	46731	41045	695416	63037	26951	579512
山西	229927	36750	4706	156672	43986	29269	167307
内蒙古	396720	20288	22281	374224	17688	4808	346728
辽宁	646463	128380	50758	536355	99918	10190	472038
吉林	184973	17194	3535	169705	13130	2138	160032
黑龙江	334067	40882	6952	284433	26226	23408	260342
上海	943651	105200	48189	775975	111789	55887	675153
江苏	2249061	264415	498893	1748437	320801	179823	1741374
浙江	4792321	378739	1201846	4200882	378618	212821	3775598
安徽	467507	84909	39106	380137	50757	36613	353723
福建	349656	73617	17206	286710	42064	20882	246796
江西	131298	23083	3602	100010	9959	21329	94060
山东	1437160	125110	34207	1243850	156853	36457	1103067
河南	403981	16781	39653	363596	24305	16080	295176
湖北	471673	58330	23587	371543	53327	46803	376892
湖南	279220	20503	10247	247500	13406	18314	205032
广东	1732387	191730	51578	1426112	270119	36156	1251106
广西	87083	10429	1489	66386	18297	2400	59126
海南	9665	5470	3799	7558	653	1454	7577
重庆	1293339	89516	100966	1157946	82253	53140	886319
四川	1883202	136717	233558	1680339	127323	75540	1486329
贵州	44190	5722	3434	39606	4049	535	32076
云南	542131	66761	6701	461033	55432	25666	422783
西藏	20526	180		19365	1161		17958
陕西	201026	8305	2328	154794	40160	6072	138037
甘肃	102173	6495	15238	86409	11019	4745	77210
青海	71865	5052		63431	7749	685	48209
宁夏	110881	14050	1399	101531	9004	346	98741
新疆	178728	13549	3	120613	52057	6058	121089

各地区私营建筑业企业单位工程施工个数及工程质量

地　　区	单位工程施工个数（个）	#本年新开工	#实行投标承包个数	#本年新开工	单位工程竣工个数（个）	#一次交验合格个数	单位工程一次交验合格率（%）	投标承包个数的比重（%）
全国总计	**107023**	**77073**	**56183**	**40965**	**72885**	**64165**	**88.0**	**52.5**
北　　京	3003	2427	448	414	2266	1850	81.6	14.9
天　　津	1590	1371	485	376	1318	1128	85.6	30.5
河　　北	3266	2471	2199	1650	2328	2203	94.6	67.3
山　　西	1629	1230	880	641	1157	1029	88.9	54.0
内 蒙 古	1516	1199	1051	821	1206	1162	96.4	69.3
辽　　宁	3219	2566	1788	1086	2465	2021	82.0	55.5
吉　　林	832	696	529	421	685	626	91.4	63.6
黑 龙 江	798	638	411	332	607	537	88.5	51.5
上　　海	5267	3652	1675	1165	3711	3356	90.4	31.8
江　　苏	13275	10486	6859	5031	9979	9236	92.6	51.7
浙　　江	19168	13099	12134	8449	11879	10966	92.3	63.3
安　　徽	3585	2452	2187	1516	2455	2146	87.4	61.0
福　　建	1912	1223	757	586	1092	903	82.7	39.6
江　　西	1089	821	645	529	695	642	92.4	59.2
山　　东	8684	6148	4667	3436	5733	5014	87.5	53.7
河　　南	2321	1674	1661	1195	1559	1364	87.5	71.6
湖　　北	2652	1932	1621	1091	1906	1820	95.5	61.1
湖　　南	1240	888	678	539	808	790	97.8	54.7
广　　东	8683	6080	2416	1760	5810	4090	70.4	27.8
广　　西	1300	849	477	231	932	438	47.0	36.7
海　　南	19	11	17	6	8	8	100.0	89.5
重　　庆	4948	3158	2665	1965	2978	2737	91.9	53.9
四　　川	8456	5841	5035	3890	5362	5047	94.1	59.5
贵　　州	439	315	233	184	235	220	93.6	53.1
云　　南	3724	2542	2026	1531	2689	2145	79.8	54.4
西　　藏	68	54	41	31	47	47	100.0	60.3
陕　　西	1162	716	788	552	673	586	87.1	67.8
甘　　肃	538	448	391	342	370	358	96.8	72.7
青　　海	546	386	352	312	404	362	89.6	64.5
宁　　夏	874	751	371	328	683	602	88.1	42.4
新　　疆	1220	949	696	555	845	732	86.6	57.0

各地区私营建筑业企业房屋建筑面积及工程质量

地　区	房屋建筑施工面积（万平方米）	#本年新开工	#实行投标承包面积	#本年新开工	房屋建筑竣工面积（万平方米）	#一次交验合格面积	竣工面积一次交验合格率（%）	实行投标承包面积的比重（%）
全国总计	**30351.4**	**19724.7**	**21403.4**	**14796.4**	**17101.8**	**15432.6**	**90.2**	**70.5**
北　京	351.0	283.6	303.0	263.6	267.7	258.3	96.5	86.3
天　津	128.4	101.4	71.6	61.0	79.9	66.0	82.7	55.8
河　北	1123.4	765.9	924.9	653.3	678.8	609.6	89.8	82.3
山　西	343.8	243.2	196.3	142.5	209.9	187.3	89.2	57.1
内蒙古	540.9	381.9	361.4	275.4	393.1	373.5	95.0	66.8
辽　宁	677.7	490.0	577.6	416.7	403.3	312.2	77.4	85.2
吉　林	183.2	145.6	168.4	134.4	132.2	126.7	95.8	91.9
黑龙江	347.2	225.9	255.1	193.5	200.8	183.1	91.2	73.5
上　海	924.5	593.7	687.5	470.8	406.1	352.0	86.7	74.4
江　苏	3144.3	2370.6	2356.8	1780.5	1907.1	1844.1	96.7	75.0
浙　江	7090.6	4614.8	5604.9	3626.2	3628.1	3475.9	95.8	79.0
安　徽	700.3	470.3	532.9	389.4	463.3	418.5	90.3	76.1
福　建	434.6	218.2	184.4	108.8	169.7	164.3	96.8	42.4
江　西	245.8	172.6	148.5	121.7	142.2	119.6	84.1	60.4
山　东	2275.0	1498.9	1512.7	1062.4	1309.9	1140.3	87.1	66.5
河　南	779.1	487.2	631.7	378.0	428.3	357.1	83.4	81.1
湖　北	802.1	525.8	580.1	423.6	521.8	450.2	86.3	72.3
湖　南	414.3	259.7	234.4	159.1	204.3	192.5	94.3	56.6
广　东	2552.9	1384.7	1205.1	716.7	1211.5	865.5	71.4	47.2
广　西	124.9	90.1	84.4	67.1	47.9	45.0	94.0	67.5
海　南	6.2	1.4	4.8		3.2	3.2	100.0	77.5
重　庆	2412.6	1339.2	1497.8	986.6	1431.3	1305.0	91.2	62.1
四　川	3062.2	2028.5	2168.1	1553.6	1874.8	1726.9	92.1	70.8
贵　州	114.4	70.4	65.6	55.1	55.1	46.2	83.9	57.4
云　南	636.3	398.1	407.7	294.1	450.4	378.8	84.1	64.1
西　藏	56.3	25.7	7.8	3.8	39.3	39.3	100.0	13.8
陕　西	407.8	226.6	286.0	186.8	159.5	145.4	91.2	70.1
甘　肃	137.0	97.5	97.4	85.4	84.1	79.1	94.1	71.1
青　海	92.4	63.4	65.9	59.2	48.7	37.8	77.6	71.3
宁　夏	109.9	72.5	76.2	62.6	64.0	57.2	89.4	69.3
新　疆	132.5	76.9	104.3	64.4	85.6	72.1	84.3	78.8

各地区按主要用途分的私营建筑业企业房屋建筑竣工面积

单位:万平方米

地区	合计	厂房	住宅	办公用房	商业、居民服务业用房	文化教育用房	医疗用房	科研用房	其他用房
全国总计	**17101.8**	**3058.1**	**9779.2**	**1235.2**	**1515.4**	**789.1**	**117.4**	**27.5**	**579.7**
北京	267.7	5.2	229.1	8.5	22.4	1.5			1.1
天津	79.9	35.2	16.3	8.5	6.2	4.1	1.5	2.9	5.1
河北	678.8	53.2	443.6	60.0	63.8	32.6	1.7	1.0	22.8
山西	209.9	8.0	117.6	16.8	45.0	11.9	1.3		9.2
内蒙古	393.1	18.1	262.0	24.3	49.1	22.3	2.1		15.2
辽宁	403.3	34.2	280.8	29.6	31.0	17.1	0.4		10.1
吉林	132.2	8.7	99.9	8.0	6.5	7.5	0.1	0.9	0.6
黑龙江	200.8	10.1	140.4	13.9	16.4	16.8		0.1	3.1
上海	406.1	126.5	225.6	14.1	12.4	18.9	1.7		6.9
江苏	1907.1	555.3	916.2	117.3	121.7	101.0	11.8	5.5	78.3
浙江	3628.1	1145.9	1640.3	235.3	229.1	187.9	22.5	5.4	161.7
安徽	463.3	37.1	252.5	42.3	75.3	32.4	4.7	0.7	18.2
福建	169.7	37.6	100.5	15.8	5.7	7.1	0.5	0.9	1.7
江西	142.2	23.6	79.2	7.7	17.8	8.2	1.0	0.2	4.4
山东	1309.9	240.2	771.1	94.7	106.8	39.9	8.3	3.0	45.7
河南	428.3	32.3	284.2	41.0	21.6	19.9	3.4	0.2	25.6
湖北	521.8	40.9	322.8	31.9	75.7	13.3	5.0	0.4	31.7
湖南	204.3	15.4	119.0	16.5	30.0	14.2	0.5	1.2	7.5
广东	1211.5	362.4	595.7	77.5	89.8	43.5	10.1	0.4	32.0
广西	47.9	2.8	24.2	8.9	4.8	2.0	3.3		1.9
海南	3.2		2.4			0.8			
重庆	1431.3	73.0	1029.9	94.0	177.4	32.9	5.5	0.5	18.0
四川	1874.8	116.8	1284.4	120.5	214.7	70.2	14.7	3.6	49.9
贵州	55.1	0.5	39.8	1.6	5.5	2.4	0.4		5.0
云南	450.4	51.4	228.6	66.8	38.1	43.1	12.2	0.1	10.1
西藏	39.3		2.0	35.2	0.1	0.9			1.1
陕西	159.5	7.9	101.5	16.9	13.8	13.0	1.7		4.7
甘肃	84.1	3.5	47.4	12.5	9.9	7.1			3.5
青海	48.7	1.1	31.1	5.8	5.7	3.5	0.2		1.3
宁夏	64.0	5.8	42.1	4.6	4.1	6.7	0.7		0.1
新疆	85.6	5.2	49.1	4.7	14.8	6.2	1.9	0.3	3.4

各地区私营建筑业企业机械设备情况

地　　区	年末自有机械设备总台数(台)	年末自有机械设备总功率(千瓦)	#施工机械总功率	年末自有机械设备净值(万元)	技术装备率(元/人)	动力装备率(千瓦/人)
全国总计	**1122069**	**12141418**	**9953173**	**2771761**	**8888**	**3.9**
北　　京	14425	477823	192505	45556	12036	12.6
天　　津	6754	86203	58384	15064	10568	6.0
河　　北	64389	623033	515344	124114	9395	4.7
山　　西	26276	244146	200719	62966	12624	4.9
内 蒙 古	22017	278772	254351	63454	12627	5.5
辽　　宁	28990	365268	302399	83792	10470	4.6
吉　　林	7037	172275	154793	46376	21236	7.9
黑 龙 江	14957	201898	173254	56387	18769	6.7
上　　海	19817	234024	193496	52673	6625	2.9
江　　苏	102166	824473	702579	239829	7371	2.5
浙　　江	162156	1662806	1439847	405647	7768	3.2
安　　徽	55302	346237	290548	70410	7382	3.6
福　　建	27715	249788	217420	60331	13037	5.4
江　　西	9823	106095	93619	41693	15554	4.0
山　　东	88293	967259	817474	189981	6320	3.2
河　　南	43536	464914	332973	65307	6555	4.7
湖　　北	43456	392249	316447	90510	10580	4.6
湖　　南	18088	230147	187186	46343	9325	4.6
广　　东	85668	931472	782921	215111	10659	4.6
广　　西	10133	105276	94728	17000	11706	7.2
海　　南	491	6813	6563	805	3732	3.2
重　　庆	54603	683470	602956	182976	8512	3.2
四　　川	105403	1211339	1009559	283124	6883	2.9
贵　　州	4274	75358	43912	8164	7458	6.9
云　　南	55937	555955	459632	147662	14757	5.6
西　　藏	443	29265	17611	7043	27993	11.6
陕　　西	16691	154543	135854	51092	13222	4.0
甘　　肃	11771	133519	106648	23550	7185	4.1
青　　海	5155	68543	46004	15439	11854	5.3
宁　　夏	8874	137936	109662	33548	21824	9.0
新　　疆	7429	120519	93785	25814	19292	9.0

各地区私营建筑业企业主要生产效益指标

地　区	建筑业企业个数（个）	计算劳动生产率的平均人数（人）	按总产值计算的劳动生产率（元/人）	按增加值计算的劳动生产率（元/人）	人均竣工产值（元/人）	人均施工面积（平方米/人）	人均竣工面积（平方米/人）
全国总计	**11235**	**3286646**	**64383**	**16907**	**49139**	**92.4**	**52.0**
北　京	429	60250	112299	20113	96111	58.3	44.4
天　津	214	15781	65635	18069	45594	81.3	50.6
河　北	326	151126	51970	14592	38346	74.3	44.9
山　西	270	56473	40715	13641	29626	60.9	37.2
内蒙古	224	82932	47837	13629	41809	65.2	47.4
辽　宁	440	111426	58017	15087	42363	60.8	36.2
吉　林	112	31374	58957	15678	51008	58.4	42.2
黑龙江	183	60066	55617	14251	43343	57.8	33.4
上　海	357	87082	108363	25350	77531	106.2	46.6
江　苏	1082	312504	71969	17309	55723	100.6	61.0
浙　江	1271	510210	93928	23314	74001	139.0	71.1
安　徽	372	95547	48930	14112	37021	73.3	48.5
福　建	405	44759	78120	22691	55139	97.1	37.9
江　西	147	26960	48701	16379	34889	91.2	52.7
山　东	1002	325442	44160	12124	33894	69.9	40.3
河　南	259	102931	39248	10321	28677	75.7	41.6
湖　北	280	86697	54405	16562	43472	92.5	60.2
湖　南	120	49052	56923	17544	41799	84.5	41.6
广　东	988	201024	86178	23570	62237	127.0	60.3
广　西	127	15367	56669	15402	38476	81.3	31.2
海　南	12	2225	43438	18935	34054	28.0	14.4
重　庆	613	223596	57843	15576	39639	107.9	64.0
四　川	906	386666	48704	13612	38440	79.2	48.5
贵　州	66	10396	42507	12444	30854	110.0	53.0
云　南	424	93756	57824	15881	45094	67.9	48.0
西　藏	11	2406	85312	25021	74638	233.8	163.3
陕　西	153	41316	48656	13409	33410	98.7	38.6
甘　肃	72	31520	32415	10896	24496	43.5	26.7
青　海	71	21721	33085	7205	22195	42.5	22.4
宁　夏	139	23732	46722	14240	41607	46.3	27.0
新　疆	160	22309	80115	21514	54278	59.4	38.4

各地区私营建筑业企业营业额

单位：万元

地 区	企业营业额	在境外完成的营业额	企业总产值	#建筑业总产值	#对内销售产值
全国总计	**21846449**	**74557**	**21771892**	**21160455**	**83140**
北 京	681118		681118	676599	209
天 津	121096	1704	119392	103578	9678
河 北	789544	19	789525	785404	599
山 西	239672	366	239306	229927	148
内蒙古	403004		403004	396720	950
辽 宁	662012	50	661962	646463	970
吉 林	185137		185137	184973	
黑龙江	334112		334112	334067	
上 海	973763	490	973273	943651	1205
江 苏	2355872	38270	2317602	2249061	10451
浙 江	4939824	28317	4911507	4792321	23277
安 徽	478899		478899	467507	4060
福 建	355808	2	355806	349656	756
江 西	137782		137782	131298	636
山 东	1492200	120	1492080	1437160	9582
河 南	409469		409469	403981	3348
湖 北	484886	1980	482906	471673	2375
湖 南	353988	622	353366	279220	824
广 东	1814096		1814096	1732387	2926
广 西	88377		88377	87083	12
海 南	12400		12400	9665	
重 庆	1307606		1307606	1293339	1144
四 川	1914124	1283	1912841	1883202	3956
贵 州	45048		45048	44190	44
云 南	556102	886	555216	542131	2749
西 藏	20526		20526	20526	
陕 西	220272	448	219824	201026	2748
甘 肃	103158		103158	102173	
青 海	72386		72386	71865	97
宁 夏	114471		114471	110881	
新 疆	179697		179697	178728	396

各地区私营建筑业增加值及其构成

单位:万元

地区	建筑业增加值	本年提取固定资产折旧	主营业务应付工资总额	主营业务应付福利费总额
全国总计	**5556641**	**297974**	**2616309**	**264736**
北　京	121179	6875	34889	3846
天　津	28515	1868	10395	936
河　北	220518	10127	101160	7456
山　西	77034	4455	30926	3619
内蒙古	113026	5997	54786	4846
辽　宁	168108	8969	75927	8314
吉　林	49189	5102	19898	2498
黑龙江	85602	5365	42636	5375
上　海	220756	9487	93611	9719
江　苏	540902	26082	270257	26765
浙　江	1189487	44679	652620	73218
安　徽	134838	6445	63621	7465
福　建	101564	6778	41772	3293
江　西	44159	2760	16158	1404
山　东	394560	19493	186537	18634
河　南	106238	7444	52033	4012
湖　北	143586	10042	53309	5216
湖　南	86059	4666	40152	4035
广　东	473807	30225	170581	14545
广　西	23669	1420	10885	806
海　南	4213	117	1550	78
重　庆	348266	19550	177878	18298
四　川	526327	26074	261561	24726
贵　州	12937	863	6002	632
云　南	148898	18836	58751	5052
西　藏	6020	910	2245	107
陕　西	55399	3493	24845	3585
甘　肃	34344	1617	17873	1558
青　海	15650	1310	6961	549
宁　夏	33795	3654	15073	1546
新　疆	47996	3271	21417	2603

各地区私营建筑业增加值及其构成

续表　　　　单位：万元

地　区	工程结算税金及附加	工程结算利润	管理费用中的税金	管理费用中的劳动待业保险费
全国总计	**656809**	**1641611**	**40975**	**38227**
北　京	18612	55618	779	560
天　津	3859	10880	272	305
河　北	29907	68369	2300	1199
山　西	8728	27773	932	601
内蒙古	12038	33694	1090	575
辽　宁	19965	53158	922	853
吉　林	5695	14840	225	931
黑龙江	9024	21855	391	956
上　海	29038	76631	1031	1239
江　苏	59666	150751	3241	4140
浙　江	140829	264673	5230	8238
安　徽	15501	40084	904	818
福　建	13059	35481	541	640
江　西	6132	16627	758	320
山　东	40955	121552	4020	3369
河　南	11897	29182	977	693
湖　北	19316	51467	2915	1321
湖　南	10414	25748	632	412
广　东	60989	189272	3468	4727
广　西	2967	6886	332	373
海　南	504	1949	6	9
重　庆	39133	89953	2290	1164
四　川	59484	147443	3976	3063
贵　州	1549	3539	215	137
云　南	18081	45921	1593	664
西　藏	821	1755	174	8
陕　西	5398	17243	541	294
甘　肃	3125	9361	677	133
青　海	1784	4745	194	107
宁　夏	3237	10008	192	85
新　疆	5102	15153	157	293

各地区私营建筑业企业资产构成

单位：万元

地　区	资产合计	#流动资产小计	#长期投资	#固定资产小计	#无形及递延资产
全国总计	**19306410**	**13341723**	**577101**	**4776201**	**477621**
北　京	503986	383049	16510	87002	6732
天　津	152849	106723	11508	31003	1926
河　北	639138	382076	23041	210675	19783
山　西	324142	190749	5564	121637	4161
内蒙古	378844	236698	12099	116878	12610
辽　宁	686304	480116	12947	170994	17434
吉　林	207721	117285	4213	83553	2561
黑龙江	341691	228210	1864	108954	1918
上　海	1014460	841555	49209	98422	14008
江　苏	1984822	1529281	40225	381453	21380
浙　江	3000474	2219868	94444	607323	60222
安　徽	380990	243087	4762	110857	18306
福　建	474076	350234	24360	92344	5192
江　西	193386	102757	5458	78109	5632
山　东	1411455	1006651	20039	343961	33408
河　南	386401	213535	5964	148924	15007
湖　北	469079	264471	9614	166644	22738
湖　南	251346	135472	37735	70699	6459
广　东	2117913	1612751	57498	383050	44875
广　西	92639	58934	4214	25871	3359
海　南	14831	12038	494	2294	5
重　庆	1116192	742417	29385	303556	35387
四　川	1602289	992638	50346	470124	79103
贵　州	63934	42613	418	17665	2726
云　南	638472	333251	27175	257326	18017
西　藏	34005	11102	2310	20257	300
陕　西	245797	145125	3045	87250	9165
甘　肃	95616	58398	2344	33136	170
青　海	77674	40240	1783	31842	3318
宁　夏	177017	103704	6940	64747	1534
新　疆	228867	156695	11593	49651	10185

各地区私营建筑业企业流动资产及递延资产

单位:万元

地　　区	流动资产	#存货	#在建工程	无形及递延资产	#无形资产
全国总计	**13341723**	**4897826**	**2889972**	**477621**	**389572**
北　　京	383049	78779	27721	6732	5554
天　　津	106723	34943	10428	1926	1495
河　　北	382076	122943	50955	19783	14036
山　　西	190749	65418	22701	4161	3312
内 蒙 古	236698	58399	23452	12610	12189
辽　　宁	480116	142353	65453	17434	13983
吉　　林	117285	24561	7900	2561	2057
黑 龙 江	228210	64446	15982	1918	1625
上　　海	841555	295470	196876	14008	11140
江　　苏	1529281	652773	443596	21380	14121
浙　　江	2219868	790564	531275	60222	49109
安　　徽	243087	82089	36094	18306	13932
福　　建	350234	104443	62207	5192	2458
江　　西	102757	53138	28786	5632	5337
山　　东	1006651	373380	162159	33408	27751
河　　南	213535	84933	29852	15007	9331
湖　　北	264471	118144	71132	22738	17594
湖　　南	135472	41858	32003	6459	6279
广　　东	1612751	651510	445011	44875	32851
广　　西	58934	16644	11564	3359	3078
海　　南	12038	3366	2876	5	
重　　庆	742417	317691	202339	35387	30388
四　　川	992638	425873	267939	79103	70556
贵　　州	42613	18628	13072	2726	2648
云　　南	333251	99369	50359	18017	16051
西　　藏	11102	4556	1446	300	300
陕　　西	145125	63408	36396	9165	8104
甘　　肃	58398	20839	10820	170	132
青　　海	40240	15764	3322	3318	3290
宁　　夏	103704	34039	6996	1534	1396
新　　疆	156695	37505	19260	10185	9475

各地区私营建筑业企业固定资产情况

单位:万元

地　　区	固定资产小计	固定资产原价	#生产经营用	固定资产折旧	#本年折旧
全国总计	**4776201**	**5916273**	**4738122**	**1356950**	**297974**
北　　京	87002	109801	79927	23939	6875
天　　津	31003	35914	26051	5728	1868
河　　北	210675	239621	198124	40201	10127
山　　西	121637	134310	98023	22215	4455
内 蒙 古	116878	136746	116282	25017	5997
辽　　宁	170994	209795	175119	44510	8969
吉　　林	83553	106331	79443	25190	5102
黑 龙 江	108954	133855	115952	25284	5365
上　　海	98422	138395	109246	42922	9487
江　　苏	381453	480012	388256	123816	26082
浙　　江	607323	791474	662591	200892	44679
安　　徽	110857	137756	117011	26899	6445
福　　建	92344	117417	93232	28457	6778
江　　西	78109	88111	65252	15877	2760
山　　东	343961	434493	337184	106536	19493
河　　南	148924	179160	140675	35428	7444
湖　　北	166644	206771	155152	45414	10042
湖　　南	70699	91852	75349	24465	4666
广　　东	383050	494940	382095	124976	30225
广　　西	25871	30797	24588	5334	1420
海　　南	2294	2817	2782	543	117
重　　庆	303556	369724	296978	82084	19550
四　　川	470124	585894	482335	145019	26074
贵　　州	17665	20314	15485	3004	863
云　　南	257326	313096	246939	69274	18836
西　　藏	20257	21140	16887	2137	910
陕　　西	87250	85870	70267	13841	3493
甘　　肃	33136	41377	34627	8891	1617
青　　海	31842	36194	19543	4677	1310
宁　　夏	64747	80272	62119	15545	3654
新　　疆	49651	62024	50608	18835	3271

各地区私营建筑业企业负债及所有者权益

单位:万元

地　区	负债合计	流动负债	长期负债	所有者权益	#实收资本
全国总计	**9386851**	**8909650**	**477201**	**9919559**	**8185804**
北　京	252908	248616	4292	251078	210618
天　津	64148	55896	8252	88701	85067
河　北	229120	217423	11697	410018	359311
山　西	110075	102086	7989	214067	174554
内蒙古	178343	165055	13288	200501	167879
辽　宁	327080	310976	16104	359224	301229
吉　林	94157	90654	3503	113564	96870
黑龙江	134660	132960	1700	207031	189693
上　海	617497	613418	4079	396963	316759
江　苏	1187642	1154964	32678	797180	643761
浙　江	1773047	1714661	58386	1227427	954483
安　徽	140596	135828	4768	240394	207103
福　建	206751	198753	7998	267325	237023
江　西	63538	58034	5504	129848	104198
山　东	724802	673285	51517	686653	594997
河　南	140992	135459	5533	245409	214521
湖　北	165479	155713	9766	303600	242979
湖　南	122467	87761	34706	128879	105534
广　东	1137401	1075048	62353	980512	693785
广　西	30591	28549	2042	62048	54444
海　南	7051	7044	7	7780	6414
重　庆	445960	411370	34590	670232	579488
四　川	637568	594289	43279	964721	821200
贵　州	22814	20880	1934	41120	39227
云　南	201459	184350	17109	437013	354958
西　藏	6469	5289	1180	27536	25386
陕　西	115281	93005	22276	130516	116339
甘　肃	32301	31308	993	63315	55372
青　海	29070	25635	3435	48604	45535
宁　夏	71697	70104	1593	105320	90009
新　疆	115887	111237	4650	112980	97068

各地区私营建筑业企业实收资本

单位:万元

地区	合计	国家资本	集体资本	法人资本	个人资本	港澳台资本	外商资本
全国总计	**8185804**	**60**	**1334**	**2131785**	**6052625**		
北京	210618			73004	137614		
天津	85067			15977	69090		
河北	359311			95451	263860		
山西	174554			52816	121738		
内蒙古	167879			55003	112876		
辽宁	301229			78911	222318		
吉林	96870			44877	51993		
黑龙江	189693			48106	141587		
上海	316759			43511	273248		
江苏	643761			114853	528908		
浙江	954483			143375	811108		
安徽	207103			39526	167577		
福建	237023			48044	188979		
江西	104198			39286	64912		
山东	594997			168112	426885		
河南	214521			74277	140244		
湖北	242979			91547	151432		
湖南	105534			43287	62247		
广东	693785			250107	443678		
广西	54444			12199	42245		
海南	6414			1761	4653		
重庆	579488			159782	419706		
四川	821200			192835	628365		
贵州	39227				39227		
云南	354958	60	1334	98331	255233		
西藏	25386			15483	9903		
陕西	116339			45813	70526		
甘肃	55372			26045	29327		
青海	45535			24516	21019		
宁夏	90009			25033	64976		
新疆	97068			9917	87151		

各地区私营建筑业企业收入情况

单位:万元

地区	工程结算收入	工程结算成本	工程结算税金及附加	工程结算利润	其他业务收入	#其他业务利润
全国总计	**18143308**	**15844888**	**656809**	**1641611**	**230616**	**41893**
北京	584375	510145	18612	55618	4036	1208
天津	100308	85569	3859	10880	3987	891
河北	660613	562337	29907	68369	2553	403
山西	226859	190358	8728	27773	2322	577
内蒙古	393421	347689	12038	33694	4411	1042
辽宁	568099	494976	19965	53158	5143	897
吉林	170080	149545	5695	14840	1776	1272
黑龙江	285050	254171	9024	21855	1162	72
上海	931661	825992	29038	76631	12954	2156
江苏	1644182	1433765	59666	150751	20478	3624
浙江	3908188	3502686	140829	264673	66603	11614
安徽	433277	377692	15501	40084	3346	527
福建	346532	297992	13059	35481	4728	997
江西	132324	109565	6132	16627	1557	560
山东	1199162	1036655	40955	121552	25508	2446
河南	338372	297293	11897	29182	2221	1017
湖北	482586	411803	19316	51467	4159	454
湖南	263465	227303	10414	25748	388	129
广东	1628976	1378715	60989	189272	19772	3615
广西	73160	63307	2967	6886	660	67
海南	11537	9084	504	1949		
重庆	1040574	911488	39133	89953	9371	1340
四川	1594400	1387473	59484	147443	14179	2303
贵州	39851	34763	1549	3539	245	34
云南	484349	420347	18081	45921	6511	1297
西藏	22656	20080	821	1755	919	138
陕西	167031	144390	5398	17243	5231	1561
甘肃	91358	78872	3125	9361	172	130
青海	56227	49698	1784	4745	224	54
宁夏	99660	86415	3237	10008	4757	1008
新疆	164975	144720	5102	15153	1243	460

各地区私营建筑业企业费用情况

单位:万元

地区	管理费用	#税金	#财产保险费	#劳动待业保险费	财务费用	利息支出
全国总计	**950211**	**40975**	**9906**	**38227**	**113565**	**87096**
北京	37723	779	135	560	1087	1184
天津	8884	272	83	305	570	216
河北	33120	2300	292	1199	4033	1973
山西	17555	932	204	601	1930	1186
内蒙古	16628	1090	371	575	3347	2861
辽宁	35676	922	174	853	3151	1834
吉林	11134	225	94	931	146	-15
黑龙江	15049	391	29	956	1522	1160
上海	44654	1031	657	1239	3064	2335
江苏	96394	3241	623	4140	9012	13161
浙江	135801	5230	1622	8238	20103	16372
安徽	23395	904	683	818	2659	1757
福建	20740	541	171	640	1589	1055
江西	8747	758	70	320	1709	884
山东	73307	4020	894	3369	8539	4537
河南	18722	977	109	693	3062	1441
湖北	31022	2915	287	1321	2912	1813
湖南	11903	632	125	412	2395	1126
广东	105449	3468	811	4727	8963	4914
广西	6217	332	65	373	199	80
海南	1286	6	2	9	9	
重庆	48698	2290	443	1164	8853	9268
四川	78168	3976	1171	3063	13253	9954
贵州	2923	215	45	137	321	224
云南	25524	1593	253	664	4096	3030
西藏	914	174	12	8	98	89
陕西	11016	541	160	294	2873	2250
甘肃	5213	677	143	133	972	605
青海	3452	194	118	107	297	203
宁夏	7564	192	20	85	1478	1387
新疆	13333	157	40	293	1323	212

各地区私营建筑业企业利润及税金情况

单位:万元

地　　区	利润总额	#应交所得税	税金总额	工程结算税金及附加	管理费用中的税金
全国总计	**616233**	**169339**	**697784**	**656809**	**40975**
北　　京	15427	7425	19391	18612	779
天　　津	2378	867	4131	3859	272
河　　北	29412	8700	32207	29907	2300
山　　西	9730	2540	9660	8728	932
内 蒙 古	15407	4336	13128	12038	1090
辽　　宁	14919	5253	20887	19965	922
吉　　林	4587	1690	5920	5695	225
黑 龙 江	5487	2308	9415	9024	391
上　　海	35391	5903	30069	29038	1031
江　　苏	46927	13558	62907	59666	3241
浙　　江	115829	32175	146059	140829	5230
安　　徽	14343	4471	16405	15501	904
福　　建	14662	3049	13600	13059	541
江　　西	6638	2043	6890	6132	758
山　　东	43096	12991	44975	40955	4020
河　　南	7848	2388	12874	11897	977
湖　　北	19072	6639	22231	19316	2915
湖　　南	11357	2805	11046	10414	632
广　　东	76755	14782	64457	60989	3468
广　　西	687	394	3299	2967	332
海　　南	640	132	510	504	6
重　　庆	33589	10021	41423	39133	2290
四　　川	59358	15821	63460	59484	3976
贵　　州	366	167	1764	1549	215
云　　南	18234	4131	19674	18081	1593
西　　藏	661	79	995	821	174
陕　　西	6030	1681	5939	5398	541
甘　　肃	3119	761	3802	3125	677
青　　海	1157	285	1978	1784	194
宁　　夏	1740	763	3429	3237	192
新　　疆	1387	1181	5259	5102	157

各地区私营建筑业企业工程拖欠款及企业亏损情况

地　区	年末拖欠工程款(万元)	#竣工拖欠	企业个数(个)	亏损企业个数	#亏损企业的比重(%)
全国总计	**2528788**	**1667167**	**11235**	**2167**	**19.3**
北　京	96672	54778	429	125	29.1
天　津	11179	8376	214	70	32.7
河　北	95317	54137	326	38	11.7
山　西	48603	32474	270	49	18.1
内蒙古	106818	80019	224	24	10.7
辽　宁	115702	88764	440	124	28.2
吉　林	46128	33096	112	41	36.6
黑龙江	70742	47671	183	52	28.4
上　海	79655	39983	357	36	10.1
江　苏	260419	181106	1082	181	16.7
浙　江	366471	258528	1271	101	7.9
安　徽	60476	36334	372	52	14.0
福　建	40899	28227	405	50	12.3
江　西	15125	8433	147	25	17.0
山　东	252054	152500	1002	203	20.3
河　南	32358	18447	259	78	30.1
湖　北	68004	44562	280	47	16.8
湖　南	37414	26187	120	12	10.0
广　东	148273	99086	988	236	23.9
广　西	9455	6999	127	60	47.2
海　南	1246	684	12	5	41.7
重　庆	122558	82378	613	108	17.6
四　川	196012	134858	906	148	16.3
贵　州	2504	1763	66	22	33.3
云　南	108539	64770	424	74	17.5
西　藏	2947	1721	11	1	9.1
陕　西	37276	22228	153	25	16.3
甘　肃	17064	11435	72	14	19.4
青　海	8813	6215	71	18	25.4
宁　夏	23261	13092	139	50	36.0
新　疆	46804	28316	160	98	61.2

各地区私营建筑业企业主要经济效益指标

地　　区	产值利润率(%)	产值利税率(%)	资本利润率(%)	资本利税率(%)	人均利润(元/人)	人均利税(元/人)	资产负债率(%)
全国总计	**2.9**	**6.2**	**7.5**	**16.1**	**1875**	**3998**	**48.6**
北　京	2.3	5.1	7.3	16.5	2560	5779	50.2
天　津	2.3	6.3	2.8	7.7	1507	4125	42.0
河　北	3.7	7.8	8.2	17.1	1946	4077	35.8
山　西	4.2	8.4	5.6	11.1	1723	3433	34.0
内蒙古	3.9	7.2	9.2	17.0	1858	3441	47.1
辽　宁	2.3	5.5	5.0	11.9	1339	3213	47.7
吉　林	2.5	5.7	4.7	10.8	1462	3349	45.3
黑龙江	1.6	4.5	2.9	7.9	913	2481	39.4
上　海	3.8	6.9	11.2	20.7	4064	7517	60.9
江　苏	2.1	4.9	7.3	17.1	1502	3515	59.8
浙　江	2.4	5.5	12.1	27.4	2270	5133	59.1
安　徽	3.1	6.6	6.9	14.8	1501	3218	36.9
福　建	4.2	8.1	6.2	11.9	3276	6314	43.6
江　西	5.1	10.3	6.4	13.0	2462	5018	32.9
山　东	3.0	6.1	7.2	14.8	1324	2706	51.4
河　南	1.9	5.1	3.7	9.7	762	2013	36.5
湖　北	4.0	8.8	7.8	17.0	2200	4764	35.3
湖　南	4.1	8.0	10.8	21.2	2315	4567	48.7
广　东	4.4	8.2	11.1	20.4	3818	7025	53.7
广　西	0.8	4.6	1.3	7.3	447	2594	33.0
海　南	6.6	11.9	10.0	17.9	2876	5169	47.5
重　庆	2.6	5.8	5.8	12.9	1502	3355	40.0
四　川	3.2	6.5	7.2	15.0	1535	3176	39.8
贵　州	0.8	4.8	0.9	5.4	352	2049	35.7
云　南	3.4	7.0	5.1	10.7	1945	4043	31.6
西　藏	3.2	8.1	2.6	6.5	2747	6883	19.0
陕　西	3.0	6.0	5.2	10.3	1459	2897	46.9
甘　肃	3.1	6.8	5.6	12.5	990	2196	33.8
青　海	1.6	4.4	2.5	6.9	533	1443	37.4
宁　夏	1.6	4.7	1.9	5.7	733	2178	40.5
新　疆	0.8	3.7	1.4	6.8	622	2979	50.6

各地区联营建筑业企业签订合同情况

单位：万元

地　区	合同总额	上年结转合同额	本年新签合同额
全国总计	**748461**	**163624**	**584837**
北　京	24066	17241	6825
天　津	89		89
河　北	734	210	524
山　西	3365	534	2831
内蒙古			
辽　宁	3902	587	3315
吉　林			
黑龙江			
上　海	61464	11620	49844
江　苏	68655	16635	52020
浙　江	42655	9750	32905
安　徽	85300	20559	64741
福　建	58950	15245	43705
江　西	12119	2159	9960
山　东	159877	8756	151121
河　南	10925	6465	4460
湖　北	17523	11275	6248
湖　南	40021	3620	36401
广　东	84673	23855	60818
广　西			
海　南	4339	1592	2747
重　庆	15360	3196	12164
四　川	16221	5208	11013
贵　州	1792	920	872
云　南	5163	263	4900
西　藏			
陕　西			
甘　肃	24802	3934	20868
青　海			
宁　夏			
新　疆	6466	6466	

各地区联营建筑业企业承包工程完成情况

单位:万元

地区	直接从建设单位承揽工程完成的产值	自行完成施工产值	分包出去工程的产值	从建设单位以外承揽工程完成的产值
全国总计	**572679**	**569933**	**2746**	**15099**
北京	16589	16589		
天津	89	89		
河北	730	730		
山西	3038	3038		
内蒙古				
辽宁	2760	2760		103
吉林				
黑龙江				
上海	42257	42257		2370
江苏	57088	56822	266	3006
浙江	23621	23621		440
安徽	55412	55412		177
福建	43615	43412	203	764
江西	12324	12324		
山东	150118	150024	94	2284
河南	6914	6914		
湖北	10830	10034	796	796
湖南	36532	36532		
广东	58605	57218	1387	3216
广西				
海南	2668	2668		
重庆	7964	7964		
四川	13145	13145		1056
贵州	1150	1150		
云南	925	925		887
西藏				
陕西	475	475		
甘肃	19987	19987		
青海				
宁夏				
新疆	5843	5843		

各地区联营建筑业总产值和竣工产值

单位：万元

地　　区	建筑业总产值	#装饰装修产值	#在外省完成的产值	按构成分组			竣工产值
				建筑工程产值	安装工程产值	其他产值	
全国总计	**585032**	**60491**	**77700**	**413012**	**100578**	**71442**	**463892**
北　　京	16589	2481	3869	16589			8229
天　　津	89				89		89
河　　北	730	74		412	318		421
山　　西	3038	102		2902	136		2335
内 蒙 古							
辽　　宁	2863			2693	170		2727
吉　　林							
黑 龙 江							
上　　海	44627	11776	113	36569	1864	6194	24509
江　　苏	59828	4322	16510	53093	4487	2248	43073
浙　　江	24061	531	4346	17062	6905	94	14344
安　　徽	55589	6701	7548	54534	622	433	34638
福　　建	44176	33	29500	42582	1561	33	29733
江　　西	12324	1462	1700	9656	548	2120	9242
山　　东	152308	12049	4045	64741	63573	23994	152526
河　　南	6914	210		6664	50	200	6611
湖　　北	10830		759	5392		5438	11392
湖　　南	36532		721	6933	6047	23552	32631
广　　东	60434	15965	1677	49955	10129	350	48416
广　　西							
海　　南	2668			1985	683		2485
重　　庆	7964	248		6617	151	1196	3843
四　　川	14201	2399	699	11736	1429	1036	10670
贵　　州	1150	1150		1150			
云　　南	1812	85	887	475	43	1294	1812
西　　藏							
陕　　西	475			475			2
甘　　肃	19987	903	5326	14954	1773	3260	18321
青　　海							
宁　　夏							
新　　疆	5843			5843			5843

各地区联营建筑业企业单位工程施工个数及工程质量

地　　区	单位工程施工个数(个)	#本年新开工	#实行投标承包个数	#本年新开工	单位工程竣工个数(个)	#一次交验合格个数	单位工程一次交验合格率(%)	投标承包个数的比重(%)
全国总计	**5121**	**4621**	**1262**	**902**	**4569**	**4499**	**98.5**	**24.6**
北　　京	16	5	9	2	10	10	100.0	56.2
天　　津	7	7			7	7	100.0	
河　　北	27	24	3	3	16	16	100.0	11.1
山　　西	29	23	29	23	23	23	100.0	100.0
内 蒙 古								
辽　　宁	39	38	4	4	29	29	100.0	10.3
吉　　林								
黑 龙 江								
上　　海	96	62	48	30	67	54	80.6	50.0
江　　苏	194	145	134	100	131	131	100.0	69.1
浙　　江	71	58	63	57	41	32	78.0	88.7
安　　徽	322	184	294	175	193	192	99.5	91.3
福　　建	111	66	72	45	78	73	93.6	64.9
江　　西	89	52	63	32	58	56	96.6	70.8
山　　东	3531	3508	121	118	3504	3501	99.9	3.4
河　　南	39	16	37	12	25	21	84.0	94.9
湖　　北	47	37	40	8	30	26	86.7	85.1
湖　　南	75	63	68	57	59	59	100.0	90.7
广　　东	144	113	67	61	101	90	89.1	46.5
广　　西								
海　　南	25	9	13	9	21	4	19.0	52.0
重　　庆	34	30	30	26	18	18	100.0	88.2
四　　川	84	66	48	33	56	56	100.0	57.1
贵　　州								
云　　南	21	8	1	1	19	19	100.0	4.8
西　　藏								
陕　　西	2	1			1			
甘　　肃	115	103	115	103	79	79	100.0	100.0
青　　海								
宁　　夏								
新　　疆	3	3	3	3	3	3	100.0	100.0

各地区联营建筑业企业房屋建筑面积及工程质量

地　区	房屋建筑施工面积（万平方米）	#本年新开工	#实行投标承包面积	#本年新开工	房屋建筑竣工面积（万平方米）	#一次交验合格面积	竣工面积一次交验合格率（%）	实行投标承包面积的比重（%）
全国总计	**487.8**	**305.3**	**381.9**	**243.6**	**265.8**	**241.5**	**90.9**	**78.3**
北　京	6.4	1.2	1.5	1.2	2.2	0.8	37.0	22.6
天　津								
河　北	1.2	1.2	1.0	1.0	1.2	1.2	100.0	83.3
山　西	4.7	3.8	4.7	3.8	3.5	3.5	100.0	100.0
内蒙古								
辽　宁	2.6	2.6	2.1	2.1	0.1	0.1	100.0	80.0
吉　林								
黑龙江								
上　海	47.5	21.9	46.5	21.1	19.5	19.5	100.0	97.9
江　苏	89.5	56.0	83.7	53.0	54.9	54.9	100.0	93.5
浙　江								
安　徽	125.3	70.8	111.6	61.1	60.0	47.8	79.7	89.1
福　建	25.6	17.4	22.8	17.4	21.7	21.6	99.4	89.0
江　西	22.8	11.4	6.8	5.7	13.9	13.7	98.6	29.9
山　东	15.4	13.9	9.7	9.2	12.3	12.3	100.0	62.9
河　南	20.0	7.2	18.4	6.3	12.9	11.7	90.7	92.2
湖　北	8.5	4.3	4.2	4.2	4.2	2.9	68.8	50.2
湖　南	12.6	10.0	9.7	9.2	8.5	8.5	100.0	77.4
广　东	45.3	33.7	15.3	11.8	17.8	10.0	56.2	33.7
广　西								
海　南	3.5	2.7	3.5	2.7	2.9	2.9	100.0	100.0
重　庆	16.4	14.8	11.5	9.9	8.6	8.6	100.0	70.2
四　川	18.0	12.1	12.0	9.2	9.5	9.4	99.1	66.5
贵　州								
云　南	0.6	0.4	0.1	0.1	0.6	0.6	100.0	17.3
西　藏								
陕　西	5.3	5.3						
甘　肃	16.8	14.6	16.8	14.6	11.6	11.6	100.0	100.0
青　海								
宁　夏								
新　疆								

各地区按主要用途分的联营建筑业企业房屋建筑竣工面积

单位:万平方米

地区	合计	厂房	住宅	办公用房	商业、居民服务业用房	文化教育用房	医疗用房	科研用房	其他用房
全国总计	**265.8**	**55.2**	**144.5**	**17.7**	**24.0**	**13.1**	**1.4**	**0.9**	**9.0**
北京	2.2		0.8	1.4					
天津									
河北	1.2		1.0	0.2					
山西	3.5	0.5	1.6		0.6	0.7	0.1		
内蒙古									
辽宁	0.1								0.2
吉林									
黑龙江									
上海	19.5	14.0	5.1	0.2	0.2				
江苏	54.9	7.1	35.6	2.1	8.2	1.2	0.2		0.5
浙江									
安徽	60.0	8.4	34.6	4.6	6.9	3.4		0.7	1.3
福建	21.7	5.6	11.6	3.0		0.2		0.2	1.0
江西	13.9	0.8	8.5	0.3	2.0	2.0	0.2		0.1
山东	12.3	1.2	5.9	1.6	2.4	0.4			0.7
河南	12.9	0.2	9.2	0.3	0.9	1.5	0.5		0.2
湖北	4.2		3.3						0.9
湖南	8.5	2.0	3.9	0.9	0.8	0.9			
广东	17.8	10.6	3.2	2.3		1.2			0.5
广西									
海南	2.9		2.9						
重庆	8.6	1.8	5.3	0.1	1.0				0.3
四川	9.5		5.1	0.1	0.6	0.8			2.9
贵州									
云南	0.6		0.5			0.1			
西藏									
陕西									
甘肃	11.6	2.9	6.3	0.7	0.6	0.6	0.3		0.3
青海									
宁夏									
新疆									

各地区联营建筑业企业机械设备情况

地　　区	年末自有机械设备总台数(台)	年末自有机械设备总功率(千瓦)	#施工机械总功率	年末自有机械设备净值(万元)	技术装备率(元/人)	动力装备率(千瓦/人)
全国总计	**28153**	**419112**	**357114**	**77661**	**11123**	**6.0**
北　　京	800	6653	5494	409	8035	13.1
天　　津						
河　　北	20	453	453	30	584	0.9
山　　西	608	5201	5101	888	9867	5.8
内 蒙 古						
辽　　宁	325	3803	3641	578	8210	5.4
吉　　林						
黑 龙 江						
上　　海	2219	19430	16384	3756	11596	6.0
江　　苏	1568	22086	18186	5506	13459	5.4
浙　　江	534	25509	22935	4175	26763	16.4
安　　徽	2694	28633	21740	4712	5417	3.3
福　　建	2530	31150	28295	9670	17209	5.5
江　　西	1140	12685	10898	1813	7966	5.6
山　　东	4607	134843	114016	18951	12298	8.8
河　　南	710	3915	3819	713	5883	3.2
湖　　北	957	6473	4610	2265	21592	6.2
湖　　南	1387	16190	13899	4525	10580	3.8
广　　东	2597	39380	38075	4791	7316	6.0
广　　西						
海　　南	240	5514	5414	2276	27655	6.7
重　　庆	420	8387	8095	1282	6146	4.0
四　　川	2282	8686	8552	2400	5699	2.1
贵　　州	168	1850	1046	504	9368	3.4
云　　南	730	10319	5215	1629	28883	18.3
西　　藏						
陕　　西	210	7000	6800	1380	21905	11.1
甘　　肃	1357	19352	13026	5329	12888	4.7
青　　海						
宁　　夏						
新　　疆	50	1600	1420	79	3744	7.6

各地区联营建筑业企业主要生产效益指标

地区	建筑业企业个数（个）	计算劳动生产率的平均人数（人）	按总产值计算的劳动生产率（元/人）	按增加值计算的劳动生产率（元/人）	人均竣工产值（元/人）	人均施工面积（平方米/人）	人均竣工面积（平方米/人）
全国总计	**142**	**76178**	**76798**	**19876**	**60896**	**64.0**	**34.9**
北京	5	803	206588	15218	102478	79.9	26.9
天津	1	27	32963	11481	32963		
河北	2	480	15208	3708	8771	25.0	25.0
山西	2	952	31912	11334	24527	49.2	37.1
内蒙古							
辽宁	5	729	39273	10000	37407	35.7	2.1
吉林							
黑龙江							
上海	19	5172	86286	18022	47388	91.9	37.7
江苏	10	6835	87532	15977	63018	131.0	80.3
浙江	5	1474	163236	44688	97313		
安徽	12	8613	64541	16789	40216	145.4	69.7
福建	13	4517	97799	17366	65825	56.6	48.1
江西	3	2606	47291	8054	35464	87.5	53.3
山东	3	17379	87639	29326	87765	8.8	7.1
河南	2	1300	53185	7292	50854	153.8	99.2
湖北	4	1104	98098	14928	103188	76.7	37.8
湖南	6	3889	93937	25588	83906	32.3	21.9
广东	20	6453	93653	19766	75029	70.2	27.6
广西							
海南	2	826	32300	13656	30085	42.2	34.6
重庆	8	2190	36365	6808	17548	74.7	39.1
四川	10	3308	42929	12119	32255	54.4	28.6
贵州	1	100	115000	26300			
云南	3	520	34846	23885	34846	11.1	11.1
西藏							
陕西	1	520	9135	90346	38	101.2	
甘肃	4	6134	32584	10650	29868	27.4	19.0
青海							
宁夏							
新疆	1	247	236559	53036	236559		

各地区联营建筑业企业营业额

单位:万元

地区	企业营业额	在境外完成的营业额	企业总产值		
				#建筑业总产值	#对内销售产值
全国总计	**635307**	**4441**	**630866**	**585032**	**8942**
北京	16589		16589	16589	
天津	89		89	89	
河北	730		730	730	
山西	3038		3038	3038	
内蒙古					
辽宁	2863		2863	2863	
吉林					
黑龙江					
上海	45051		45051	44627	
江苏	66468		66468	59828	5253
浙江	24092		24092	24061	
安徽	64716	1864	62852	55589	895
福建	46970		46970	44176	2794
江西	14024	1700	12324	12324	
山东	170956		170956	152308	
河南	6914		6914	6914	
湖北	10830		10830	10830	
湖南	36532		36532	36532	
广东	62184		62184	60434	
广西					
海南	2668		2668	2668	
重庆	7964		7964	7964	
四川	14202		14202	14201	
贵州	1792		1792	1150	
云南	3066	877	2189	1812	
西藏					
陕西	475		475	475	
甘肃	27251		27251	19987	
青海					
宁夏					
新疆	5843		5843	5843	

各地区联营建筑业增加值及其构成

单位:万元

地区	建筑业增加值	本年提取固定资产折旧	主营业务应付工资总额	主营业务应付福利费总额
全国总计	**151412**	**11450**	**67231**	**5912**
北京	1222	134	631	110
天津	31	38	25	1
河北	178	17	118	
山西	1079	18	541	64
内蒙古				
辽宁	729	79	217	26
吉林				
黑龙江				
上海	9321	405	5217	251
江苏	10920	926	4662	550
浙江	6587	845	2412	301
安徽	14460	555	8140	649
福建	7844	392	4809	720
江西	2099	168	465	2
山东	50966	5099	22009	1919
河南	948	21	670	1
湖北	1648	49	539	72
湖南	9951	763	4970	340
广东	12755	1189	3067	370
广西				
海南	1128	27	567	26
重庆	1491	40	830	100
四川	4009	207	2551	240
贵州	263	27	50	32
云南	1242	37	495	29
西藏				
陕西	4698	10	105	
甘肃	6533	165	3910	60
青海				
宁夏				
新疆	1310	239	231	49

各地区联营建筑业增加值及其构成

续表　　　　　　　　　　　　　　　　　　　　　　　　　　　　　　　单位：万元

地　区	工程结算税金及附加	工程结算利润	管理费用中的税金	管理费用中的劳动待业保险费
全国总计	**21506**	**40475**	**1159**	**3679**
北　京	514	－173	2	4
天　津	4	－42		5
河　北	20	21	1	1
山　西	86	342	17	11
内蒙古				
辽　宁	59	334	3	11
吉　林				
黑龙江				
上　海	1185	2161	12	90
江　苏	1561	2468	50	703
浙　江	459	2373	59	138
安　徽	1861	2080	104	1071
福　建	714	1100	11	98
江　西	316	914	87	147
山　东	4752	16208	222	757
河　南	49	160	47	
湖　北	374	488	15	111
湖　南	1367	2378	58	75
广　东	1872	5638	322	297
广　西				
海　南	107	356	4	41
重　庆	179	287	53	2
四　川	462	533	9	7
贵　州	39	68	15	32
云　南	66	552	62	1
西　藏				
陕　西	4411	156	2	14
甘　肃	853	1537	2	6
青　海				
宁　夏				
新　疆	196	536	2	57

各地区联营建筑业企业资产构成

单位：万元

地　区	资产合计	#流动资产小计	#长期投资	#固定资产小计	#无形及递延资产
全国总计	**660503**	**458282**	**15683**	**147621**	**35358**
北　京	18498	15447	12	1258	556
天　津	930	929		1	
河　北	1257	1151		106	
山　西	2139	978		1161	
内蒙古					
辽　宁	5706	4300	96	1267	
吉　林					
黑龙江					
上　海	42237	35217	520	6090	92
江　苏	64536	51925	685	8212	3713
浙　江	18939	10074		8667	196
安　徽	88607	50176	63	14821	23345
福　建	42928	30546	89	11417	67
江　西	22781	11574	12	7411	3784
山　东	195445	147441	9470	35960	1804
河　南	4583	2227		2356	
湖　北	18942	12749	672	4497	1023
湖　南	16213	9545	125	6252	291
广　东	55223	41195	2933	10629	281
广　西					
海　南	6867	3981	277	2604	5
重　庆	10397	8121	503	1754	18
四　川	17160	10101	63	6898	97
贵　州	1876	1119		757	
云　南	4745	737	80	3907	20
西　藏					
陕　西	1380			1380	
甘　肃	14049	7453	83	6447	66
青　海					
宁　夏					
新　疆	5065	1296		3769	

各地区联营建筑业企业流动资产及递延资产

单位:万元

地区	流动资产	#存货	#在建工程	无形及递延资产	#无形资产
全国总计	**458282**	**82245**	**44631**	**35358**	**34058**
北京	15447	1573	390	556	536
天津	929	233			
河北	1151	225			
山西	978	603	80		
内蒙古					
辽宁	4300	1215	804		
吉林					
黑龙江					
上海	35217	8589	5007	92	88
江苏	51925	8230	4942	3713	3524
浙江	10074	1930	1205	196	196
安徽	50176	9928	4295	23345	23247
福建	30546	8752	6822	67	53
江西	11574	1977	988	3784	3623
山东	147441	9739	1405	1804	1427
河南	2227	351			
湖北	12749	2478	1335	1023	956
湖南	9545	1619	698	291	291
广东	41195	14597	9411	281	
广西					
海南	3981	3273	2962	5	
重庆	8121	1941	1389	18	
四川	10101	3743	2888	97	56
贵州	1119	642			
云南	737	111	10	20	
西藏					
陕西					
甘肃	7453	416		66	61
青海					
宁夏					
新疆	1296	80			

各地区联营建筑业企业固定资产情况

单位:万元

地区	固定资产小计	固定资产原价	#生产经营用	固定资产折旧	#本年折旧
全国总计	**147621**	**198976**	**163578**	**55105**	**11450**
北京	1258	2610	1781	1350	134
天津	1	190		189	38
河北	106	192	168	86	17
山西	1161	1332	1332	221	18
内蒙古					
辽宁	1267	1887	1757	629	79
吉林					
黑龙江					
上海	6090	8049	7065	1959	405
江苏	8212	13348	12379	5137	926
浙江	8667	11500	7454	2833	845
安徽	14821	20064	15927	5243	555
福建	11417	13209	12117	1815	392
江西	7411	9001	5756	1591	168
山东	35960	53474	47408	17812	5099
河南	2356	2503	2151	147	21
湖北	4497	6315	5204	1818	49
湖南	6252	9740	5926	3488	763
广东	10629	15210	10771	4711	1189
广西					
海南	2604	2660	2523	276	27
重庆	1754	2152	1593	400	40
四川	6898	8988	8879	3413	207
贵州	757	813	513	56	27
云南	3907	3714	2598	132	37
西藏					
陕西	1380	20	20	10	10
甘肃	6447	7620	6984	1173	165
青海					
宁夏					
新疆	3769	4385	3272	616	239

各地区联营建筑业企业负债及所有者权益

单位:万元

地区	负债合计	流动负责	长期负债	所有者权益	#实收资本
全国总计	**383939**	**378212**	**5727**	**276564**	**243308**
北京	12900	12900		5598	5742
天津	623	446	177	307	477
河北	238	238		1019	1022
山西	830	743	87	1309	1247
内蒙古					
辽宁	3319	3307	12	2387	2094
吉林					
黑龙江					
上海	24518	24518		17719	16618
江苏	42104	41963	141	22432	19310
浙江	7096	6646	450	11843	6838
安徽	47163	46726	437	41444	39162
福建	24553	24151	402	18375	15571
江西	11329	10801	528	11452	11092
山东	136621	135919	702	58824	47842
河南	2076	1926	150	2507	2507
湖北	11017	10476	541	7925	6748
湖南	4964	4760	204	11249	8566
广东	30659	29861	798	24564	21220
广西					
海南	3244	3244		3623	3496
重庆	5695	5090	605	4702	5685
四川	6346	6048	298	10814	10794
贵州	1053	1053		823	859
云南	1344	1244	100	3401	3369
西藏					
陕西				1380	1380
甘肃	5119	5098	21	8930	7732
青海					
宁夏					
新疆	1128	1054	74	3937	3937

各地区联营建筑业企业实收资本

单位:万元

地区	合计	国家资本	集体资本	法人资本	个人资本	港澳台资本	外商资本
全国总计	**243308**	**66735**	**55860**	**69241**	**51472**		
北京	5742	5050	115	577			
天津	477		477				
河北	1022		705	317			
山西	1247	15	264		968		
内蒙古							
辽宁	2094	1022	518	404	150		
吉林							
黑龙江							
上海	16618	1859	5472	7395	1892		
江苏	19310	12644	3709	2407	550		
浙江	6838	660	2218		3960		
安徽	39162	32746	4050	1419	947		
福建	15571	364	3987	3790	7430		
江西	11092	1010	1032	9050			
山东	47842	1735	13601	22146	10360		
河南	2507			603	1904		
湖北	6748	1213	800	4735			
湖南	8566		690	1836	6040		
广东	21220	1108	4377	6404	9331		
广西							
海南	3496	600	2896				
重庆	5685	636	174	1152	3723		
四川	10794	741	1710	6306	2037		
贵州	859	459	400				
云南	3369	2236	383		750		
西藏							
陕西	1380				1380		
甘肃	7732	2637	4345	700	50		
青海							
宁夏							
新疆	3937		3937				

各地区联营建筑业企业收入情况

单位:万元

地　　区	工程结算收入	工程结算成本	工程结算税金及附加	工程结算利润	其他业务收入	#其他业务利润
全国总计	**548554**	**486573**	**21506**	**40475**	**35683**	**5199**
北　京	16243	15902	514	-173	168	34
天　津	109	147	4	-42	16	12
河　北	420	379	20	21		
山　西	2411	1983	86	342		
内蒙古						
辽　宁	1828	1435	59	334		
吉　林						
黑龙江						
上　海	39144	35798	1185	2161	1341	191
江　苏	48277	44248	1561	2468	4153	664
浙　江	23765	20933	459	2373	260	256
安　徽	56995	53054	1861	2080	7616	1642
福　建	33031	31217	714	1100	762	359
江　西	7996	6766	316	914	3	1
山　东	150132	129172	4752	16208	18212	1929
河　南	3156	2947	49	160	28	27
湖　北	6156	5294	374	488	88	44
湖　南	34694	30949	1367	2378	2	1
广　东	60342	52832	1872	5638	1886	-49
广　西						
海　南	2668	2205	107	356		
重　庆	5039	4573	179	287	35	25
四　川	12399	11404	462	533	37	30
贵　州	1150	1043	39	68		
云　南	1753	1135	66	552		
西　藏						
陕　西	9317	4750	4411	156	183	
甘　肃	25686	23296	853	1537	893	33
青　海						
宁　夏						
新　疆	5843	5111	196	536		

各地区联营建筑业企业费用情况

单位:万元

地　　区	管理费用	#税金	#财产保险费	#劳动待业保险费	财务费用	#利息支出
全国总计	**32226**	**1159**	**200**	**3679**	**2031**	**1362**
北　　京	444	2	3	4	35	35
天　　津	14			5		
河　　北	32	1	1	1	3	2
山　　西	86	17	8	11	34	
内 蒙 古						
辽　　宁	210	3	1	11	123	123
吉　　林						
黑 龙 江						
上　　海	1745	12	23	90	57	54
江　　苏	2885	50	5	703	214	222
浙　　江	1552	59	31	138	222	87
安　　徽	2980	104	2	1071	148	130
福　　建	848	11	5	98	31	29
江　　西	558	87	20	147	137	19
山　　东	10771	222	72	757	263	202
河　　南	73	47			38	23
湖　　北	762	15		111	26	26
湖　　南	1190	58	19	75	116	104
广　　东	4986	322	6	297	166	168
广　　西						
海　　南	318	4		41	14	
重　　庆	427	53	1	2	64	37
四　　川	539	9		7	58	49
贵　　州	64	15		32	16	16
云　　南	291	62		1	208	2
西　　藏						
陕　　西	80	2		14	8	
甘　　肃	1036	2	1	6	25	16
青　　海						
宁　　夏						
新　　疆	335	2	2	57	25	18

各地区联营建筑业企业利润及税金情况

单位:万元

地区	利润总额	#应交所得税	税金总额	工程结算税金及附加	管理费用中的税金
全国总计	**11910**	**4076**	**22665**	**21506**	**1159**
北京	-415	8	516	514	2
天津	-44		4	4	
河北	-14	1	21	20	1
山西	221	27	103	86	17
内蒙古					
辽宁	2	11	62	59	3
吉林					
黑龙江					
上海	550	130	1197	1185	12
江苏	265	130	1611	1561	50
浙江	862	214	518	459	59
安徽	927	176	1965	1861	104
福建	554	133	725	714	11
江西	217	56	403	316	87
山东	6398	2298	4974	4752	222
河南	76	1	96	49	47
湖北	-180	14	389	374	15
湖南	1096	288	1425	1367	58
广东	728	300	2194	1872	322
广西					
海南	24	3	111	107	4
重庆	-155	14	232	179	53
四川	-36	19	471	462	9
贵州	-12		54	39	15
云南	57	14	128	66	62
西藏					
陕西	95	27	4413	4411	2
甘肃	518	154	855	853	2
青海					
宁夏					
新疆	176	58	198	196	2

各地区联营建筑业企业工程拖欠款及企业亏损情况

地区	年末拖欠工程款(万元)	#竣工拖欠	企业个数(个)	#亏损企业个数	亏损企业的比重(%)
全国总计	**78756**	**51970**	**142**	**34**	**23.9**
北京	220	100	5	3	60.0
天津	420	420	1	1	100.0
河北	340	80	2	1	50.0
山西	808	403	2		
内蒙古					
辽宁	545	545	5	1	20.0
吉林					
黑龙江					
上海	7641	4546	19	5	26.3
江苏	14004	8059	10	3	30.0
浙江	1980	1939	5		
安徽	9518	5643	12	2	16.7
福建	6530	4047	13	2	15.4
江西	312	156	3		
山东	17886	17402	3		
河南			2	1	50.0
湖北	6144		4	2	50.0
湖南	3573	2845	6		
广东	4238	2251	20	3	15.0
广西					
海南	245	245	2		
重庆	511	408	8	4	50.0
四川	728	606	10	5	50.0
贵州			1	1	100.0
云南	165	158	3		
西藏					
陕西			1		
甘肃	2948	2117	4		
青海					
宁夏					
新疆			1		

各地区联营建筑业企业主要经济效益指标

地　区	产值利润率(%)	产值利税率(%)	资本利润率(%)	资本利税率(%)	人均利润(元/人)	人均利税(元/人)	资产负债率(%)
全国总计	**2.0**	**5.9**	**4.9**	**14.2**	**1563**	**4539**	**58.1**
北　京	-2.5	0.6	-7.2	1.8	-5168	1258	69.7
天　津	-49.4	-44.9	-9.2	-8.4	-16296	-14815	67.0
河　北	-1.9	1.0	-1.4	0.7	-292	146	18.9
山　西	7.3	10.7	17.7	26.0	2321	3403	38.8
内蒙古							
辽　宁	0.1	2.2	0.1	3.1	27	878	58.2
吉　林							
黑龙江							
上　海	1.2	3.9	3.3	10.5	1063	3378	58.0
江　苏	0.4	3.1	1.4	9.7	388	2745	65.2
浙　江	3.6	5.7	12.6	20.2	5848	9362	37.5
安　徽	1.7	5.2	2.4	7.4	1076	3358	53.2
福　建	1.3	2.9	3.6	8.2	1226	2832	57.2
江　西	1.8	5.0	2.0	5.6	833	2379	49.7
山　东	4.2	7.5	13.4	23.8	3681	6544	69.9
河　南	1.1	2.5	3.0	6.9	585	1323	45.3
湖　北	-1.7	1.9	-2.7	3.1	-1630	1893	58.2
湖　南	3.0	6.9	12.8	29.4	2818	6482	30.6
广　东	1.2	4.8	3.4	13.8	1128	4528	55.5
广　西							
海　南	0.9	5.1	0.7	3.9	291	1634	47.2
重　庆	-1.9	1.0	-2.7	1.4	-708	352	54.8
四　川	-0.3	3.1	-0.3	4.0	-109	1315	37.0
贵　州	-1.0	3.7	-1.4	4.9	-1200	4200	56.1
云　南	3.1	10.2	1.7	5.5	1096	3558	28.3
西　藏							
陕　西	20.0	949.1	6.9	326.7	1827	86692	
甘　肃	2.6	6.9	6.7	17.8	844	2238	36.4
青　海							
宁　夏							
新　疆	3.0	6.4	4.5	9.5	7126	15142	22.3

各地区股份制建筑业企业签订合同情况

单位:万元

地区	合同总额	上年结转合同额	本年新签合同额
全国总计	**105788763**	**36691900**	**69096863**
北京	7081390	2868438	4212952
天津	2658288	1008974	1649314
河北	3577600	1113413	2464187
山西	2094388	650166	1444222
内蒙古	1461342	301908	1159434
辽宁	4664526	1795255	2869271
吉林	2102998	901687	1201311
黑龙江	2477103	564082	1913021
上海	7291039	2698873	4592166
江苏	12041984	3891301	8150683
浙江	20928224	6950224	13978000
安徽	2384177	404716	1979461
福建	1556170	563572	992598
江西	719679	249212	470467
山东	5109384	1593523	3515861
河南	2504359	942453	1561906
湖北	2516575	780843	1735732
湖南	2699579	908495	1791084
广东	7034197	3343629	3690568
广西	519231	99290	419941
海南	68891	26632	42259
重庆	2874637	1087209	1787428
四川	4854478	1799709	3054769
贵州	326632	138780	187852
云南	1136489	391308	745181
西藏	43048	2497	40551
陕西	2091710	737910	1353800
甘肃	615961	250435	365526
青海	170892	38784	132108
宁夏	326334	56103	270231
新疆	1857458	532479	1324979

各地区股份制建筑业企业承包工程完成情况

单位：万元

地区	直接从建设单位承揽工程完成的产值	自行完成施工产值	分包出去工程的产值	从建设单位以外承揽工程完成的产值
全国总计	**70329418**	**68461122**	**1868296**	**3631267**
北京	4241106	3856915	384191	261447
天津	1814086	1753201	60885	50531
河北	2642699	2625189	17510	64265
山西	1351823	1341774	10049	82642
内蒙古	1144841	1135422	9419	19852
辽宁	3121275	3101061	20214	34487
吉林	1190937	1186988	3949	37763
黑龙江	2044474	2002588	41886	16965
上海	4117672	3505161	612511	654694
江苏	8443502	8374688	68814	1123766
浙江	13066829	13000189	66640	383424
安徽	1688812	1670725	18087	60632
福建	1027202	1010344	16858	22785
江西	432460	429643	2817	20396
山东	3874935	3860841	14094	111909
河南	1602985	1599901	3084	81537
湖北	1804342	1789743	14599	49790
湖南	1801697	1782695	19002	84476
广东	3979371	3709754	269617	144047
广西	397770	347886	49884	6319
海南	43131	43011	120	120
重庆	2025928	1990194	35734	77355
四川	3558808	3493105	65703	139263
贵州	254007	247892	6115	15257
云南	978137	964304	13833	26044
西藏	27833	26575	1258	1258
陕西	1245812	1223370	22442	7916
甘肃	567057	565003	2054	9187
青海	131840	130548	1292	1960
宁夏	304500	303367	1133	2314
新疆	1403547	1389045	14502	38866

各地区股份制建筑业总产值和竣工产值

单位:万元

地区	建筑业总产值	#装饰装修产值	#在外省完成的产值	按构成分组			竣工产值
				建筑工程产值	安装工程产值	其他产值	
全国总计	**72092389**	**4854849**	**17395432**	**62339380**	**7444744**	**2308265**	**52998995**
北　京	4118362	844480	421135	3771695	267824	78843	2829983
天　津	1803732	45928	560409	1451903	305789	46040	1119731
河　北	2689454	163967	571152	2436753	199695	53006	2112639
山　西	1424416	50019	706592	1281717	117442	25257	710217
内蒙古	1155274	30419	58802	1029657	95457	30160	978274
辽　宁	3135548	118252	617989	2757773	344980	32795	2224553
吉　林	1224751	33387	320153	1025403	190841	8507	1102695
黑龙江	2019553	116098	241964	1556594	352764	110195	1716553
上　海	4159855	465687	358378	3617828	378268	163759	3010528
江　苏	9498454	512484	4412155	8066461	1054078	377915	7371136
浙　江	13383613	934189	4640092	11644087	1320296	419230	9305742
安　徽	1731357	81602	509824	1551999	114131	65227	1349522
福　建	1033129	68797	146212	825864	177626	29639	890087
江　西	450039	41909	99790	359555	48094	42390	343994
山　东	3972750	248544	391122	3449763	438699	84288	2779697
河　南	1681438	54396	537287	1513818	137280	30340	1217078
湖　北	1839533	127046	416476	1547463	139866	152204	1588437
湖　南	1867171	60910	320520	1664877	68594	133700	1388653
广　东	3853801	427971	361647	3101439	689586	62776	2893555
广　西	354205	12891	10267	225756	99663	28786	276510
海　南	43131	11437	9676	40992	1839	300	35064
重　庆	2067549	70709	217606	1820834	180948	65767	1355432
四　川	3632368	149631	688434	3193057	284970	154341	2696534
贵　州	263149	7853	43197	226816	33263	3070	192808
云　南	990348	50942	5507	891896	69990	28462	864847
西　藏	27833	757		24465	2808	560	22295
陕　西	1231286	35415	669100	1166642	45231	19413	634884
甘　肃	574190	21752	23949	502655	61670	9865	503043
青　海	132508	5238	300	107158	21318	4032	105627
宁　夏	305681	4058	20071	249044	54418	2219	252150
新　疆	1427911	58081	15626	1235416	147316	45179	1126727

各地区股份制建筑业企业单位工程施工个数及工程质量

地　　区	单位工程施工个数（个）	#本年新开工	#实行投标承包个数	#本年新开工	单位工程竣工个数（个）	#一次交验合格个数	单位工程一次交验合格率（%）	投标承包个数的比重（%）
全国总计	**333675**	**228295**	**180132**	**121845**	**220237**	**195511**	**88.8**	**54.0**
北　　京	9529	6319	4530	2859	5454	4841	88.8	47.5
天　　津	7991	5525	2618	1804	5199	4270	82.1	32.8
河　　北	11785	7845	8445	5508	7367	7121	96.7	71.7
山　　西	11692	8406	5998	3178	7110	6827	96.0	51.3
内 蒙 古	5232	3924	3477	2623	3737	3586	96.0	66.5
辽　　宁	14184	10734	6997	4645	9935	8418	84.7	49.3
吉　　林	7249	4020	5572	2895	4202	4046	96.3	76.9
黑 龙 江	7604	6272	3649	2918	6382	5604	87.8	48.0
上　　海	17976	11835	7215	4721	11641	8874	76.2	40.1
江　　苏	36217	26902	19888	14904	27063	24829	91.7	54.9
浙　　江	39006	25751	24183	15579	23578	21138	89.7	62.0
安　　徽	17807	13686	12507	9588	10455	9737	93.1	70.2
福　　建	15458	8373	2365	1597	11109	9962	89.7	15.3
江　　西	3206	2305	1750	1309	2090	1839	88.0	54.6
山　　东	21470	15118	12506	8733	14280	13072	91.5	58.2
河　　南	8464	5349	5792	3700	5013	4405	87.9	68.4
湖　　北	12556	7939	7560	4831	8413	7582	90.1	60.2
湖　　南	8188	5222	5247	3469	5271	4855	92.1	64.1
广　　东	18543	12668	5705	3585	12855	9528	74.1	30.8
广　　西	5329	3940	2012	1653	3741	3064	81.9	37.8
海　　南	170	101	136	82	101	94	93.1	80.0
重　　庆	7902	5084	4515	3085	4809	4530	94.2	57.1
四　　川	16431	11034	8991	6059	10987	10584	96.3	54.7
贵　　州	2361	1617	1273	1048	1596	1516	95.0	53.9
云　　南	5852	3544	3046	1944	3976	2888	72.6	52.1
西　　藏	124	118	85	84	102	102	100.0	68.5
陕　　西	7032	3555	5682	3020	3445	3356	97.4	80.8
甘　　肃	3638	2764	1866	1366	2629	2007	76.3	51.3
青　　海	933	689	666	466	601	588	97.8	71.4
宁　　夏	1829	1508	1021	783	1372	1192	86.9	55.8
新　　疆	7917	6148	4835	3809	5724	5056	88.3	61.1

各地区股份制建筑业企业房屋建筑面积及工程质量

地区	房屋建筑施工面积（万平方米）	#本年新开工	#实行投标承包面积	#本年新开工	房屋建筑竣工面积（万平方米）	#一次交验合格面积	竣工面积一次交验合格率（%）	实行投标承包面积的比重（%）
全国总计	**86122.7**	**50351.5**	**68054.6**	**41476.7**	**42560.2**	**39137.6**	**92.0**	**79.0**
北京	4612.0	1978.2	4029.3	1828.0	1553.6	1513.2	97.4	87.4
天津	1099.2	602.5	953.0	555.1	462.5	432.0	93.4	86.7
河北	3862.3	2509.0	3492.5	2282.5	2132.1	1998.7	93.7	90.4
山西	788.1	441.1	652.8	380.3	365.3	293.2	80.3	82.8
内蒙古	1245.7	847.1	929.8	659.7	839.9	786.1	93.6	74.6
辽宁	3406.2	2046.8	2931.8	1723.0	1806.9	1614.6	89.4	86.1
吉林	1094.7	731.8	904.6	652.4	654.3	586.5	89.6	82.6
黑龙江	1416.0	996.6	1031.3	753.3	954.5	880.8	92.3	72.8
上海	3543.7	1792.6	2678.4	1522.0	1245.3	1139.7	91.5	75.6
江苏	13686.8	8718.9	10789.5	7101.1	7346.8	6952.3	94.6	78.8
浙江	16642.5	9629.6	14612.7	8421.4	7099.6	6895.1	97.1	87.8
安徽	1768.3	1163.7	1253.7	880.3	1088.1	996.8	91.6	70.9
福建	1213.7	673.8	799.7	464.1	640.0	540.6	84.5	65.9
江西	567.2	410.6	369.8	302.5	358.7	299.2	83.4	65.2
山东	5151.3	3153.1	4124.3	2678.9	2661.0	2425.2	91.1	80.1
河南	2276.0	1163.2	1848.4	982.4	1089.6	971.7	89.2	81.2
湖北	1818.2	1252.2	1337.3	939.8	1208.3	1054.5	87.3	73.6
湖南	2608.1	1635.8	1922.6	1344.1	1351.1	1221.1	90.4	73.7
广东	4952.4	2369.3	3103.5	1526.8	1908.1	1577.7	82.7	62.7
广西	393.8	263.8	268.9	198.9	176.1	164.8	93.6	68.3
海南	61.7	25.8	45.7	24.0	29.6	29.6	100.0	74.0
重庆	3866.2	1999.9	2759.5	1563.1	1977.1	1791.4	90.6	71.4
四川	5172.4	3096.7	3533.7	2366.4	2788.8	2533.6	90.8	68.3
贵州	313.3	194.1	197.7	141.2	177.0	166.0	93.7	63.1
云南	836.7	469.3	536.8	363.4	588.4	493.2	83.8	64.2
西藏	10.7	7.5	8.0	7.2	7.3	6.8	93.4	74.7
陕西	714.1	400.9	554.2	350.7	343.0	310.5	90.5	77.6
甘肃	849.2	494.5	577.6	349.1	525.9	376.3	71.6	68.0
青海	179.7	109.4	138.1	94.4	92.1	91.7	99.6	76.9
宁夏	337.4	235.0	284.0	203.9	181.9	169.1	93.0	84.2
新疆	1635.2	938.8	1385.5	816.8	907.3	825.4	91.0	84.7

各地区按主要用途分的股份制建筑业企业房屋建筑竣工面积

单位:万平方米

地区	合计	厂房	住宅	办公用房	商业、居民服务业用房	文化教育用房	医疗用房	科研用房	其他用房
全国总计	**42560.2**	**5393.6**	**24779.4**	**3464.4**	**3699.8**	**2627.1**	**394.6**	**198.2**	**2003.3**
北京	1553.6	115.7	1109.5	141.2	52.9	39.1	7.8	7.7	79.8
天津	462.5	84.8	228.3	25.7	42.7	34.3	2.0	3.0	41.6
河北	2132.1	148.6	1411.5	152.4	206.1	112.8	18.3	21.3	61.1
山西	365.3	25.6	197.4	46.1	46.3	29.3	2.4		18.2
内蒙古	839.9	49.5	522.8	66.8	113.4	52.6	3.7	3.3	27.8
辽宁	1806.9	140.3	1234.1	103.6	152.2	90.3	14.3	3.0	69.2
吉林	654.3	91.7	405.2	32.4	48.3	35.0	5.3	1.1	35.4
黑龙江	954.5	48.8	611.4	74.3	91.1	78.0	4.1	1.9	44.8
上海	1245.3	261.6	665.9	110.5	69.8	76.0	15.5	5.4	40.6
江苏	7346.8	1169.8	4079.1	609.8	520.9	431.7	68.5	68.7	398.2
浙江	7099.6	1373.7	3273.3	678.7	713.3	621.2	89.5	27.2	322.8
安徽	1088.1	105.6	624.1	115.0	112.9	82.0	5.5	2.4	40.5
福建	640.0	135.7	318.1	61.8	58.4	27.1	3.7	2.2	33.0
江西	358.7	37.5	192.5	26.3	35.1	26.7	1.1	1.3	38.2
山东	2661.0	417.0	1543.6	172.1	264.2	134.3	22.1	5.4	102.3
河南	1089.6	71.2	678.9	93.9	73.1	70.0	23.7	3.2	75.7
湖北	1208.3	120.0	766.2	105.0	74.6	61.8	11.3	5.0	64.5
湖南	1351.1	84.8	764.3	161.2	148.6	88.5	13.1	9.0	81.5
广东	1908.1	388.2	1090.7	109.4	154.8	81.7	9.9	5.3	68.1
广西	176.1	21.8	96.2	26.7	7.1	13.2	0.5	0.2	10.5
海南	29.6	0.8	16.8	0.2	3.1	0.4			8.4
重庆	1977.1	156.0	1346.9	121.7	179.4	94.7	16.8	2.8	58.8
四川	2788.8	160.6	1859.1	176.3	276.0	153.8	24.4	8.4	130.2
贵州	177.0	12.9	108.6	15.6	13.3	21.5	0.6		4.5
云南	588.4	35.8	333.3	81.7	62.2	42.7	10.2	3.0	19.6
西藏	7.3	1.0	1.7	3.0	0.1	0.3	0.1		1.0
陕西	343.0	12.3	244.7	27.5	19.2	17.4	3.7	1.4	16.6
甘肃	525.9	77.6	294.6	37.8	32.5	30.2	3.5	4.5	45.2
青海	92.1	2.2	65.7	8.3	3.8	6.6	0.7		4.8
宁夏	181.9	9.8	115.4	11.2	22.5	12.2	0.9		9.9
新疆	907.3	32.8	579.6	68.0	101.7	61.5	11.3	1.7	50.6

各地区股份制建筑业企业机械设备情况

地　　区	年末自有机械设备总台数(台)	年末自有机械设备总功率(千瓦)	#施工机械总功率	年末自有机械设备净值(万元)	技术装备率(元/人)	动力装备率(千瓦/人)
全国总计	**2433571**	**36936245**	**29773551**	**7606048**	**9635**	**4.7**
北　京	68400	1388181	1053796	232735	12775	7.6
天　津	27729	923951	765123	285504	25551	8.3
河　北	179439	2441521	2100993	400379	9403	5.7
山　西	50800	1066852	902285	213049	12829	6.4
内蒙古	59201	983586	797980	182138	11628	6.3
辽　宁	88836	2029928	1582933	331892	10402	6.4
吉　林	32949	662820	508025	147362	13448	6.0
黑龙江	74690	1848747	1451846	418208	19826	8.8
上　海	51947	1003217	823051	286628	16297	5.7
江　苏	280272	3555092	3111135	721017	6867	3.4
浙　江	267316	3483580	2843696	833727	7839	3.3
安　徽	96121	1071094	923657	237796	9002	4.1
福　建	52695	695995	591330	143555	12490	6.1
江　西	33240	360098	316167	76080	8414	4.0
山　东	152860	2150140	1750309	413293	7232	3.8
河　南	98087	1225431	1033732	246124	9053	4.5
湖　北	96899	1270847	911539	273952	10884	5.0
湖　南	101118	1188488	981000	253908	8011	3.7
广　东	134279	2098034	1680080	417001	11667	5.9
广　西	21769	331885	259874	49194	9782	6.6
海　南	2321	18911	17459	3465	5417	3.0
重　庆	83335	1090289	856341	257310	7807	3.3
四　川	148493	2392281	1852965	490274	6965	3.4
贵　州	13232	217088	147119	31721	7457	5.1
云　南	48118	741887	536418	141650	11069	5.8
西　藏	742	14016	11154	7665	25000	4.6
陕　西	48327	935950	616500	192902	14280	6.9
甘　肃	45347	491527	388151	86794	8031	4.5
青　海	9480	153602	125508	32132	11240	5.4
宁　夏	16689	206650	181716	46626	12491	5.5
新　疆	48840	894557	651669	151967	13718	8.1

各地区股份制建筑业企业主要生产效益指标

地　　区	建筑业企业个数（个）	计算劳动生产率的平均人数（人）	按总产值计算的劳动生产率（元/人）	按增加值计算的劳动生产率（元/人）	人均竣工产值（元/人）	人均施工面积（平方米/人）	人均竣工面积（平方米/人）
全国总计	**14763**	**8765929**	**82242**	**20145**	**60460**	**98.3**	**48.6**
北　京	650	333660	123430	27573	84816	138.2	46.6
天　津	285	145083	124324	25969	77179	75.8	31.9
河　北	591	479788	56055	14675	44033	80.5	44.4
山　西	325	173260	82213	19965	40991	45.5	21.1
内蒙古	347	239496	48238	14386	40847	52.0	35.1
辽　宁	708	420070	74643	17879	52957	81.1	43.0
吉　林	245	159465	76804	18685	69150	68.7	41.0
黑龙江	603	302536	66754	17517	56739	46.8	31.6
上　海	635	293811	141583	28741	102465	120.6	42.4
江　苏	1420	1041621	91189	21416	70766	131.4	70.5
浙　江	1250	1084988	123353	27051	85768	153.4	65.4
安　徽	502	252139	68667	18447	53523	70.1	43.2
福　建	408	114972	89859	24443	77418	105.6	55.7
江　西	262	89754	50141	15209	38326	63.2	40.0
山　东	1117	681609	58285	14876	40781	75.6	39.0
河　南	445	280303	59986	15703	43420	81.2	38.9
湖　北	449	248743	73953	19227	63859	73.1	48.6
湖　南	441	303720	61477	16596	45721	85.9	44.5
广　东	896	356278	108168	30020	81216	139.0	53.6
广　西	194	54487	65007	17922	50748	72.3	32.3
海　南	25	6813	63307	22504	51466	90.6	43.5
重　庆	573	334170	61871	17043	40561	115.7	59.2
四　川	1085	661719	54893	15481	40750	78.2	42.2
贵　州	130	44194	59544	18312	43628	70.9	40.1
云　南	259	121657	81405	20299	71089	68.8	48.4
西　藏	21	3711	75001	20703	60078	28.8	19.7
陕　西	212	138958	88609	18805	45689	51.4	24.7
甘　肃	182	123039	46667	15247	40885	69.0	42.7
青　海	100	33214	39895	10460	31802	54.1	27.7
宁　夏	135	55084	55494	15674	45776	61.3	33.0
新　疆	268	187587	76120	20126	60064	87.2	48.4

各地区股份制建筑业企业营业额

单位:万元

地区	企业营业额	在境外完成的营业额	企业总产值	#建筑业总产值	#对内销售产值
全国总计	**77311841**	**638528**	**76673313**	**72092389**	**649165**
北京	4484800	26965	4457835	4118362	48373
天津	1935063	14151	1920912	1803732	24542
河北	2996167	2178	2993989	2689454	6127
山西	1496833	6364	1490469	1424416	409
内蒙古	1197505	1765	1195740	1155274	19783
辽宁	3294863	98084	3196779	3135548	14374
吉林	1249073	602	1248471	1224751	9273
黑龙江	2169556	12792	2156764	2019553	44789
上海	5053765	28123	5025642	4159855	68655
江苏	10118735	269903	9848832	9498454	56340
浙江	14202239	66008	14136231	13383613	120256
安徽	1893548	12114	1881434	1731357	4784
福建	1101532	2430	1099102	1033129	8462
江西	462410	80	462330	450039	207
山东	4336245	9801	4326444	3972750	119334
河南	1750334	5061	1745273	1681438	12068
湖北	1906853	6203	1900650	1839533	11589
湖南	1941348	9068	1932280	1867171	3012
广东	4100459		4100459	3853801	14981
广西	457447	3991	453456	354205	367
海南	43131		43131	43131	
重庆	2132786	200	2132586	2067549	9077
四川	3784939	50924	3734015	3632368	20242
贵州	277665		277665	263149	3661
云南	1034625	100	1034525	990348	4836
西藏	27833		27833	27833	
陕西	1274674	308	1274366	1231286	4281
甘肃	589970		589970	574190	754
青海	135308	123	135185	132508	602
宁夏	349635		349635	305681	4527
新疆	1512500	11190	1501310	1427911	13460

各地区股份制建筑业增加值及其构成

单位:万元

地　　区	建筑业增加值	本年提取固定资产折旧	主营业务应付工资总额	主营业务应付福利费总额
全国总计	**17659124**	**1087243**	**7822908**	**850526**
北　　京	920009	44253	296283	33131
天　　津	376763	44004	107268	13006
河　　北	704067	47133	316566	29588
山　　西	345919	29987	124439	17287
内 蒙 古	344528	24066	158071	14473
辽　　宁	751059	43548	337410	34971
吉　　林	297962	25315	117153	14067
黑 龙 江	529942	46507	222473	25710
上　　海	844451	80090	271218	28984
江　　苏	2230749	99776	1205018	148421
浙　　江	2935047	103300	1548557	152423
安　　徽	465118	31817	186332	22812
福　　建	281021	15300	121271	11448
江　　西	136509	13454	54345	6827
山　　东	1013991	52311	453664	47517
河　　南	440153	29360	189400	18571
湖　　北	478246	32968	164237	23347
湖　　南	504058	28521	232789	26450
广　　东	1069553	70726	386762	45312
广　　西	97653	6500	33545	4087
海　　南	15332	735	4994	625
重　　庆	569520	29897	289627	31852
四　　川	1024392	79532	467377	45751
贵　　州	80929	5359	36643	3815
云　　南	246956	35411	93591	9336
西　　藏	7683	813	2394	164
陕　　西	261308	26563	95341	11793
甘　　肃	187592	12695	73480	5605
青　　海	34741	2646	14822	1363
宁　　夏	86338	5228	42081	4023
新　　疆	377535	19428	175757	17767

各地区股份制建筑业增加值及其构成

续表 单位:万元

地　区	工程结算税金及附加	工程结算利润	管理费用中的税金	管理费用中的劳动待业保险费
全国总计	**2149545**	**5266685**	**102879**	**379338**
北　京	124426	388072	3360	30484
天　津	45898	148867	2696	15024
河　北	88279	204751	5372	12378
山　西	39994	119519	2297	12396
内蒙古	35805	94994	3465	13654
辽　宁	93192	219646	3033	19259
吉　林	39310	91306	1578	9233
黑龙江	64931	151484	2585	16252
上　海	116321	327060	3478	17300
江　苏	235882	505404	7645	28603
浙　江	383694	705573	13307	28193
安　徽	52673	151846	2948	16690
福　建	36401	91230	1138	4233
江　西	16576	41426	1363	2518
山　东	105825	325179	7040	22455
河　南	50357	136161	3293	13011
湖　北	61671	177433	6086	12504
湖　南	64312	138744	4464	8778
广　东	148555	386046	7438	24714
广　西	9965	41262	600	1694
海　南	1754	7113	30	81
重　庆	63672	141783	3247	9442
四　川	113752	286717	7592	23671
贵　州	11188	21342	633	1949
云　南	31909	68668	1499	6542
西　藏	1019	3047	94	152
陕　西	33102	83570	1025	9914
甘　肃	23834	64389	3307	4282
青　海	3451	11754	262	443
宁　夏	8341	24873	388	1404
新　疆	43456	107426	1616	12085

各地区股份制建筑业企业资产构成

单位:万元

地　区	资产合计	#流动资产小计	#长期投资	#固定资产小计	#无形及递延资产
全国总计	**71907774**	**52051139**	**2971551**	**14425854**	**1982911**
北　京	5544471	4593391	352072	454544	93110
天　津	1928702	1287712	65626	523755	36677
河　北	2738555	1793080	65842	747569	115948
山　西	1545397	1046451	19558	420053	53864
内蒙古	1284299	843552	35042	362401	40387
辽　宁	3252486	2343372	114969	673030	95184
吉　林	1392434	1006466	20079	305834	56792
黑龙江	2833011	1945441	128706	715677	34606
上　海	4906295	3868936	328679	590413	62479
江　苏	7811775	5813554	268577	1534827	146343
浙　江	7724696	5923916	363978	1281972	126799
安　徽	1669991	1094470	27305	474827	49570
福　建	1702888	1304064	106016	246564	40118
江　西	517918	320660	15517	157026	21071
山　东	4406047	3230817	156115	811899	185414
河　南	1639160	962298	38220	507449	121754
湖　北	1989796	1276425	99802	526364	75450
湖　南	1406918	854746	28949	462834	45197
广　东	6248122	5069374	268482	773453	107240
广　西	723349	554364	35100	113162	15760
海　南	104688	86516	4854	12712	604
重　庆	1728013	1148377	57555	447579	61493
四　川	362579	2292167	179771	992706	169861
贵　州	299315	206371	10858	75039	6052
云　南	1178699	790119	74454	263820	40095
西　藏	33997	16589	323	15673	1412
陕　西	1060823	701404	11474	306800	19579
甘　肃	637389	411923	10706	191274	21372
青　海	151884	87858	5444	50456	6473
宁　夏	391815	263943	21118	93521	12679
新　疆	1392262	912783	56360	292621	119528

各地区股份制建筑业企业流动资产及递延资产

单位:万元

地区	流动资产	#存货	#在建工程	无形及递延资产	#无形资产
全国总计	**52051139**	**15028428**	**9027242**	**1982911**	**1685586**
北京	4593391	1059018	672657	93110	68072
天津	1287712	243582	100937	36677	25839
河北	1793080	416317	181135	115948	107556
山西	1046451	232560	131069	53864	48894
内蒙古	843552	197426	49276	40387	38006
辽宁	2343372	471129	174217	95184	85226
吉林	1006466	148137	32481	56792	49930
黑龙江	1945441	339549	53654	34606	25285
上海	3868936	1213811	808808	62479	49797
江苏	5813554	2258567	1653291	146343	130997
浙江	5923916	1919993	1340918	126799	98116
安徽	1094470	285700	149400	49570	42259
福建	1304064	511078	379093	40118	30960
江西	320660	89237	44695	21071	16822
山东	3230817	765854	360914	185414	168643
河南	962298	312743	157343	121754	111344
湖北	1276425	329649	177996	75450	61741
湖南	854746	288144	198738	45197	39604
广东	5069374	1694887	1075868	107240	82131
广西	554364	164082	113247	15760	14554
海南	86516	26511	21137	604	438
重庆	1148377	420314	270444	61493	55270
四川	2292167	852000	471751	169861	153742
贵州	206371	62425	47256	6052	3164
云南	790119	228646	155699	40095	37146
西藏	16589	1675	545	1412	1197
陕西	701404	143884	61019	19579	16721
甘肃	411923	109657	66340	21372	4315
青海	87858	21495	9435	6473	5199
宁夏	263943	98897	29126	12679	12244
新疆	912783	121461	38753	119528	100374

各地区股份制建筑业企业固定资产情况

单位:万元

地　　区	固定资产小计	固定资产原价	#生产经营用	固定资产折旧	#本年折旧
全国总计	**14425854**	**19378179**	**15681702**	**5819433**	**1087243**
北　京	454544	704190	540332	254800	44253
天　津	523755	723762	637778	236467	44004
河　北	747569	954361	753024	235760	47133
山　西	420053	551335	456781	151645	29987
内蒙古	362401	494256	406423	134574	24066
辽　宁	673030	959369	797347	297936	43548
吉　林	305834	404369	326784	112413	25315
黑龙江	715677	977308	841069	268548	46507
上　海	590413	927140	692707	353030	80090
江　苏	1534827	1931520	1647158	558691	99776
浙　江	1281972	1741380	1476485	509075	103300
安　徽	474827	643611	548625	168784	31817
福　建	246564	321128	261924	84950	15300
江　西	157026	200840	147753	46637	13454
山　东	811899	1093493	866463	326288	52311
河　南	507449	625457	505845	244625	29360
湖　北	526364	684032	529521	190171	32968
湖　南	462834	604108	478176	153729	28521
广　东	773453	1067666	847674	383321	70726
广　西	113162	154158	91907	53657	6500
海　南	12712	16341	12478	3799	735
重　庆	447579	580716	470906	157205	29897
四　川	992706	1313672	1003788	411347	79532
贵　州	75039	88376	71322	20014	5359
云　南	263820	371447	275645	132616	35411
西　藏	15673	16209	9281	3049	813
陕　西	306800	428517	352940	127755	26563
甘　肃	191274	243899	191917	60882	12695
青　海	50456	60905	44258	11848	2646
宁　夏	93521	115372	97683	24886	5228
新　疆	292621	379242	297708	100931	19428

各地区股份制建筑业企业负债及所有者权益

单位:万元

地　　区	负债合计	流动负债	长期负债	所有者权益	#实收资本
全国总计	**45795739**	**43918905**	**1876834**	**26112035**	**20290978**
北　京	4173604	3969177	204427	1370867	1136419
天　津	1328120	1247547	80573	600582	444369
河　北	1534803	1448051	86752	1203752	1020024
山　西	1022600	983500	39100	522797	459041
内蒙古	756056	721140	34916	528243	434645
辽　宁	1993985	1940872	53113	1258501	980166
吉　林	924393	889132	35261	468041	380845
黑龙江	1749522	1713015	36507	1083489	957489
上　海	3470611	3383828	86783	1435684	950386
江　苏	5049367	4929768	119599	2762408	1960820
浙　江	5050463	4830282	220181	2674233	1871645
安　徽	945378	903997	41381	724613	609176
福　建	1065699	1037700	27999	637189	515643
江　西	251541	235250	16291	266377	234313
山　东	2867340	2715324	152016	1538707	1227734
河　南	849206	818399	30807	789954	601378
湖　北	1068858	979757	89101	920938	732733
湖　南	661244	607063	54181	745674	644006
广　东	4440977	4300924	140053	1807145	1192724
广　西	487418	476737	10681	235931	182839
海　南	55336	52861	2475	49352	26367
重　庆	884408	820572	63836	843605	744098
四　川	1922530	1785398	137132	1740049	1384325
贵　州	164128	156812	7316	135187	119604
云　南	758024	734559	23465	420675	347164
西　藏	12101	10821	1280	21896	19346
陕　西	703924	680752	23172	356899	320685
甘　肃	393714	379616	14098	243675	193205
青　海	59418	53767	5651	92466	78457
宁　夏	242878	239434	3444	148937	140043
新　疆	908093	872850	35243	484169	381289

各地区股份制建筑业企业实收资本

单位:万元

地区	合计	国家资本	集体资本	法人资本	个人资本	港澳台资本	外商资本
全国总计	**20290978**	**2381901**	**2296055**	**7799077**	**7783677**	**18100**	**12168**
北京	1136419	214991	144557	552145	219031	4708	987
天津	444369	36997	26022	297262	83590	498	
河北	1020024	154968	83707	280879	500470		
山西	459041	76303	29619	244746	108132	241	
内蒙古	434645	84970	67492	112395	169788		
辽宁	980166	194949	97913	350901	334168	201	2034
吉林	380845	46268	34145	199198	100340	294	600
黑龙江	957489	161676	106011	367981	320470	1234	117
上海	950386	225958	162534	338900	222994		
江苏	1960820	161219	227521	841766	729197	579	538
浙江	1871645	108549	155539	464416	1141402	1739	
安徽	609176	136238	100180	216957	153211	2590	
福建	515643	42715	47063	162252	262244	1369	
江西	234313	38117	19939	97200	78790	267	
山东	1227734	88899	175080	463837	496202	1397	2319
河南	601378	67564	100005	207479	226240	90	
湖北	732733	83199	83320	396406	169808		
湖南	644006	77471	72485	197639	295792	619	
广东	1192724	89789	133919	571279	390994	1405	5338
广西	182839	29681	26466	78451	48241		
海南	26367	755	480	19537	5595		
重庆	744098	18836	65086	200928	458548	500	200
四川	1384325	90085	102756	516667	674563	219	35
贵州	119604	12474	14494	38293	54343		
云南	347164	49188	45871	129966	121989	150	
西藏	19346	3336	1866	13346	798		
陕西	320685	26272	52145	157995	84273		
甘肃	193205	6316	30430	63466	92993		
青海	78457	4261	6679	46487	21030		
宁夏	140043	3520	27941	46134	62448		
新疆	381289	46337	54790	124169	155993		

各地区股份制建筑业企业收入情况

单位：万元

地　区	工程结算收入	工程结算成本	工程结算税金及附加	工程结算利润	其他业务收入	#其他业务利润
全国总计	**65323940**	**57907710**	**2149545**	**5266685**	**1824861**	**277268**
北　京	4088186	3575688	124426	388072	83073	12414
天　津	1782169	1587404	45898	148867	48348	4760
河　北	2625892	2332862	88279	204751	27375	5240
山　西	1391886	1232373	39994	119519	74139	7340
内蒙古	1124151	993352	35805	94994	38929	6918
辽　宁	2812233	2499395	93192	219646	55272	5320
吉　林	1187476	1056860	39310	91306	47211	9269
黑龙江	2100098	1883683	64931	151484	50653	3676
上　海	4341494	3898113	116321	327060	156535	26623
江　苏	6741846	6000560	235882	505404	125895	19889
浙　江	10981252	9891985	383694	705573	221559	38034
安　徽	1614579	1410060	52673	151846	125652	3741
福　建	994275	866644	36401	91230	38085	7018
江　西	415505	357503	16576	41426	7250	1023
山　东	3454881	3023877	105825	325179	164243	17862
河　南	1588351	1401833	50357	136161	29398	4734
湖　北	1830803	1591699	61671	177433	34818	8449
湖　南	1654340	1451284	64312	138744	26035	7064
广　东	4380556	3845955	148555	386046	177141	43346
广　西	375231	324004	9965	41262	11486	2135
海　南	52476	43609	1754	7113	76	24
重　庆	1755042	1549587	63672	141783	27716	3927
四　川	3290800	2890331	113752	286717	50349	10894
贵　州	240678	208148	11188	21342	6016	492
云　南	970398	869821	31909	68668	9816	1274
西　藏	28379	24313	1019	3047	196	15
陕　西	1157918	1041246	33102	83570	62633	4420
甘　肃	638114	549891	23834	64389	23552	3954
青　海	117152	101947	3451	11754	1063	362
宁　夏	263518	230304	8341	24873	18295	3630
新　疆	1324261	1173379	43456	107426	82052	13421

各地区股份制建筑业企业费用情况

单位:万元

地区	管理费用	#税金	#财产保险费	#劳动待业保险费	财务费用	#利息支出
全国总计	**3454304**	**102879**	**24932**	**379338**	**314615**	**252862**
北京	279166	3360	1130	30484	32294	34458
天津	106123	2696	2263	15024	6128	4363
河北	130456	5372	1097	12378	13951	9209
山西	104376	2297	258	12396	5814	4113
内蒙古	75909	3465	711	13654	7042	5645
辽宁	156747	3033	696	19259	9574	7525
吉林	72392	1578	355	9233	5289	5240
黑龙江	115281	2585	541	16252	10385	7945
上海	215563	3478	688	17300	11664	9311
江苏	336972	7645	2004	28603	22836	19679
浙江	338827	13307	3415	28193	40795	32140
安徽	114450	2948	885	16690	7397	6303
福建	56906	1138	211	4233	3925	3278
江西	29191	1363	135	2518	3429	1279
山东	185858	7040	1776	22455	21699	16476
河南	99990	3293	403	13011	8460	4532
湖北	114397	6086	1181	12504	10765	7385
湖南	84043	4464	639	8778	11282	8427
广东	251495	7438	1791	24714	20202	18330
广西	24306	600	103	1694	447	219
海南	2944	30	43	81	400	91
重庆	91807	3247	586	9442	13624	10807
四川	189572	7592	1794	23671	22626	14823
贵州	13868	633	137	1949	915	539
云南	48954	1499	825	6542	4873	2999
西藏	1208	94	2	152	102	516
陕西	69159	1025	341	9914	4480	3936
甘肃	39327	3307	515	4282	4396	3724
青海	8899	262	46	443	951	258
宁夏	16594	388	64	1404	1898	2422
新疆	79524	1616	297	12085	6972	6890

各地区股份制建筑业企业利润及税金情况

单位:万元

地　　区	利润总额	#应交所得税	税金总额	工程结算税金及附加	管理费用中的税金
全国总计	**1808577**	**527865**	**2252424**	**2149545**	**102879**
北　　京	99385	26899	127786	124426	3360
天　　津	43356	10644	48594	45898	2696
河　　北	67763	23008	93651	88279	5372
山　　西	16272	5722	42291	39994	2297
内 蒙 古	17567	5718	39270	35805	3465
辽　　宁	58345	21624	96225	93192	3033
吉　　林	23559	8516	40888	39310	1578
黑 龙 江	30837	9114	67516	64931	2585
上　　海	143144	26099	119799	116321	3478
江　　苏	171901	50969	243527	235882	7645
浙　　江	383694	117728	397001	383694	13307
安　　徽	30081	9796	55621	52673	2948
福　　建	40880	11116	37539	36401	1138
江　　西	10049	3248	17939	16576	1363
山　　东	126025	37638	112865	105825	7040
河　　南	31833	10481	53650	50357	3293
湖　　北	60557	18013	67757	61671	6086
湖　　南	44574	12399	68776	64312	4464
广　　东	166567	42535	155993	148555	7438
广　　西	16681	3589	10565	9965	600
海　　南	4591	264	1784	1754	30
重　　庆	42832	13515	66919	63672	3247
四　　川	74181	25218	121344	113752	7592
贵　　州	7957	1695	11821	11188	633
云　　南	15961	7002	33408	31909	1499
西　　藏	1652	264	1113	1019	94
陕　　西	13587	5383	34127	33102	1025
甘　　肃	20260	6062	27141	23834	3307
青　　海	2172	567	3713	3451	262
宁　　夏	8244	2529	8729	8341	388
新　　疆	34070	10510	45072	43456	1616

各地区股份制建筑业企业工程拖欠款及企业亏损情况

地　　区	年末拖欠工程款(万元)	#竣工拖欠	企业个数(个)	#亏损企业个数	亏损企业的比重(%)
全国总计	**13207415**	**7281587**	**14763**	**2495**	**16.9**
北　京	2198033	987922	650	170	26.2
天　津	672835	196701	285	53	18.6
河　北	584913	364525	591	80	13.5
山　西	261340	134174	325	64	19.7
内蒙古	294051	215261	347	53	15.3
辽　宁	647467	430203	708	171	24.2
吉　林	383996	249451	245	63	25.7
黑龙江	637445	367257	603	139	23.1
上　海	653775	356040	635	77	12.1
江　苏	1121755	679683	1420	194	13.7
浙　江	1106464	748047	1250	82	6.6
安　徽	286773	128314	502	87	17.3
福　建	116489	82698	408	49	12.0
江　西	42867	27948	262	26	9.9
山　东	1034339	628771	1117	178	15.9
河　南	122421	71234	445	124	27.9
湖　北	234219	107430	449	46	10.2
湖　南	209666	139665	441	55	12.5
广　东	755636	346689	896	176	19.6
广　西	41399	22067	194	63	32.5
海　南	4271	3758	25	6	24.0
重　庆	333940	159275	573	104	18.2
四　川	415306	258240	1085	156	14.4
贵　州	31849	9614	130	31	23.8
云　南	187254	95472	259	60	23.2
西　藏	1530	806	21	2	9.5
陕　西	172216	90553	212	36	17.0
甘　肃	154028	79058	182	25	13.7
青　海	21781	15927	100	27	27.0
宁　夏	61303	34075	135	36	26.7
新　疆	418054	250729	268	62	23.1

各地区股份制建筑业企业主要经济效益指标

地　　区	产值利润率（%）	产值利税率（%）	资本利润率（%）	资本利税率（%）	人均利润（元/人）	人均利税（元/人）	资产负债率（%）
全国总计	**2.5**	**5.6**	**8.9**	**20.0**	**2063**	**4633**	**63.7**
北　京	2.4	5.5	8.7	20.0	2979	6808	75.3
天　津	2.4	5.1	9.8	20.7	2988	6338	68.9
河　北	2.5	6.0	6.6	15.8	1412	3364	56.0
山　西	1.1	4.1	3.5	12.8	939	3380	66.2
内蒙古	1.5	4.9	4.0	13.1	733	2373	58.9
辽　宁	1.9	4.9	6.0	15.8	1389	3680	61.3
吉　林	1.9	5.3	6.2	16.9	1477	4041	66.4
黑龙江	1.5	4.9	3.2	10.3	1019	3251	61.8
上　海	3.4	6.3	15.1	27.7	4872	8949	70.7
江　苏	1.8	4.4	8.8	21.2	1650	3988	64.6
浙　江	2.9	5.8	20.5	41.7	3536	7195	65.4
安　徽	1.7	4.9	4.9	14.1	1193	3399	56.6
福　建	4.0	7.6	7.9	15.2	3556	6821	62.6
江　西	2.2	6.2	4.3	11.9	1120	3118	48.6
山　东	3.2	6.0	10.3	19.5	1849	3505	65.1
河　南	1.9	5.1	5.3	14.2	1136	3050	51.8
湖　北	3.3	7.0	8.3	17.5	2435	5158	53.7
湖　南	2.4	6.1	6.9	17.6	1468	3732	47.0
广　东	4.3	8.4	14.0	27.0	4675	9054	71.1
广　西	4.7	7.7	9.1	14.9	3061	5000	67.4
海　南	10.6	14.8	17.4	24.2	6739	9357	52.9
重　庆	2.1	5.3	5.8	14.7	1282	3284	51.2
四　川	2.0	5.4	5.4	14.1	1121	2955	52.5
贵　州	3.0	7.5	6.7	16.5	1800	4475	54.8
云　南	1.6	5.0	4.6	14.2	1312	4058	64.3
西　藏	5.9	9.9	8.5	14.3	4452	7451	35.6
陕　西	1.1	3.9	4.2	14.9	978	3434	66.4
甘　肃	3.5	8.3	10.5	24.5	1647	3853	61.8
青　海	1.6	4.4	2.8	7.5	654	1772	39.1
宁　夏	2.7	5.6	5.9	12.1	1497	3081	62.0
新　疆	2.4	5.5	8.9	20.8	1816	4219	65.2

各地区外商投资建筑业企业签订合同情况

单位：万元

地区	合同总额	上年结转合同额	本年新签合同额
全国总计	**1177582**	**312304**	**865278**
北京	237305	80305	157000
天津	12494	5833	6661
河北	9304	2004	7300
山西	13626	5478	8148
内蒙古	856		856
辽宁	128295	32897	95398
吉林	11923	6323	5600
黑龙江	2774		2774
上海	223218	63504	159714
江苏	118261	11321	106940
浙江	197974	29343	168631
安徽	7930	1688	6242
福建	49746	23394	26352
江西	3034	1025	2009
山东	22679	5708	16971
河南	5175	1215	3960
湖北	38018	17949	20069
湖南			
广东	66993	18583	48410
广西	4772	577	4195
海南	3107	189	2918
重庆	3866	745	3121
四川	13061	3261	9800
贵州			
云南	1660	763	897
西藏			
陕西	1290	113	1177
甘肃	169	51	118
青海			
宁夏	52	35	17
新疆			

各地区外商投资建筑业企业承包工程完成情况

单位：万元

地区	直接从建设单位承揽工程完成的产值	自行完成施工产值	分包出去工程的产值	从建设单位以外承揽工程完成的产值
全国总计	**825009**	**793216**	**31793**	**120600**
北京	149858	143396	6462	30503
天津	22280	22189	91	3
河北	6412	6412		110
山西	7488	7208	280	2556
内蒙古	856	856		
辽宁	92955	92778	177	217
吉林	14968	14968		
黑龙江	2987	2987		
上海	135727	118007	17720	54718
江苏	91795	91471	324	3810
浙江	144301	137662	6639	21953
安徽	6157	6157		3121
福建	35639	35639		1796
江西	2629	2629		
山东	19361	19361		504
河南	2964	2964		385
湖北	22666	22643	23	268
湖南				
广东	44258	44258		
广西	4378	4378		
海南	3000	2923	77	77
重庆	3662	3662		
四川	8529	8529		450
贵州				60
云南	440	440		
西藏				
陕西	1529	1529		
甘肃	118	118		69
青海				
宁夏	52	52		
新疆				

各地区外商投资建筑业总产值和竣工产值

单位：万元

地区	建筑业总产值	#装饰装修产值	#在外省完成的产值	按构成分组			竣工产值
				建筑工程产值	安装工程产值	其他产值	
全国总计	**913816**	**329341**	**186925**	**710857**	**131819**	**71140**	**648182**
北京	173899	81151	2718	162032	9246	2621	104960
天津	22192	1452	9790	18943	2698	551	8278
河北	6522		1200	2359	649	3514	4617
山西	9764	560	1365	9475	289		6736
内蒙古	856			856			856
辽宁	92995	18870	13763	70149	22580	266	68759
吉林	14968	205		10626	4080	262	14968
黑龙江	2987	485		1285	399	1303	205
上海	172725	99665	20865	136798	23847	12080	115374
江苏	95281	62197	36101	72065	12238	10978	95373
浙江	159615	11040	79717	150758	6314	2543	125184
安徽	9278	3164	1082	5955	455	2868	5519
福建	37435	1650	2134	28013	9399	23	30521
江西	2629	303		2538	91		2629
山东	19865	6271	90	16022	2954	889	11173
河南	3349	790	2204	2372	187	790	3281
湖北	22911	13474	5358	4252	5185	13474	18625
湖南							
广东	44258	21515	7668	5957	25481	12820	16230
广西	4378	162		2962	1416		4083
海南	3000	2620	64	2620	112	268	3000
重庆	3662	73	997	2055	1534	73	1376
四川	8979	3387	1750	1824	2188	4967	5507
贵州	60	60		60			
云南	440				440		180
西藏							
陕西	1529	8	8	642	37	850	509
甘肃	187	187	51	187			187
青海							
宁夏	52	52		52			52
新疆							

各地区外商投资建筑业企业单位工程施工个数及工程质量

地区	单位工程施工个数（个）	#本年新开工	#实行投标承包个数	#本年新开工	单位工程竣工个数（个）	#一次交验合格个数	单位工程一次交验合格率（%）	投标承包个数的比重（%）
全国总计	**3232**	**1598**	**1039**	**730**	**2411**	**2135**	**88.6**	**32.1**
北京	195	124	63	41	124	124	100.0	32.3
天津	205	72	18	8	164	163	99.4	8.8
河北	43	30	31	16	18	18	100.0	72.1
山西	58	26	17	16	36	36	100.0	29.3
内蒙古	26	26			26	26	100.0	
辽宁	297	250	187	158	222	161	72.5	63.0
吉林	38	30	2	2	30	28	93.3	5.3
黑龙江	10	10	9	9	8			90.0
上海	1090	226	101	83	951	885	93.1	9.3
江苏	370	210	200	119	231	192	83.1	54.1
浙江	445	301	275	163	301	246	81.7	61.8
安徽	37	33	16	16	29	28	96.6	43.2
福建	56	37	16	9	42	37	88.1	28.6
江西	4	3			3	1	33.3	
山东	141	81	16	16	102	101	99.0	11.3
河南	43	38	2	2	41	40	97.6	4.7
湖北	33	13	20	9	20	14	70.0	60.6
湖南								
广东	41	4			26	6	23.1	
广西	18	15	2	2	9	3	33.3	11.1
海南	5	2			3	3	100.0	
重庆	55	51	49	47	21	21	100.0	89.1
四川	13	11	11	11				84.6
贵州								
云南	5	4	4	3	2	2	100.0	80.0
西藏								
陕西	4	1			2			
甘肃								
青海								
宁夏								
新疆								

各地区外商投资建筑业企业房屋建筑面积及工程质量

地区	房屋建筑施工面积（万平方米）	#本年新开工	#实行投标承包面积	#本年新开工	房屋建筑竣工面积（万平方米）	#一次交验合格面积	竣工面积一次交验合格率（%）	实行投标承包面积的比重（%）
全国总计	**720.1**	**420.9**	**439.7**	**231.3**	**312.7**	**284.6**	**91.0**	**61.1**
北京	132.2	60.3	113.9	60.3	69.8	69.8	100.0	86.2
天津	22.8	4.1	8.1	3.5	3.1	3.1	100.0	35.5
河北	8.6	4.9	8.6	4.9	1.9	1.9	100.0	100.0
山西	9.9	3.1	3.0	2.7	4.1	4.1	100.0	29.9
内蒙古	3.5	3.5			3.5	3.5	100.0	
辽宁	13.7	10.9	13.6	10.8	6.0	6.0	100.0	99.3
吉林	14.7	7.7	0.7	0.7	14.7	0.7	4.6	4.6
黑龙江								
上海	33.0	19.3	21.5	16.7	6.8	6.8	100.0	65.1
江苏	39.3	31.1	19.1	14.6	32.8	32.6	99.5	48.5
浙江	352.5	223.7	214.1	89.1	126.5	117.6	93.0	60.7
安徽	6.4	3.9	3.1	3.1	4.0	3.9	96.4	48.1
福建	52.2	22.4	16.0	11.0	23.8	23.8	100.0	30.7
江西								
山东	18.9	18.3	11.5	11.5	8.5	8.5	100.0	60.7
河南								
湖北	6.3	2.0	6.2	2.0	2.3	2.3	100.0	98.1
湖南								
广东								
广西	5.6	5.3			5.0			
海南								
重庆	0.5	0.5	0.5	0.5				100.0
四川								
贵州								
云南								
西藏								
陕西								
甘肃								
青海								
宁夏								
新疆								

各地区按主要用途分的外商投资建筑业企业房屋建筑竣工面积

单位:万平方米

地区	合计	厂房	住宅	办公用房	商业、居民服务业用房	文化教育用房	医疗用房	科研用房	其他用房
全国总计	**312.7**	**141.3**	**87.0**	**35.6**	**25.8**	**5.1**	**2.8**	**3.0**	**12.1**
北京	69.8	4.9	32.4	13.0	12.3	1.0	2.6	1.5	2.0
天津	3.1	3.1							
河北	1.9		1.9						
山西	4.1	0.2	1.5	0.6	1.0	0.3			0.5
内蒙古	3.5	0.2	3.3						
辽宁	6.0	2.1	1.0	0.7					2.2
吉林	14.7		14.0	0.7					
黑龙江									
上海	6.8	3.4	1.0			1.7			0.7
江苏	32.8	4.8	5.5	10.3	9.2	1.5		1.5	
浙江	126.5	108.1	8.3	2.9	1.9				5.2
安徽	4.0	2.3	1.0	0.1	0.1	0.2			0.3
福建	23.8	6.0	14.0	2.9	0.2		0.2		0.5
江西									
山东	8.5	6.2	1.1		0.7				0.6
河南									
湖北	2.3		1.1	0.9	0.3				
湖南									
广东									
广西	5.0		1.1	3.6		0.4			
海南									
重庆									
四川									
贵州									
云南									
西藏									
陕西									
甘肃									
青海									
宁夏									
新疆									

各地区外商投资建筑业企业机械设备情况

地　　区	年末自有机械设备总台数(台)	年末自有机械设备总功率(千瓦)	#施工机械总功率	年末自有机械设备净值(万元)	技术装备率(元/人)	动力装备率(千瓦/人)
全国总计	**22624**	**221699**	**201989**	**73904**	**16361**	**4.9**
北　　京	2577	9759	9162	4702	15477	3.2
天　　津	291	1523	1513	249	3891	2.4
河　　北	788	6998	6570	973	11367	8.2
山　　西	60	435	435	207	6070	1.3
内 蒙 古	20	34	34	96	9600	0.3
辽　　宁	1454	29372	27376	10695	22052	6.1
吉　　林	725	41187	41176	6515	60718	38.4
黑 龙 江	136	929	721	493	16488	3.1
上　　海	3373	34357	31448	12665	21122	5.7
江　　苏	2189	13381	12635	5575	8682	2.1
浙　　江	2492	26493	23399	11892	16177	3.6
安　　徽	921	2398	2288	1162	5744	1.2
福　　建	678	10769	9654	4494	12844	3.1
江　　西	312	2396	2392	1233	42226	8.2
山　　东	2855	11684	10415	2122	9034	5.0
河　　南	360	1598	1238	1020	25248	4.0
湖　　北	1294	6116	6038	3244	13746	2.6
湖　　南						
广　　东	1172	4241	3760	4236	33997	3.4
广　　西	117	8844	5544	655	12220	16.5
海　　南	33	130	130	23	4259	2.4
重　　庆	138	371	304	367	7490	0.8
四　　川	235	4142	1628	412	6261	6.3
贵　　州	11	10	7	8	3200	0.4
云　　南	46	95	95	61	11731	1.8
西　　藏						
陕　　西	22	2104	1904	235	18077	16.2
甘　　肃	295	2314	2104	566	69877	28.6
青　　海						
宁　　夏	30	19	19	4	5714	2.7
新　　疆						

各地区外商投资建筑业企业主要生产效益指标

地　　区	建筑业企业个数（个）	计算劳动生产率的平均人数（人）	按总产值计算的劳动生产率（元/人）	按增加值计算的劳动生产率（元/人）	人均竣工产值（元/人）	人均施工面积（平方米/人）	人均竣工面积（平方米/人）
全国总计	**279**	**65719**	**139049**	**31921**	**98629**	**109.6**	**47.6**
北　　京	31	8102	214637	38542	129548	163.2	86.2
天　　津	9	894	248233	48658	92595	255.2	35.0
河　　北	3	863	75574	19954	53499	100.1	21.9
山　　西	2	619	157738	25105	108821	160.2	65.6
内 蒙 古	1	91	94066	50220	94066	384.6	384.6
辽　　宁	36	9420	98721	25867	72993	14.5	6.4
吉　　林	5	1949	76798	22873	76798	75.3	75.3
黑 龙 江	7	611	48887	21244	3355		
上　　海	52	9112	189558	43766	126618	36.2	7.5
江　　苏	26	6972	136662	44517	136794	56.4	47.0
浙　　江	18	10738	148645	23079	116580	328.2	117.8
安　　徽	6	2155	43053	12172	25610	29.7	18.6
福　　建	17	3259	114867	24017	93651	160.1	72.9
江　　西	3	434	60576	19447	60576		
山　　东	15	2948	67385	24233	37900	64.0	29.0
河　　南	4	412	81286	42063	79636		
湖　　北	8	2469	92795	21835	75435	25.6	9.3
湖　　南							
广　　东	12	1739	254503	78752	93330		
广　　西	4	761	57530	22576	53653	73.6	65.7
海　　南	2	381	78740	4042	78740		
重　　庆	3	503	72803	13300	27356	9.9	
四　　川	7	901	99656	21898	61121		
贵　　州	1	18	33333	18889			
云　　南	1	52	84615	35577	34615		
西　　藏							
陕　　西	2	130	117615	35385	39154		
甘　　肃	3	166	11265	10663	11265		
青　　海							
宁　　夏	1	20	26000	11500	26000		
新　　疆							

各地区外商投资建筑业企业营业额

单位:万元

地　　区	企业营业额	在境外完成的营业额	企业总产值	#建筑业总产值	#对内销售产值
全国总计	**988718**	**21669**	**967049**	**913816**	**4501**
北　京	174280		174280	173899	
天　津	22192		22192	22192	
河　北	6562		6562	6522	
山　西	9764		9764	9764	
内蒙古	856		856	856	
辽　宁	96180		96180	92995	
吉　林	14968		14968	14968	
黑龙江	4143		4143	2987	1003
上　海	182243	290	181953	172725	1660
江　苏	129199	20418	108781	95281	
浙　江	161551		161551	159615	
安　徽	10232	895	9337	9278	47
福　建	37953	66	37887	37435	200
江　西	2629		2629	2629	
山　东	21755		21755	19865	1378
河　南	3349		3349	3349	
湖　北	22911		22911	22911	
湖　南					
广　东	65423		65423	44258	
广　西	4378		4378	4378	
海　南	3000		3000	3000	
重　庆	3662		3662	3662	
四　川	9192		9192	8979	213
贵　州	60		60	60	
云　南	440		440	440	
西　藏					
陕　西	1557		1557	1529	
甘　肃	187		187	187	
青　海					
宁　夏	52		52	52	
新　疆					

各地区外商投资建筑业增加值及其构成

单位:万元

地区	建筑业增加值	本年提取固定资产折旧	主营业务应付工资总额	主营业务应付福利费总额
全国总计	**209782**	**13745**	**65480**	**6104**
北京	31227	1173	8025	681
天津	4350	110	1788	46
河北	1722	214	888	89
山西	1554	16	331	9
内蒙古	457	10	100	
辽宁	24367	1808	5136	626
吉林	4458	1173	1421	200
黑龙江	1298	395	233	32
上海	39880	3440	11102	1111
江苏	31037	995	12369	1573
浙江	24782	1647	9121	393
安徽	2623	146	1514	104
福建	7827	655	3121	120
江西	844	226	263	35
山东	7144	413	1719	139
河南	1733	127	331	48
湖北	5391	163	1930	329
湖南				
广东	13695	652	3975	320
广西	1718	27	766	82
海南	154	19	182	18
重庆	669	19	345	46
四川	1973	94	618	66
贵州	34	11	9	5
云南	185	54	56	31
西藏				
陕西	460	101	42	
甘肃	177	56	83	1
青海				
宁夏	23	1	12	
新疆				

各地区外商投资建筑业增加值及其构成

续表 单位:万元

地　区	工程结算税金及附加	工程结算利润	管理费用中的税金	管理费用中的劳动待业保险费
全国总计	**25688**	**94509**	**2183**	**2073**
北　京	4876	15969	110	393
天　津	222	2172	5	7
河　北	173	352	6	
山　西	262	870	4	62
内蒙古	30	317		
辽　宁	5704	10775	200	118
吉　林	306	1301	39	18
黑龙江	154	463	4	17
上　海	3633	19848	368	378
江　苏	3093	12888	42	77
浙　江	2915	9314	1148	244
安　徽	207	640	11	1
福　建	1069	2776	37	49
江　西	39	280	1	
山　东	389	4127	20	337
河　南	106	1052	6	63
湖　北	595	2359	5	10
湖　南				
广　东	1397	6960	144	247
广　西	121	711	2	9
海　南	24	－92	1	2
重　庆	51	196	5	7
四　川	214	964	6	11
贵　州	2	1	1	5
云　南	22	16	3	3
西　藏				
陕　西	77	210	15	15
甘　肃	5	32		
青　海				
宁　夏	2	8		
新　疆				

各地区外商投资建筑业企业资产构成

单位：万元

地 区	资产合计	#流动资产小计	#长期投资	#固定资产小计	#无形及递延资产
全国总计	**1016965**	**811177**	**19635**	**163326**	**14298**
北 京	161568	147106	1508	11487	227
天 津	17517	16207		1305	5
河 北	6158	3596	1	1977	553
山 西	11178	9168	1749	261	
内蒙古	826	683		96	46
辽 宁	146711	105044	4633	34264	1821
吉 林	23068	16270	94	6515	187
黑龙江	7755	3922	5	3741	86
上 海	222755	181352	2886	32341	1748
江 苏	76011	61756	49	12493	1397
浙 江	99801	75310	1397	20360	2734
安 徽	14523	9356	1159	1900	1999
福 建	46768	36479	2953	6056	663
江 西	3070	1388		1648	34
山 东	30897	21013	990	7152	1485
河 南	6151	4681	25	1425	
湖 北	22348	14922	936	6249	241
湖 南					
广 东	83251	73244	318	9238	451
广 西	5150	3896		1165	89
海 南	2784	2678		105	1
重 庆	4534	3962		370	
四 川	16347	15076	297	871	49
贵 州	78	69		9	
云 南	3139	1799	635	701	4
西 藏					
陕 西	2466	1070		994	402
甘 肃	2079	1102		599	76
青 海					
宁 夏	32	28		4	
新 疆					

各地区外商投资建筑业企业流动资产及递延资产

单位：万元

地　区	流动资产	#存货	#在建工程	无形及递延资产	#无形资产
全国总计	**811177**	**207148**	**81109**	**14298**	**10944**
北　京	147106	20931	13988	227	3
天　津	16207	949	662	5	
河　北	3596	194	185	553	553
山　西	9168	1739	1716		
内蒙古	683	40		46	46
辽　宁	105044	21047	5361	1821	1521
吉　林	16270	1808	717	187	2
黑龙江	3922	1209	94	86	86
上　海	181352	57289	16032	1748	358
江　苏	61756	21408	907	1397	1221
浙　江	75310	33672	28566	2734	2475
安　徽	9356	1099	670	1999	1992
福　建	36479	14391	4329	663	343
江　西	1388	78	69	34	
山　东	21013	5640	480	1485	1268
河　南	4681	1508			
湖　北	14922	3603	1380	241	233
湖　南					
广　东	73244	11614	1560	451	443
广　西	3896	758	455	89	
海　南	2678	1494	1412	1	
重　庆	3962	1360	1154		
四　川	15076	3867	1327	49	
贵　州	69	42			
云　南	1799	803		4	
西　藏					
陕　西	1070	285	13	402	400
甘　肃	1102	320	32	76	
青　海					
宁　夏	28				
新　疆					

各地区外商投资建筑业企业固定资产情况

单位：万元

地区	固定资产小计	固定资产原价	#生产经营用	固定资产折旧	#本年折旧
全国总计	**163326**	**241816**	**191659**	**82023**	**13745**
北京	11487	19434	14721	8207	1173
天津	1305	1930	978	922	110
河北	1977	3047	2090	1131	214
山西	261	490	365	229	16
内蒙古	96	209	209	113	10
辽宁	34264	44911	33807	10653	1808
吉林	6515	10114	7512	3599	1173
黑龙江	3741	5624	5424	1883	395
上海	32341	53889	45308	22879	3440
江苏	12493	15824	13374	4342	995
浙江	20360	26904	22475	6666	1647
安徽	1900	2869	2294	969	146
福建	6056	10883	8873	4923	655
江西	1648	2691	2190	1043	226
山东	7152	10101	8543	2951	413
河南	1425	2204	1542	879	127
湖北	6249	7903	4794	1654	163
湖南					
广东	9238	16277	12006	7040	652
广西	1165	1376	873	219	27
海南	105	252	252	147	19
重庆	370	464	458	114	19
四川	871	1279	1181	410	94
贵州	9	25	10	16	11
云南	701	701	701	216	54
西藏					
陕西	994	1572	867	578	101
甘肃	599	829	798	230	56
青海					
宁夏	4	14	14	10	1
新疆					

各地区外商投资建筑业企业负债及所有者权益

单位:万元

地区	负债合计	长期负债	流动负债	所有者权益	#实收资本
全国总计	**587318**	**566983**	**20335**	**429647**	**346380**
北京	103305	100634	2671	58263	52420
天津	9485	8500	985	8032	6557
河北	2673	2656	17	3485	2462
山西	7950	7950		3228	1802
内蒙古	521	521		305	200
辽宁	73046	68286	4760	73665	55426
吉林	12076	10917	1159	10992	8709
黑龙江	3673	3673		4082	3954
上海	131631	130810	821	91124	70418
江苏	47466	47218	248	28545	24335
浙江	70986	65337	5649	28815	22319
安徽	8367	8075	292	6156	4910
福建	18714	17421	1293	28054	24654
江西	887	887		2183	2118
山东	15089	14061	1028	15808	15728
河南	3948	3945	3	2203	1952
湖北	7544	7442	102	14804	13982
湖南					
广东	49109	47802	1307	34142	21538
广西	2115	2115		3035	2747
海南	2086	2086		698	325
重庆	3136	3136		1398	806
四川	11779	11779		4568	3603
贵州	21	21		57	108
云南	553	553		2586	1900
西藏					
陕西	416	416		2050	1920
甘肃	709	709		1370	1370
青海					
宁夏	33	33		-1	117
新疆					

各地区外商投资建筑业企业实收资本

单位:万元

地区	合计	国家资本	集体资本	法人资本	个人资本	港澳台资本	外商资本
全国总计	**346380**	**22855**	**20062**	**112499**	**11548**	**907**	**178509**
北京	52420	6520	3445	14497		411	27547
天津	6557		476	2645			3436
河北	2462			528			1934
山西	1802	240		270	180		1112
内蒙古	200			150			50
辽宁	55426	1792	2484	22663	5749		22738
吉林	8709		888	4612			3209
黑龙江	3954	1807		529			1618
上海	70418	7102	4734	20016	1248	367	36951
江苏	24335	1246	2449	6124	389	4	14123
浙江	22319	1397	3192	8478	207		9045
安徽	4910			2441	375		2094
福建	24654		789	4998	2460		16407
江西	2118			803	90		1225
山东	15728	224	700	5297	428		9079
河南	1952			1168	225		559
湖北	13982	2049		2595			9338
湖南							
广东	21538	133		10477			10928
广西	2747	52		1453		25	1217
海南	325	20					305
重庆	806	140		300			366
四川	3603			2354			1249
贵州	108					100	8
云南	1900						1900
西藏							
陕西	1920	133	530		197		1060
甘肃	1370		375	21			974
青海							
宁夏	117			80			37
新疆							

各地区外商投资建筑业企业收入情况

单位：万元

地区	工程结算收入	工程结算成本	工程结算税金及附加	工程结算利润	其他业务收入	#其他业务利润
全国总计	**884014**	**763817**	**25688**	**94509**	**16110**	**5329**
北京	176811	155966	4876	15969	386	147
天津	22202	19808	222	2172	115	78
河北	5876	5351	173	352	239	40
山西	8726	7594	262	870		
内蒙古	856	509	30	317		
辽宁	84872	68393	5704	10775	1038	212
吉林	13232	11625	306	1301	30	8
黑龙江	2295	1678	154	463	153	67
上海	175912	152431	3633	19848	5742	1678
江苏	99734	83753	3093	12888	4472	1777
浙江	122275	110046	2915	9314	1714	473
安徽	8257	7410	207	640	3	2
福建	45915	42070	1069	2776	218	97
江西	2629	2310	39	280		
山东	16567	12051	389	4127	317	34
河南	3588	2430	106	1052	3	-22
湖北	23263	20309	595	2359	41	-18
湖南						
广东	54351	45994	1397	6960	1363	634
广西	4290	3458	121	711		-1
海南	790	858	24	-92		
重庆	1655	1408	51	196		
四川	8026	6848	214	964	108	81
贵州	60	57	2	1		
云南	763	725	22	16	3	2
西藏						
陕西	838	551	77	210	165	40
甘肃	179	142	5	32		
青海						
宁夏	52	42	2	8		
新疆						

各地区外商投资建筑业企业费用情况

单位：万元

地　区	管理费用	#税金	#财产保险费	#劳动待业保险费	财务费用	#利息支出
全国总计	**67096**	**2183**	**300**	**2073**	**5211**	**4402**
北　京	13088	110	62	393	-815	58
天　津	1533	5		7	2	-31
河　北	545	6			-28	-33
山　西	894	4	28	62		
内蒙古	183					
辽　宁	5214	200	10	118	1917	1839
吉　林	608	39		18	-13	-4
黑龙江	366	4		17	129	113
上　海	15036	368	44	378	980	851
江　苏	8749	42	14	77	597	157
浙　江	4568	1148	44	244	1125	263
安　徽	448	11	4	1	112	113
福　建	2284	37	10	49	25	125
江　西	156	1			34	
山　东	3511	20	23	337	333	324
河　南	842	6	3	63	173	172
湖　北	1646	5	9	10	80	19
湖　南						
广　东	4622	144	22	247	205	261
广　西	648	2		9	-1	
海　南	211	1	4	2	-4	-4
重　庆	134	5	9	7	188	188
四　川	665	6	7	11	121	3
贵　州	12	1		5		
云　南	162	3		3	-3	
西　藏						
陕　西	826	15	7	15	54	-12
甘　肃	136					
青　海						
宁　夏	9					
新　疆						

各地区外商投资建筑业企业利润及税金情况

单位:万元

地区	利润总额	#应交所得税	税金总额	工程结算税金及附加	管理费用中的税金
全国总计	**26947**	**6095**	**27871**	**25688**	**2183**
北京	4072	1061	4986	4876	110
天津	81	282	227	222	5
河北	-117	4	179	173	6
山西	-31		266	262	4
内蒙古	134	20	30	30	
辽宁	4369	891	5904	5704	200
吉林	816	132	345	306	39
黑龙江	-99	4	158	154	4
上海	5720	961	4001	3633	368
江苏	3758	1060	3135	3093	42
浙江	4193	547	4063	2915	1148
安徽	83	30	218	207	11
福建	331	287	1106	1069	37
江西	11	6	40	39	1
山东	335	167	409	389	20
河南	15	2	112	106	6
湖北	472	176	600	595	5
湖南					
广东	2729	332	1541	1397	144
广西	129	32	123	121	2
海南	-303	5	25	24	1
重庆	3	1	56	51	5
四川	232	90	220	214	6
贵州	-11		3	2	1
云南			25	22	3
西藏					
陕西	130	5	92	77	15
甘肃	-104		5	5	
青海					
宁夏	-1		2	2	
新疆					

各地区外商投资建筑业企业工程拖欠款及企业亏损情况

地　区	年末拖欠工程款(万元)	#竣工拖欠	企业个数(个)	#亏损企业个数	亏损企业的比重(%)
全国总计	**125710**	**88188**	**279**	**88**	**31.5**
北　京	32071	22815	31	11	35.5
天　津	806	708	9	4	44.4
河　北			3	2	66.7
山　西	5079	1819	2	1	50.0
内蒙古			1		
辽　宁	11401	7779	36	14	38.9
吉　林			5	1	20.0
黑龙江	225	215	7	3	42.9
上　海	25396	18929	52	15	28.8
江　苏	20725	19517	26	5	19.2
浙　江	10522	7049	18	3	16.7
安　徽	554	263	6	1	16.7
福　建	6047	3244	17	5	29.4
江　西	190	90	3	1	33.3
山　东	3292	307	15	6	40.0
河　南	1771	1672	4	2	50.0
湖　北	2428	1029	8	2	25.0
湖　南					
广　东	1779	173	12	2	16.7
广　西	280	50	4	1	25.0
海　南	790	590	2	1	50.0
重　庆	1553	1353	3		
四　川	723	508	7	2	28.6
贵　州			1	1	100.0
云　南	48	48	1		
西　藏					
陕　西	16	16	2	1	50.0
甘　肃			3	3	100.0
青　海					
宁　夏	14	14	1	1	100.0
新　疆					

各地区外商投资建筑业企业主要经济效益指标

地　区	产值利润率(%)	产值利税率(%)	资本利润率(%)	资本利税率(%)	人均利润(元/人)	人均利税(元/人)	资产负债率(%)
全国总计	**2.9**	**6.0**	**7.8**	**15.8**	**4100**	**8341**	**57.8**
北　京	2.3	5.2	7.8	17.3	5026	11180	63.9
天　津	0.4	1.4	1.2	4.7	906	3445	54.1
河　北	-1.8	1.0	-4.8	2.5	-1356	718	43.4
山　西	-0.3	2.4	-1.7	13.0	-501	3796	71.1
内蒙古	15.7	19.2	67.0	82.0	14725	18022	63.1
辽　宁	4.7	11.0	7.9	18.5	4638	10906	49.8
吉　林	5.5	7.8	9.4	13.3	4187	5957	52.3
黑龙江	-3.3	2.0	-2.5	1.5	-1620	966	47.4
上　海	3.3	5.6	8.1	13.8	6277	10668	59.1
江　苏	3.9	7.2	15.4	28.3	5390	9887	62.4
浙　江	2.6	5.2	18.8	37.0	3905	7689	71.1
安　徽	0.9	3.2	1.7	6.1	385	1397	57.6
福　建	0.9	3.8	1.3	5.8	1016	4409	40.0
江　西	0.4	1.9	0.5	2.4	253	1175	28.9
山　东	1.7	3.7	2.1	4.7	1136	2524	48.8
河　南	0.4	3.8	0.8	6.5	364	3083	64.2
湖　北	2.1	4.7	3.4	7.7	1912	4342	33.8
湖　南							
广　东	6.2	9.6	12.7	19.8	15693	24554	59.0
广　西	2.9	5.8	4.7	9.2	1695	3311	41.1
海　南	-10.1	-9.3	-93.2	-85.5	-7953	-7297	74.9
重　庆	0.1	1.6	0.4	7.3	60	1173	69.2
四　川	2.6	5.0	6.4	12.5	2575	5017	72.1
贵　州	-18.3	-13.3	-10.2	-7.4	-6111	-4444	26.9
云　南		5.7		1.3		4808	17.6
西　藏							
陕　西	8.5	14.5	6.8	11.6	10000	17077	16.9
甘　肃	-55.6	-52.9	-7.6	-7.2	-6265	-5964	34.1
青　海							
宁　夏	-1.9	1.9	-0.9	0.9	-500	500	103.1
新　疆							

各地区港澳台商投资建筑业企业签订合同情况

单位:万元

地区	合同总额	上年结转合同额	本年新签合同额
全国总计	**1447168**	**463355**	**983813**
北京	135872	52813	83059
天津	32986	3934	29052
河北	808	25	783
山西	14595	4523	10072
内蒙古	4162	460	3702
辽宁	148715	44332	104383
吉林	9309	875	8434
黑龙江	20451	2830	17621
上海	248830	71747	177083
江苏	114272	17953	96319
浙江	170231	59205	111026
安徽	13245	3310	9935
福建	54637	18625	36012
江西	6316	999	5317
山东	72304	46382	25922
河南	3217	1197	2020
湖北	16118	4444	11674
湖南	32849	12688	20161
广东	270831	81891	188940
广西	1083	308	775
海南	1029	519	510
重庆	44398	23062	21336
四川	18251	7866	10385
贵州	1157	640	517
云南	4796	1301	3495
西藏			
陕西	3473	928	2545
甘肃	236	144	92
青海	92	32	60
宁夏	704	30	674
新疆	2201	292	1909

各地区港澳台商投资建筑业企业承包工程完成情况

单位:万元

地区	直接从建设单位承揽工程完成的产值	自行完成施工产值	分包出去工程的产值	从建设单位以外承揽工程完成的产值
全国总计	**1090446**	**1051163**	**39283**	**87581**
北京	84257	84244	13	15673
天津	34461	34199	262	2966
河北	814	814		
山西	13855	13855		1348
内蒙古	3945	3945		
辽宁	99744	99744		1624
吉林	10788	10788		
黑龙江	17001	17001		350
上海	169863	163776	6087	40201
江苏	106029	105862	167	4247
浙江	112034	110122	1912	630
安徽	13370	12640	730	458
福建	50660	50659	1	545
江西	4907	4907		
山东	35709	35564	145	1339
河南	3037	3037		
湖北	14320	14039	281	302
湖南	27659	23159	4500	2554
广东	232013	206932	25081	12791
广西	2063	2063		
海南	869	869		
重庆	29534	29534		
四川	14270	14187	83	30
贵州	615	615		1098
云南	3882	3861	21	21
西藏				
陕西	2250	2250		883
甘肃	75	75		161
青海	101	101		
宁夏	306	306		360
新疆	2015	2015		

各地区港澳台商投资企业总产值和竣工产值

单位：万元

地　　区	建筑业总产值	#装饰装修产值	#在外省完成的产值	按构成分组			竣工产值
				建筑工程产值	安装工程产值	其他产值	
全国总计	**1138744**	**670853**	**240866**	**763940**	**229796**	**145008**	**788737**
北　　京	99917	60678	7889	76664	20370	2883	62810
天　　津	37165	16486	2858	23810	13326	29	17187
河　　北	814	482	6	482	332		727
山　　西	15203	6312		8733	1234	5236	9434
内 蒙 古	3945	3595		3945			3514
辽　　宁	101368	80706	60381	93862	7506		47331
吉　　林	10788	5567	155	10749	39		10788
黑 龙 江	17351	16151		17351			
上　　海	203977	146447	34702	175941	22600	5436	135317
江　　苏	110109	61811	33945	78852	20974	10283	95790
浙　　江	110752	28336	29204	45765	3307	61680	83096
安　　徽	13098	3215	2377	11689	1063	346	10664
福　　建	51204	33567	15331	41991	6439	2774	39128
江　　西	4907	4042		392	473	4042	6024
山　　东	36903	19654	1797	27821	8065	1017	56914
河　　南	3037	3037	639	264		2773	2228
湖　　北	14341	7059	2868	548	6731	7062	7765
湖　　南	25713	14131	4401	9580	1701	14432	21765
广　　东	219723	134220	38032	94626	110551	14546	154979
广　　西	2063	1895		1833	230		1924
海　　南	869	468		390	379	100	318
重　　庆	29534	9890	4500	18024	1820	9690	6525
四　　川	14217	6170	1242	11484	888	1845	6942
贵　　州	1713	1648	65	1713			
云　　南	3882	1548	164	3826	15	41	4400
西　　藏							
陕　　西	3133	3112	310	2528		605	1918
甘　　肃	236	188		180	56		236
青　　海	101	101		101			101
宁　　夏	666	207		666			594
新　　疆	2015	130		130	1697	188	318

各地区港澳台商投资建筑业企业单位工程施工个数及工程质量

地　　区	单位工程施工个数（个）	#本年新开工	#实行投标承包个数	#本年新开工	单位工程竣工个数（个）	#一次交验合格个数	单位工程一次交验合格率（%）	投标承包个数的比重（%）
全国总计	**4060**	**2798**	**972**	**610**	**2664**	**1678**	**63.0**	**23.9**
北　　京	636	475	112	105	383	159	41.5	17.6
天　　津	351	272			290	280	96.6	
河　　北	1	1			1			
山　　西	46	24	19	19	23	18	78.3	41.3
内 蒙 古	3	2	3	2				100.0
辽　　宁	145	68	36	28	88	36	40.9	24.8
吉　　林	50	49	44	44	50	50	100.0	88.0
黑 龙 江	2	1	2	1				100.0
上　　海	364	256	97	60	199	150	75.4	26.6
江　　苏	308	231	138	126	262	198	75.6	44.8
浙　　江	288	240	203	29	210	42	20.0	70.5
安　　徽	115	63	70	44	70	49	70.0	60.9
福　　建	164	132	16	15	110	39	35.5	9.8
江　　西	7	5	2	2	5	5	100.0	28.6
山　　东	161	97	43	28	135	82	60.7	26.7
河　　南								
湖　　北	48	41	15	8	38	38	100.0	31.2
湖　　南	40	18	25	13	20	20	100.0	62.5
广　　东	1215	746	82	45	712	450	63.2	6.7
广　　西	3	1	1		3	1	33.3	33.3
海　　南	4	1	2		1	1	100.0	50.0
重　　庆	19	8	13	7	8	6	75.0	68.4
四　　川	62	45	45	32	39	37	94.9	72.6
贵　　州	3	1	2					66.7
云　　南								
西　　藏								
陕　　西								
甘　　肃	14	13			14	14	100.0	
青　　海								
宁　　夏								
新　　疆	11	8	2	2	3	3	100.0	18.2

各地区港澳台商投资建筑业企业房屋建筑面积及工程质量

地　　区	房屋建筑施工面积(万平方米)				房屋建筑竣工面积(万平方米)		竣工面积一次交验合格率(%)	实行投标承包面积的比重(%)
		#本年新开工	#实行投标承包面积	#本年新开工		#一次交验合格面积		
全国总计	**485.3**	**223.7**	**282.9**	**133.4**	**193.7**	**160.0**	**82.6**	**58.3**
北　京	41.3	11.3	11.0	9.3	18.8	18.8	100.0	26.5
天　津	2.7	2.2			0.4	0.4	100.0	
河　北								
山　西	1.4	1.1	1.1		1.4			78.0
内蒙古	1.0	0.4	1.0	0.4				100.0
辽　宁	22.6	17.6	20.0	15.0	21.0	16.2	77.3	88.3
吉　林	5.2	4.5	4.3	4.3	5.2	5.2	100.0	82.8
黑龙江	9.0	3.0	9.0	3.0				100.0
上　海	130.5	63.0	80.3	29.1	32.3	24.3	75.2	61.6
江　苏	13.1	8.3	13.1	8.3	11.3	11.3	100.0	100.0
浙　江	50.0	28.0	24.0		19.0	19.0	100.0	48.0
安　徽	4.4	3.8	4.4	3.8	2.1	2.1	100.0	100.0
福　建	3.5	1.1			1.8	0.6	33.3	
江　西	0.9	0.3			0.6			
山　东	15.8	13.3	12.3	9.5	12.0	11.6	96.1	78.1
河　南								
湖　北								
湖　南	24.7	7.6	18.4	6.7	14.4	10.7	74.3	74.4
广　东	94.2	32.0	47.0	25.2	19.4	10.3	52.7	49.9
广　西								
海　南	0.6							
重　庆	37.6	12.1	18.2	6.4	18.2	15.5	85.2	48.3
四　川	16.8	9.5	14.3	7.9	8.1	7.9	97.4	84.6
贵　州	0.1	0.1						
云　南								
西　藏								
陕　西								
甘　肃							100.0	
青　海								
宁　夏								
新　疆	9.8	4.6	4.6	4.6	7.6	6.1	80.3	47.0

各地区按主要用途分的港澳台商投资建筑业企业房屋建筑竣工面积

单位:万平方米

地区	合计	厂房	住宅	办公用房	商业、居民服务业用房	文化教育用房	医疗用房	科研用房	其他用房
全国总计	**193.7**	**68.6**	**65.4**	**11.6**	**29.9**	**1.6**	**2.7**	**1.6**	**12.3**
北京	18.8	17.6	1.1						
天津	0.4	0.1		0.3					
河北									
山西	1.4		1.0	0.4					
内蒙古									
辽宁	21.0		12.9	4.8	1.7			1.6	
吉林	5.2	3.6	0.9	0.7					
黑龙江									
上海	32.3	18.2	11.3	0.5			0.2		2.0
江苏	11.3	2.0	3.3	0.8	3.5	0.1			1.6
浙江	19.0				19.0				
安徽	2.1		1.9		0.2				
福建	1.8	0.3	0.8	0.1					0.6
江西	0.6		0.6						
山东	12.0	7.4	4.3	0.3					
河南									
湖北									
湖南	14.4	1.2	2.4	1.8	2.1	1.4	0.4		5.0
广东	19.4	9.2	8.6		1.7				
广西									
海南									
重庆	18.2		14.1	0.6	0.1		1.0		2.4
四川	8.1	7.1			0.7				0.3
贵州									
云南									
西藏									
陕西									
甘肃									
青海									
宁夏									
新疆	7.6	1.8	2.1	1.3	0.9		1.0		0.5

各地区港澳台商投资建筑业企业机械设备情况

地　　区	年末自有机械设备总台数(台)	年末自有机械设备总功率(千瓦)	#施工机械总功率	年末自有机械设备净值(万元)	技术装备率(元/人)	动力装备率(千瓦/人)
全国总计	**43585**	**390313**	**330652**	**103938**	**14026**	**5.3**
北　　京	3418	24028	20728	6010	10225	4.1
天　　津	1067	10617	8822	1132	9601	9.0
河　　北	91	2005	2005	755	20296	5.4
山　　西	1664	22326	19879	3390	28704	18.9
内 蒙 古	358	1792	1780	545	13903	4.6
辽　　宁	1726	30673	29732	9772	16904	5.3
吉　　林	185	5157	5060	1050	9528	4.7
黑 龙 江	50	245	245	233	3353	0.4
上　　海	6349	26296	24222	10295	14758	3.8
江　　苏	4634	42219	37594	21212	21763	4.3
浙　　江	2445	35123	26506	6158	14255	8.1
安　　徽	1198	7434	7241	1877	13731	5.4
福　　建	4244	24364	19404	4826	12286	6.2
江　　西	448	5066	4923	671	9824	7.4
山　　东	1947	19227	16888	4415	7498	3.3
河　　南	267	1048	1038	98	1903	2.0
湖　　北	1408	2340	1966	630	6300	2.3
湖　　南	973	13922	13032	3079	8835	4.0
广　　东	6627	74633	54823	19219	14755	5.7
广　　西	173	2151	1967	221	12143	11.8
海　　南	30	90	90	30	3191	1.0
重　　庆	1565	12261	11774	2171	6091	3.4
四　　川	2068	16501	12542	3079	23081	12.4
贵　　州	82	625	471	78	3197	2.6
云　　南	211	3249	3139	1519	21185	4.5
西　　藏						
陕　　西	80	120	93	8	1212	1.8
甘　　肃	176	5156	3755	1028	311515	156.2
青　　海	2	15		6	1224	0.3
宁　　夏	60	302	295	73	4345	1.8
新　　疆	39	1328	638	358	25390	9.4

各地区港澳台商投资建筑业企业主要生产效益指标

地区	建筑业企业个数（个）	计算劳动生产率的平均人数（人）	按总产值计算的劳动生产率（元/人）	按增加值计算的劳动生产率（元/人）	人均竣工产值（元/人）	人均施工面积（平方米/人）	人均竣工面积（平方米/人）
全国总计	**632**	**96176**	**118402**	**30289**	**82010**	**50.5**	**20.1**
北京	74	8084	123598	31054	77697	51.1	23.2
天津	15	2159	172140	57527	79606	12.3	1.9
河北	4	377	21592	8355	19284		
山西	9	1696	89640	19823	55625	8.1	8.1
内蒙古	2	672	58705	22143	52292	14.6	
辽宁	40	8087	125347	46167	58527	28.0	25.9
吉林	9	1224	88137	32361	88137	42.7	42.7
黑龙江	4	1737	99891	14882		51.8	
上海	101	13873	147032	29942	97540	94.1	23.3
江苏	55	9321	118130	31317	102768	14.1	12.2
浙江	22	5597	197877	38846	148465	89.3	34.0
安徽	12	1547	84667	18959	68933	28.6	13.6
福建	53	4186	122322	30975	93473	8.5	4.3
江西	11	1174	41797	13458	51312	8.1	5.5
山东	43	7194	51297	14255	79113	21.9	16.7
河南	6	492	61728	13659	45285		
湖北	12	1080	132787	36185	71898		
湖南	7	3529	72862	16753	61675	70.0	40.8
广东	88	16512	133069	35394	93858	57.1	11.8
广西	6	296	69696	20101	65000		
海南	6	94	92447	42021	33830	63.8	
重庆	11	3963	74524	19654	16465	94.9	45.9
四川	15	1772	80231	19052	39176	95.1	45.9
贵州	4	259	66139	29151		4.6	
云南	8	702	55299	11282	62678		
西藏							
陕西	3	128	244766	38047	149844		
甘肃	4	44	53636	66818	53636	4.2	4.2
青海	1	80	12625	3750	12625		
宁夏	2	150	44400	15667	39600		
新疆	5	147	137075	57891	21633	666.0	517.0

各地区港澳台商投资建筑业企业营业额

单位:万元

地　区	企业营业额	在境外完成的营业额	企业总产值	#建筑业总产值	#对内销售产值
全国总计	**1266727**	**8861**	**1257866**	**1138744**	**8772**
北　京	104616		104616	99917	328
天　津	38065		38065	37165	
河　北	814		814	814	
山　西	15203		15203	15203	
内蒙古	3945		3945	3945	
辽　宁	111378		111378	101368	
吉　林	11638		11638	10788	
黑龙江	17351		17351	17351	
上　海	222143	842	221301	203977	
江　苏	130207	1950	128257	110109	6891
浙　江	111020	238	110782	110752	
安　徽	13098		13098	13098	
福　建	52449		52449	51204	242
江　西	6198		6198	4907	
山　东	69488		69488	36903	
河　南	3098		3098	3037	
湖　北	14341		14341	14341	
湖　南	25713		25713	25713	
广　东	254911	5831	249080	219723	1311
广　西	2551		2551	2063	
海　南	869		869	869	
重　庆	31006		31006	29534	
四　川	14389		14389	14217	
贵　州	1713		1713	1713	
云　南	3882		3882	3882	
西　藏					
陕　西	3133		3133	3133	
甘　肃	236		236	236	
青　海	101		101	101	
宁　夏	666		666	666	
新　疆	2505		2505	2015	

各地区港澳台商投资企业增加值及其构成

单位:万元

地　区	建筑业增加值	本年提取固定资产折旧	主营业务应付工资总额	主营业务应付福利费总额
全国总计	**291308**	**21954**	**89963**	**9146**
北　京	25104	1617	7031	703
天　津	12420	585	2784	216
河　北	315	34	149	65
山　西	3362	479	2056	165
内蒙古	1488	133	399	25
辽　宁	37335	1965	7073	784
吉　林	3961	174	1133	221
黑龙江	2585	47	1627	224
上　海	41538	2359	16090	1033
江　苏	29191	3992	9454	1607
浙　江	21742	1523	5873	808
安　徽	2933	304	1037	113
福　建	12966	806	3877	216
江　西	1580	82	650	70
山　东	10255	526	3575	319
河　南	672	50	188	24
湖　北	3908	512	863	127
湖　南	5912	419	2054	149
广　东	58442	4899	17754	1409
广　西	595	67	87	5
海　南	395	95	77	3
重　庆	7789	345	3923	594
四　川	3376	364	1183	137
贵　州	755	159	175	18
云　南	792	78	393	73
西　藏				
陕　西	487	36	102	7
甘　肃	294	235	30	
青　海	30	1	11	2
宁　夏	235	11	108	2
新　疆	851	57	207	27

各地区港澳台商投资企业增加值及其构成

续表　　　　单位:万元

地　　区	工程结算税金及附加	工程结算利润	管理费用中的税金	管理费用中的劳动待业保险费
全国总计	**32396**	**131299**	**2081**	**4469**
北　　京	3135	12107	186	325
天　　津	759	7812	75	189
河　　北	14	53		
山　　西	466	191	1	4
内 蒙 古	118	798	11	4
辽　　宁	3034	24202	129	148
吉　　林	1683	716	17	17
黑 龙 江	208	471	2	6
上　　海	5344	15804	212	696
江　　苏	2568	10970	284	316
浙　　江	2733	9821	203	781
安　　徽	433	1020	3	23
福　　建	1920	5871	162	114
江　　西	160	600	7	11
山　　东	1043	4500	92	200
河　　南	155	254		1
湖　　北	376	1994	2	34
湖　　南	636	2505	99	50
广　　东	6166	26296	538	1380
广　　西	67	352	2	15
海　　南	32	150	23	15
重　　庆	656	2191	9	71
四　　川	341	1328	4	19
贵　　州	39	314	13	37
云　　南	117	126	2	3
西　　藏				
陕　　西	108	226	3	5
甘　　肃	7	21	1	
青　　海	3	13		
宁　　夏	9	99	1	5
新　　疆	66	494		

各地区港澳台商投资建筑业企业资产构成

单位：万元

地　区	资产合计	#流动资产小计	#长期投资	#固定资产小计	#无形及递延资产
全国总计	**1747731**	**1429686**	**22466**	**246058**	**32081**
北　京	172231	144898	2034	12601	11499
天　津	55860	44903		10299	652
河　北	2669	1207		1462	
山　西	17528	13156	662	3690	18
内蒙古	5873	3915		1956	2
辽　宁	139383	117283	524	18989	1528
吉　林	15267	12131	155	2346	634
黑龙江	5248	3982		1266	
上　海	253610	224998	399	22371	1512
江　苏	182608	121181	1512	54252	2954
浙　江	117764	102082	895	12601	1858
安　徽	15462	11402	75	3592	159
福　建	80985	70847	834	7248	1688
江　西	8017	6771	144	964	75
山　东	55993	47102	232	6963	751
河　南	7541	7138	150	224	
湖　北	20393	17246	325	2787	35
湖　南	23606	20063	266	3273	4
广　东	428607	355112	5914	57419	6893
广　西	3911	3436		447	28
海　南	5280	4152	885	211	32
重　庆	39784	32662	116	5831	1113
四　川	36848	26577	5019	4630	402
贵　州	8473	7296	334	843	
云　南	7966	5803	3	1674	36
西　藏					
陕　西	25672	17368	786	6542	
甘　肃	7978	4258	1200	1124	208
青　海	541	535		6	
宁　夏	563	477		86	
新　疆	2070	1705	2	361	

各地区港澳台商投资建筑业企业流动资产及递延资产

单位：万元

地区	流动资产	#存货	#在建工程	无形及递延资产	#无形资产
全国总计	**1429686**	**365047**	**150853**	**32081**	**11540**
北京	144898	39994	30513	11499	1080
天津	44903	10645	7512	652	386
河北	1207	206	82		
山西	13156	5211	2554	18	
内蒙古	3915	869	457	2	2
辽宁	117283	12495	1127	1528	230
吉林	12131	3068	69	634	634
黑龙江	3982	1334	400		
上海	224998	78466	32044	1512	896
江苏	121181	31379	12871	2954	1717
浙江	102082	42364	7210	1858	1506
安徽	11402	2133	669	159	69
福建	70847	16442	12283	1688	715
江西	6771	1915	675	75	27
山东	47102	13684	3518	751	683
河南	7138	2906	2028		
湖北	17246	4419	1067	35	10
湖南	20063	2337	1710	4	
广东	355112	60263	22999	6893	2643
广西	3436	753	197	28	
海南	4152	568	47	32	
重庆	32662	16568	6055	1113	559
四川	26577	9504	3644	402	334
贵州	7296	1562	189		
云南	5803	1865	341	36	
西藏					
陕西	17368	1890			
甘肃	4258	1700	377	208	49
青海	535	35			
宁夏	477	260	206		
新疆	1705	212	9		

各地区港澳台商投资建筑业企业固定资产情况

单位:万元

地区	固定资产小计	固定资产原价	#生产经营用	固定资产折旧	#本年折旧
全国总计	**246058**	**388693**	**307297**	**147648**	**21954**
北京	12601	24246	17547	11674	1617
天津	10299	12681	11489	2382	585
河北	1462	1774	1684	321	34
山西	3690	5974	5776	2284	479
内蒙古	1956	2383	1954	427	133
辽宁	18989	28166	25317	9790	1965
吉林	2346	3737	1733	1391	174
黑龙江	1266	1789	1609	603	47
上海	22371	43189	35474	20826	2359
江苏	54252	76026	58272	21810	3992
浙江	12601	19588	17359	8177	1523
安徽	3592	5707	5246	2115	304
福建	7248	13297	7977	6140	806
江西	964	1715	1106	781	82
山东	6963	11211	8470	4883	526
河南	224	567	506	391	50
湖北	2787	5227	4965	2440	512
湖南	3273	4910	4471	1637	419
广东	57419	93971	68070	38603	4899
广西	447	1102	971	694	67
海南	211	629	629	418	95
重庆	5831	7931	6284	2253	345
四川	4630	7217	5662	2587	364
贵州	843	1305	1056	462	159
云南	1674	2411	2154	737	78
西藏					
陕西	6542	9005	8670	2463	36
甘肃	1124	2095	2008	971	235
青海	6	8	8	3	1
宁夏	86	143	141	57	11
新疆	361	689	689	328	57

各地区港澳台商投资建筑业企业负债及所有者权益

单位:万元

地区	负债合计	流动负债	长期负债	所有者权益	#实收资本
全国总计	**1031160**	**997130**	**34030**	**716571**	**633724**
北京	85577	85321	256	86654	87534
天津	40579	32413	8166	15281	16859
河北	1398	1318	80	1271	2867
山西	7140	6597	543	10388	11354
内蒙古	3565	3555	10	2308	1718
辽宁	60076	60020	56	79307	49546
吉林	10594	10594		4673	4737
黑龙江	3104	2804	300	2144	1631
上海	156711	156435	276	96899	103992
江苏	113759	106786	6973	68849	57027
浙江	88980	86052	2928	28784	16184
安徽	5744	5509	235	9718	8322
福建	39931	39714	217	41054	35915
江西	2171	2171		5846	5505
山东	35490	34937	553	20503	21197
河南	5446	5426	20	2095	2062
湖北	4675	4675		15718	13647
湖南	9671	9661	10	13935	13450
广东	282910	273715	9195	145697	116347
广西	1792	1792		2119	2018
海南	1915	1915		3365	2952
重庆	17040	14517	2523	22744	20007
四川	25273	24431	842	11575	13555
贵州	4244	4244		4229	4235
云南	4662	4296	366	3304	3190
西藏					
陕西	12774	12774		12898	12898
甘肃	4859	4385	474	3119	3119
青海	48	48		493	493
宁夏	335	328	7	228	203
新疆	697	697		1373	1160

各地区港澳台商投资建筑业企业实收资本

单位:万元

地　区	合计	国家资本	集体资本	法人资本	个人资本	港澳台资本	外商资本
全国总计	**633724**	**52193**	**36000**	**183320**	**11840**	**343825**	**6546**
北　京	87534	8647	1467	34995	195	42230	
天　津	16859	1353	865	4586	595	9460	
河　北	2867	2	263	590	49	1963	
山　西	11354		20	4443	903	5988	
内蒙古	1718				1000	718	
辽　宁	49546	4764	3785	5721	400	29735	5141
吉　林	4737	401	750	714		2872	
黑龙江	1631			1072		559	
上　海	103992	13807	9453	17997	102	62633	
江　苏	57027	1736	4845	19212	2372	27622	1240
浙　江	16184	3362	520	4042	1322	6877	61
安　徽	8322	1806	225	360		5931	
福　建	35915	1963	432	7263	1030	25227	
江　西	5505	126		2573		2702	104
山　东	21197	372	1654	7292	941	10938	
河　南	2062		750	220		1092	
湖　北	13647	422		1770		11455	
湖　南	13450		618	7581	27	5224	
广　东	116347	10975	2611	38670	1376	62715	
广　西	2018	70	796	379		773	
海　南	2952	95		250		2607	
重　庆	20007	1250	6224	6030	848	5655	
四　川	13555		388	5074	460	7633	
贵　州	4235		81	1225		2929	
云　南	3190	526	203	947	150	1364	
西　藏							
陕　西	12898			9438		3460	
甘　肃	3119		50	380		2689	
青　海	493			368		125	
宁　夏	203	40		28		135	
新　疆	1160	476		100	70	514	

各地区港澳台商投资建筑业企业收入情况

单位：万元

地　　区	工程结算收入	工程结算成本	工程结算税金及附加	工程结算利润	其他业务收入	#其他业务利润
全国总计	**1184964**	**1021269**	**32396**	**131299**	**62457**	**11294**
北　　京	121183	105941	3135	12107	2999	597
天　　津	35938	27367	759	7812	16543	279
河　　北	490	423	14	53		
山　　西	24714	24057	466	191	366	319
内 蒙 古	3945	3029	118	798		
辽　　宁	100179	72943	3034	24202	268	183
吉　　林	10267	7868	1683	716	25	24
黑 龙 江	6327	5648	208	471		
上　　海	205336	184188	5344	15804	3499	504
江　　苏	90085	76547	2568	10970	6911	1867
浙　　江	114209	101655	2733	9821	433	180
安　　徽	13536	12083	433	1020	690	116
福　　建	55654	47863	1920	5871	1041	206
江　　西	4946	4186	160	600	17	12
山　　东	33864	28321	1043	4500	498	－22
河　　南	3252	2843	155	254	10	2
湖　　北	14203	11833	376	1994	17	11
湖　　南	18944	15803	636	2505		
广　　东	279206	246744	6166	26296	28094	6675
广　　西	2168	1749	67	352	34	－13
海　　南	747	565	32	150		
重　　庆	20747	17900	656	2191	106	73
四　　川	11041	9372	341	1328	325	173
贵　　州	1525	1172	39	314	56	54
云　　南	3788	3545	117	126		
西　　藏						
陕　　西	5769	5435	108	226	20	16
甘　　肃	236	208	7	21		
青　　海	101	85	3	13		
宁　　夏	558	450	9	99		
新　　疆	2006	1446	66	494	505	38

各地区港澳台商投资建筑业企业费用情况

单位:万元

地　区	管理费用	#税金	#财产保险费	#劳动待业保险费	财务费用	#利息支出
全国总计	**109678**	**2081**	**707**	**4469**	**9942**	**7311**
北　京	13178	186	85	325	-19	-24
天　津	8570	75	56	189	705	676
河　北	163				12	
山　西	758	1	19	4	80	58
内蒙古	428	11	5	4	92	32
辽　宁	16758	129	12	148	383	243
吉　林	730	17	8	17	98	95
黑龙江	377	2		6	39	
上　海	16646	212	67	696	518	403
江　苏	7617	284	59	316	2207	1948
浙　江	4660	203	63	781	357	387
安　徽	696	3	2	23	58	38
福　建	4000	162	9	114	307	191
江　西	450	7	3	11	44	35
山　东	3436	92	52	200	274	182
河　南	396		2	1	281	281
湖　北	1238	2	11	34	27	28
湖　南	1245	99		50	144	10
广　东	21255	538	241	1380	1989	1247
广　西	512	2		15	63	7
海　南	255	23		15	-3	
重　庆	1949	9		71	193	282
四　川	1435	4	7	19	1400	1105
贵　州	269	13	3	37	79	22
云　南	466	2	1	3	28	29
西　藏						
陕　西	1525	3		5	583	33
甘　肃	335	1	1		2	2
青　海	17					
宁　夏	97	1	1	5	2	2
新　疆	217				-1	-1

各地区港澳台商投资建筑业企业利润及税金情况

单位:万元

地区	利润总额	#应交所得税	税金总额	工程结算税金及附加	管理费用中的税金
全国总计	**24171**	**7639**	**34477**	**32396**	**2081**
北京	-1158	355	3321	3135	186
天津	-377	76	834	759	75
河北	-110	16	14	14	
山西	-295	29	467	466	1
内蒙古	278	9	129	118	11
辽宁	8494	2225	3163	3034	129
吉林	-85	108	1700	1683	17
黑龙江	42	10	210	208	2
上海	-533	361	5556	5344	212
江苏	3258	859	2852	2568	284
浙江	4167	1155	2936	2733	203
安徽	375	135	436	433	3
福建	1735	231	2082	1920	162
江西	28	15	167	160	7
山东	755	318	1135	1043	92
河南	-419		155	155	
湖北	624	282	378	376	2
湖南	1181	335	735	636	99
广东	8294	947	6704	6166	538
广西	-171	4	69	67	2
海南	-103	1	55	32	23
重庆	141	68	665	656	9
四川	-1417	25	345	341	4
贵州	-161	1	52	39	13
云南	-374	1	119	117	2
西藏					
陕西	-58	21	111	108	3
甘肃	-265		8	7	1
青海	-4		3	3	
宁夏			10	9	1
新疆	329	52	66	66	

各地区港澳台商投资建筑业企业工程拖欠款及企业亏损情况

地　　区	年末拖欠工程款(万元)	#竣工拖欠	企业个数(个)	#亏损企业个数	亏损企业的比重(%)
全国总计	161267	108946	632	246	38.9
北　　京	26934	15425	74	36	48.6
天　　津	3746	3633	15	5	33.3
河　　北	2		4	2	50.0
山　　西	2358	1233	9	6	66.7
内 蒙 古	1620	1620	2	1	50.0
辽　　宁	8876	6262	40	17	42.5
吉　　林	754	749	9	6	66.7
黑 龙 江	4780	4780	4	1	25.0
上　　海	24746	10539	101	41	40.6
江　　苏	19192	13357	55	13	23.6
浙　　江	13811	8786	22	6	27.3
安　　徽	1666	909	12	2	16.7
福　　建	5754	4569	53	8	15.1
江　　西	449	266	11	4	36.4
山　　东	7872	6535	43	18	41.9
河　　南	599	599	6	6	100.0
湖　　北	725	238	12	3	25.0
湖　　南	6916	6796	7	1	14.3
广　　东	25122	18299	88	28	31.8
广　　西	336	336	6	4	66.7
海　　南			6	5	83.3
重　　庆	978	770	11	6	54.5
四　　川	1060	672	15	7	46.7
贵　　州			4	2	50.0
云　　南	1646	1646	8	7	87.5
西　　藏					
陕　　西	670	420	3	2	66.7
甘　　肃	7	7	4	4	100.0
青　　海	15	15	1	1	100.0
宁　　夏	595	465	2	1	50.0
新　　疆	38	20	5	3	60.0

各地区港澳台商投资建筑业企业主要经济效益指标

地区	产值利润率(%)	产值利税率(%)	资本利润率(%)	资本利税率(%)	人均利润(元/人)	人均利税(元/人)	资产负债率(%)
全国总计	**2.1**	**5.2**	**3.8**	**9.3**	**2513**	**6098**	**59.0**
北京	-1.2	2.2	-1.3	2.5	-1432	2676	49.7
天津	-1.0	1.2	-2.2	2.7	-1746	2117	72.6
河北	-13.5	-11.8	-3.8	-3.3	-2918	-2546	52.4
山西	-1.9	1.1	-2.6	1.5	-1739	1014	40.7
内蒙古	7.0	10.3	16.2	23.7	4137	6057	60.7
辽宁	8.4	11.5	17.1	23.5	10503	14414	43.1
吉林	-0.8	15.0	-1.8	34.1	-694	13194	69.4
黑龙江	0.2	1.5	2.6	15.5	242	1451	59.1
上海	-0.3	2.5	-0.5	4.8	-384	3621	61.8
江苏	3.0	5.5	5.7	10.7	3495	6555	62.3
浙江	3.8	6.4	25.7	43.9	7445	12691	75.6
安徽	2.9	6.2	4.5	9.7	2424	5242	37.1
福建	3.4	7.5	4.8	10.6	4145	9118	49.3
江西	0.6	4.0	0.5	3.5	239	1661	27.1
山东	2.0	5.1	3.6	8.9	1049	2627	63.4
河南	-13.8	-8.7	-20.3	-12.8	-8516	-5366	72.2
湖北	4.4	7.0	4.6	7.3	5778	9278	22.9
湖南	4.6	7.5	8.8	14.2	3347	5429	41.0
广东	3.8	6.8	7.1	12.9	5023	9083	66.0
广西	-8.3	-4.9	-8.5	-5.1	-5777	-3446	45.8
海南	-11.9	-5.5	-3.5	-1.6	-10957	-5106	36.3
重庆	0.5	2.7	0.7	4.0	356	2034	42.8
四川	-10.0	-7.5	-10.5	-7.9	-7997	-6050	68.6
贵州	-9.4	-6.4	-3.8	-2.6	-6216	-4208	50.1
云南	-9.6	-6.6	-11.7	-8.0	-5328	-3632	58.5
西藏							
陕西	-1.9	1.7	-0.4	0.4	-4531	4141	49.8
甘肃	-112.3	-108.9	-8.5	-8.2	-60227	-58409	60.9
青海	-4.0	-1.0	-0.8	-0.2	-500	-125	8.9
宁夏		1.5		4.9		667	59.5
新疆	16.3	19.6	28.4	34.1	22381	26871	33.7

三

中央和地方建筑业企业

各地区中央建筑业企业签订合同情况

单位：万元

地　　区	合同总额	上年结转合同额	本年新签合同额
全国总计	**50794419**	**20494648**	**30299771**
北　京	5228536	2287287	2941249
天　津	2908370	1193989	1714381
河　北	2304893	799213	1505680
山　西	3572427	1159849	2412578
内蒙古	151566	51754	99812
辽　宁	2709050	1016978	1692072
吉　林	1701603	864340	837263
黑龙江	811675	182977	628698
上　海	2250470	559229	1691241
江　苏	1479850	502729	977121
浙　江	1275378	824580	450798
安　徽	1628157	343077	1285080
福　建	1045093	513029	532064
江　西	757276	359890	397386
山　东	2641805	1091591	1550214
河　南	2343718	905053	1438665
湖　北	4836079	2407225	2428854
湖　南	1320834	716042	604792
广　东	1930088	819013	1111075
广　西	542320	205827	336493
海　南	82273	30291	51982
重　庆	458059	170075	287984
四　川	1766326	783180	983146
贵　州	630236	329790	300446
云　南	541806	259126	282680
西　藏	7473		7473
陕　西	3451336	1312930	2138406
甘　肃	311053	168154	142899
青　海	600407	326813	273594
宁　夏	95457	40161	55296
新　疆	1410805	270456	1140349

各地区中央建筑业企业承包工程完成情况

单位:万元

地　区	直接从建设单位承揽工程完成的产值	自行完成施工产值	分包出去工程的产值	从建设单位以外承揽工程完成的产值
全国总计	**28481906**	**27267551**	**1214355**	**1252911**
北　京	2874264	2781429	92835	129480
天　津	1573388	1484784	88604	26530
河　北	1630633	1612652	17981	51877
山　西	2288057	2236006	52051	67534
内蒙古	118652	113022	5630	7092
辽　宁	1627121	1590330	36791	35311
吉　林	793984	785113	8871	32938
黑龙江	712333	677718	34615	5549
上　海	1038667	856097	182570	177727
江　苏	819142	760911	58231	19725
浙　江	564668	493576	71092	70343
安　徽	896051	861375	34676	24575
福　建	543324	516443	26881	2105
江　西	393124	376925	16199	32723
山　东	1615152	1550096	65056	45843
河　南	1308063	1288056	20007	87371
湖　北	2015124	1973012	42112	69294
湖　南	713114	701591	11523	67695
广　东	980758	880564	100194	111566
广　西	283762	264103	19659	7011
海　南	51512	46020	5492	5652
重　庆	303610	301690	1920	14784
四　川	1087280	1065605	21675	42364
贵　州	509241	501176	8065	2819
云　南	314372	303911	10461	1830
西　藏	7473	5773	1700	
陕　西	1759256	1687429	71827	50982
甘　肃	237598	218897	18701	16290
青　海	227895	207946	19949	1977
宁　夏	46261	46261		
新　疆	1148027	1079040	68987	43924

各地区中央建筑业总产值和竣工产值

单位:万元

地区	建筑业总产值	#装饰装修产值	#在外省完成的产值	按构成分组			竣工产值
				建筑工程产值	安装工程产值	其他产值	
全国总计	**28520462**	**879365**	**13345900**	**22354525**	**5428667**	**737270**	**18554583**
北京	2910909	368825	893003	2471532	421388	17989	1837136
天津	1511314	6017	932387	1163729	296810	50775	893927
河北	1664529	68164	948395	1195267	443601	25661	932894
山西	2303540	3319	1694205	2121680	175611	6249	945051
内蒙古	120114	5578	28466	107873	6596	5645	103561
辽宁	1625641	17991	807069	1166731	417371	41539	807389
吉林	818051	1723	405889	625625	182662	9764	661516
黑龙江	683267	16870	156169	344507	254999	83761	649987
上海	1033824	77805	288547	702554	284188	47082	736844
江苏	780636	29449	379224	466272	252918	61446	639092
浙江	563919	1627	108839	290039	218670	55210	438276
安徽	885950	9839	645118	784250	91013	10687	590622
福建	518548	2674	95764	427788	84277	6483	407591
江西	409648	16409	232488	311780	89842	8026	276763
山东	1595939	32938	552435	1182337	376396	37206	1121957
河南	1375427	7169	845113	941097	403954	30376	916504
湖北	2042306	64020	1252588	1808102	178219	55985	1445308
湖南	769286	9079	445004	551741	195720	21825	599497
广东	992130	36083	222824	881935	102536	7659	549567
广西	271114	2200	68757	180752	82424	7938	177958
海南	51672	2349	172	49405	2231	36	19163
重庆	316474	6745	103943	244215	64330	7929	171923
四川	1107969	26785	538616	901825	153705	52439	778326
贵州	503995	8648	127047	409645	91528	2822	292375
云南	305741	652	96519	228437	67958	9346	162714
西藏	5773			4673	1100		5030
陕西	1738411	34563	1238206	1555108	141586	41717	1083399
甘肃	235187	9912	64958	94677	128030	12480	202863
青海	209923	199	91259	160198	43549	6176	195053
宁夏	46261		7016	12730	33531		26546
新疆	1122964	11733	75880	968021	141924	13019	885751

各地区中央建筑业企业单位工程施工个数及工程质量

地区	单位工程施工个数（个）	#本年新开工	#实行投标承包个数	#本年新开工	单位工程竣工个数（个）	#一次交验合格个数	单位工程一次交验合格率（%）	投标承包个数的比重（%）
全国总计	**126272**	**82265**	**82441**	**47997**	**72583**	**66535**	**91.7**	**65.3**
北京	10242	7410	3449	2136	7450	6755	90.7	33.7
天津	5372	3180	2236	1393	3309	2501	75.6	41.6
河北	6450	4127	4441	2986	3577	3527	98.6	68.9
山西	14461	9156	9166	4291	7081	6491	91.7	63.4
内蒙古	1005	744	513	479	752	752	100.0	51.0
辽宁	6877	5221	4902	2894	4002	3313	82.8	71.3
吉林	5435	2374	4523	1841	2506	2232	89.1	83.2
黑龙江	2524	1896	1474	1092	2069	1980	95.7	58.4
上海	3799	2586	1716	1294	1990	1912	96.1	45.2
江苏	3029	1694	2141	1235	1959	1761	89.9	70.7
浙江	1937	1398	787	493	1098	1033	94.1	40.6
安徽	9421	6746	8718	6333	4165	4015	96.4	92.5
福建	1668	908	1326	666	596	517	86.7	79.5
江西	1974	1460	1411	920	1012	858	84.8	71.5
山东	9282	7125	4740	3023	6610	6451	97.6	51.1
河南	5405	4035	4254	3166	3223	3178	98.6	78.7
湖北	8088	4234	6649	2815	4630	4249	91.8	82.2
湖南	3178	1714	2124	1112	1815	1723	94.9	66.8
广东	2582	1450	1835	785	1416	1168	82.5	71.1
广西	1827	1273	1270	929	1274	1055	82.8	69.5
海南	148	90	134	83	82	79	96.3	90.5
重庆	919	645	637	395	601	526	87.5	69.3
四川	5698	3865	3549	2005	3290	3169	96.3	62.3
贵州	1407	731	1075	578	665	655	98.5	76.4
云南	1214	798	311	150	874	729	83.4	25.6
西藏	4	4	1	1	3	3	100.0	25.0
陕西	6844	3114	5953	2713	2783	2621	94.2	87.0
甘肃	1207	1044	331	245	925	872	94.3	27.4
青海	471	304	436	201	208	198	95.2	92.6
宁夏	152	109	113	65	69	46	66.7	74.3
新疆	3652	2830	2226	1678	2549	2166	85.0	61.0

各地区中央建筑业企业房屋建筑面积及工程质量

地　区	房屋建筑施工面积(万平方米)	#本年新开工	#实行投标承包面积	#本年新开工	房屋建筑竣工面积(万平方米)	#一次交验合格面积	竣工面积一次交验合格率(%)	实行投标承包面积的比重(%)
全国总计	**11880.3**	**5354.7**	**10255.6**	**4777.8**	**3984.1**	**3708.6**	**93.1**	**86.3**
北　京	2286.1	1000.1	1959.3	919.9	638.3	632.8	99.1	85.7
天　津	494.0	250.8	485.3	245.2	165.4	162.4	98.2	98.2
河　北	495.7	244.4	415.5	220.7	175.2	167.6	95.7	83.8
山　西	454.2	218.3	396.8	195.2	113.7	87.1	76.6	87.4
内蒙古	81.5	56.1	40.4	28.6	57.8	57.8	100.0	49.6
辽　宁	457.1	221.1	424.5	215.7	127.2	103.8	81.6	92.9
吉　林	197.5	96.1	180.5	89.8	89.4	87.4	97.7	91.4
黑龙江	152.6	101.8	132.2	78.9	125.5	120.7	96.1	86.6
上　海	231.4	167.4	207.1	140.4	66.9	65.0	97.2	89.5
江　苏	368.9	131.5	342.1	124.3	104.9	104.9	100.0	92.7
浙　江	57.9	24.4	54.2	22.3	15.5	15.5	100.0	93.5
安　徽	398.6	208.8	380.8	197.2	159.5	159.5	100.0	95.5
福　建	489.0	196.6	306.4	136.0	132.6	131.9	99.5	62.7
江　西	106.6	59.8	102.9	57.2	52.6	44.2	84.1	96.5
山　东	491.9	192.5	444.2	173.4	167.4	158.0	94.4	90.3
河　南	488.6	193.5	434.7	182.9	182.6	151.0	82.7	89.0
湖　北	1430.7	564.6	1386.0	540.7	388.9	383.9	98.7	96.9
湖　南	247.8	55.6	175.1	44.2	58.6	57.7	98.5	70.7
广　东	916.5	351.2	717.4	277.6	266.5	249.0	93.4	78.3
广　西	70.0	30.0	59.8	25.3	32.7	32.6	99.8	85.5
海　南	100.2	61.9	88.4	56.3	13.1	13.1	100.0	88.2
重　庆	163.9	60.6	148.6	56.8	81.9	64.2	78.4	90.7
四　川	456.0	198.6	345.0	182.8	187.7	141.9	75.6	75.7
贵　州	364.6	140.7	336.6	134.1	140.4	124.0	88.3	92.3
云　南	30.0	23.6	24.8	19.9	15.5	15.5	100.0	82.6
西　藏								
陕　西	289.4	148.6	231.5	135.3	100.2	67.4	67.3	80.0
甘　肃	30.7	12.5	24.2	9.2	10.8	10.7	99.0	78.8
青　海	20.2	14.0	20.2	14.0	6.6	6.6	100.0	99.9
宁　夏	9.8	8.7	7.7	6.6	6.1	1.9	30.9	78.4
新　疆	498.9	321.1	383.3	247.3	300.6	290.4	96.6	76.8

各地区按主要用途分的中央建筑业企业房屋建筑竣工面积

单位:万平方米

地区	合计	厂房	住宅	办公用房	商业、居民服务业用房	文化教育用房	医疗用房	科研用房	其他用房
全国总计	**3984.1**	**752.5**	**1978.6**	**356.7**	**270.2**	**208.7**	**39.5**	**31.8**	**346.1**
北京	638.3	82.2	358.9	72.5	41.6	31.9	9.9	5.1	36.0
天津	165.4	44.6	74.0	11.5	2.6	7.7	0.4	2.1	22.5
河北	175.2	43.8	60.9	33.9	14.0	7.1	1.0	1.7	12.7
山西	113.7	35.0	57.6	2.7	0.6	3.6			14.2
内蒙古	57.8	2.8	33.8	3.8	3.8	1.2	0.2		12.2
辽宁	127.2	42.5	56.8	2.4	6.7	3.9	0.7	0.2	14.0
吉林	89.4	27.0	44.6	1.2	7.5	1.4			7.7
黑龙江	125.5	24.9	55.9	12.2	15.3	10.2	0.2		6.9
上海	66.9	46.3	7.9		1.2	3.0			8.5
江苏	104.9	38.4	37.2	10.6	4.4	5.4	0.7	0.9	7.2
浙江	15.5	8.8	1.3	3.3	1.7				0.4
安徽	159.5	33.1	77.4	18.3	3.0	8.3	4.0		15.4
福建	132.6	17.8	60.7	14.7	30.8	3.5			5.0
江西	52.6	6.6	33.1	2.1	2.3	2.3			6.1
山东	167.4	26.9	73.6	25.4	6.7	16.2	3.5	0.2	14.9
河南	182.6	37.7	86.7	9.6	2.8	24.7	2.4	0.7	18.1
湖北	388.9	60.7	175.8	69.4	28.8	19.8	5.0	5.9	23.7
湖南	58.6	6.3	36.3	5.6	3.1	2.4	0.1		4.8
广东	266.5	32.1	156.1	8.4	28.8	5.1		6.5	29.6
广西	32.7	9.4	12.3	4.7	0.1	1.0	0.8		4.4
海南	13.1		6.4	2.2	1.7	1.5			1.2
重庆	81.9	10.6	60.4	0.9	0.4	5.2	1.3	1.4	1.7
四川	187.7	34.2	99.8	6.2	16.1	2.4		3.6	25.4
贵州	140.4	30.4	47.2	14.3	12.3	5.9	0.7	0.1	29.5
云南	15.5	6.6	6.7	0.7	0.4	0.9			0.2
西藏									
陕西	100.2	20.9	46.2	3.7	8.8	12.3	0.1	1.5	6.8
甘肃	10.8	4.0	4.0			0.6	0.5		1.8
青海	6.6	1.9	4.0	0.1		0.6			
宁夏	6.1			1.9					4.3
新疆	300.6	16.9	202.8	14.2	24.9	20.8	8.1	1.9	11.1

各地区中央建筑业企业机械设备情况

地区	年末自有机械设备总台数(台)	年末自有机械设备总功率(千瓦)	#施工机械总功率	年末自有机械设备净值(万元)	技术装备率(元/人)	动力装备率(千瓦/人)
全国总计	**584056**	**17624255**	**13146045**	**3384977**	**17060**	**8.9**
北　京	38662	1017140	743179	170114	10424	6.2
天　津	23447	890742	774913	255793	41530	14.5
河　北	36246	1091960	875621	212506	21494	11.0
山　西	25848	1115997	872968	219412	15718	8.0
内蒙古	3904	98949	77918	20852	11782	5.6
辽　宁	35588	1328640	951443	182361	13488	9.8
吉　林	19834	509211	353278	85390	12927	7.7
黑龙江	19075	704343	513614	130716	26180	14.1
上　海	26153	788714	694927	211516	34734	13.0
江　苏	28174	494274	347852	77082	13225	8.5
浙　江	10228	189558	142238	47120	14567	5.9
安　徽	14973	365683	318610	73820	9929	4.9
福　建	9265	272976	227234	50020	15218	8.3
江　西	9919	307781	247608	44509	11198	7.7
山　东	31218	1008089	791539	163771	17393	10.7
河　南	30378	835956	583568	149134	17122	9.6
湖　北	48070	1287462	972813	312060	18785	7.8
湖　南	19582	805210	592298	102067	16099	12.7
广　东	21172	599418	455507	94183	15603	9.9
广　西	13032	345361	295194	51281	17934	12.1
海　南	927	14948	12971	5630	12149	3.2
重　庆	4408	155001	133162	48026	16170	5.2
四　川	30302	991412	546534	133477	11112	8.3
贵　州	8777	198238	106355	43579	11900	5.4
云　南	9688	249645	136110	50998	22151	10.8
西　藏	76	710	710	131	2931	1.6
陕　西	22881	940736	610364	186125	17152	8.7
甘　肃	8487	177738	64232	35174	14006	7.1
青　海	9636	153433	122918	45221	26467	9.0
宁　夏	1890	25756	18763	6307	20080	8.2
新　疆	22216	659174	561604	176602	20667	7.7

各地区中央建筑业企业主要生产效益指标

地区	建筑业企业个数（个）	计算劳动生产率的平均人数（人）	按总产值计算的劳动生产率（元/人）	按增加值计算的劳动生产率（元/人）	人均竣工产值（元/人）	人均施工面积（平方米/人）	人均竣工面积（平方米/人）
全国总计	**1551**	**2172652**	**131270**	**35425**	**85401**	**54.7**	**18.3**
北京	231	197132	147663	34631	93193	116.0	32.4
天津	65	89013	169786	41074	100427	55.5	18.6
河北	71	102498	162396	39272	91016	48.4	17.1
山西	41	162675	141604	29046	58094	27.9	7.0
内蒙古	22	22914	52419	19779	45196	35.6	25.2
辽宁	108	137194	118492	31373	58850	33.3	9.3
吉林	43	70291	116381	30763	94111	28.1	12.7
黑龙江	55	54391	125621	33961	119503	28.1	23.1
上海	73	67923	152205	58954	108482	34.1	9.9
江苏	51	66997	116518	36767	95391	55.1	15.7
浙江	24	35919	156997	52200	122018	16.1	4.3
安徽	40	64423	137521	38709	91679	61.9	24.8
福建	57	34800	149008	33428	117124	140.5	38.1
江西	27	40680	100700	31233	68034	26.2	12.9
山东	62	124641	128043	36032	90015	39.5	13.4
河南	57	87161	157803	37362	105151	56.1	21.0
湖北	56	161491	126466	36279	89498	88.6	24.1
湖南	44	63974	120250	36111	93709	38.7	9.2
广东	81	61503	161314	47840	89356	149.0	43.3
广西	22	28237	96014	39287	63023	24.8	11.6
海南	23	4909	105260	19969	39036	204.2	26.7
重庆	25	32328	97895	24892	53181	50.7	25.3
四川	66	118518	93485	31256	65672	38.5	15.8
贵州	26	40939	123109	31063	71417	89.1	34.3
云南	19	25673	119090	42963	63379	11.7	6.1
西藏	2	582	99192	19278	86426		
陕西	43	118657	146507	29687	91305	24.4	8.4
甘肃	19	26445	88934	34415	76711	11.6	4.1
青海	14	16741	125395	40504	116512	12.1	4.0
宁夏	4	3743	123593	55389	70922	26.2	16.4
新疆	80	110260	101847	30980	80333	45.3	27.3

各地区中央建筑业企业营业额

单位:万元

地区	企业营业额	在境外完成的营业额	企业总产值	#建筑业总产值	#对内销售产值
全国总计	**32401428**	**879204**	**31522224**	**28520462**	**524988**
北京	3685005	566985	3118020	2910909	31373
天津	1577913	14701	1563212	1511314	3638
河北	1744536	10103	1734433	1664529	8199
山西	2438014	8223	2429791	2303540	3461
内蒙古	123181		123181	120114	303
辽宁	1726645		1726645	1625641	16610
吉林	868610	1898	866712	818051	33332
黑龙江	790201	12160	778041	683267	35554
上海	1303934	9410	1294524	1033824	26606
江苏	875571	36328	839243	780636	12029
浙江	676629	2531	674098	563919	2930
安徽	1024647	8277	1016370	885950	12602
福建	532851	3031	529820	518548	1197
江西	429235	1838	427397	409648	
山东	1737881	20047	1717834	1595939	55885
河南	1455022	25352	1429670	1375427	10120
湖北	2323817	22351	2301466	2042306	56350
湖南	875311	36094	839217	769286	21421
广东	1070884	2945	1067939	992130	1585
广西	310769	850	309919	271114	591
海南	51844		51844	51672	
重庆	337886		337886	316474	2032
四川	1691488	62436	1629052	1107969	172985
贵州	526891		526891	503995	371
云南	338066	4740	333326	305741	527
西藏	5773		5773	5773	
陕西	1818467	19066	1799401	1738411	2432
甘肃	322307	9	322298	235187	6822
青海	219875		219875	209923	60
宁夏	48628		48628	46261	396
新疆	1469547	9829	1459718	1122964	5577

各地区中央建筑业增加值及其构成

单位:万元

地区	建筑业增加值	本年提取固定资产折旧	主营业务应付工资总额	主营业务应付福利费总额
全国总计	**7696563**	**775142**	**2534878**	**329969**
北京	682697	47889	202930	24669
天津	365616	47835	105208	13041
河北	402533	38853	114009	19884
山西	472508	51014	145066	18022
内蒙古	45321	4137	20180	1984
辽宁	430418	42034	147430	20117
吉林	216233	22365	68114	9276
黑龙江	184718	17672	70777	9875
上海	400436	44502	127405	17035
江苏	246328	18126	94859	10293
浙江	187497	15106	62936	9076
安徽	249374	19496	78768	9577
福建	116328	8161	47181	5278
江西	127057	13739	47612	6220
山东	449110	39774	167380	20331
河南	325653	33852	105970	13279
湖北	585866	56192	185296	28980
湖南	231015	29147	62282	7762
广东	294230	25480	106702	13786
广西	110935	11564	40097	5873
海南	9803	306	4952	284
重庆	80471	5350	30402	3508
四川	370438	36253	131766	14015
贵州	127167	11672	48019	5912
云南	110300	14211	36146	4329
西藏	1122	46	656	25
陕西	352256	41802	109687	12629
甘肃	91010	6630	33785	4657
青海	67807	10352	19278	2676
宁夏	20732	901	8910	1236
新疆	341584	60681	111075	16340

各地区中央建筑业增加值及其构成

续表　　　　　　　　　　　　　　　　　　　　　　　　　　　单位：万元

地区	工程结算税金及附加	工程结算利润	管理费用中的税金	管理费用中的劳动待业保险费
全国总计	**837061**	**2745043**	**32556**	**441914**
北京	96313	280240	3051	27605
天津	42595	139005	2276	15656
河北	43822	158051	1568	26346
山西	62418	171121	1136	23731
内蒙古	3428	13252	89	2251
辽宁	46711	142454	2017	29655
吉林	23602	81510	1089	10277
黑龙江	18123	59719	616	7936
上海	33630	149682	1151	27031
江苏	24900	83337	752	14061
浙江	15350	75229	683	9117
安徽	26566	94943	1051	18973
福建	17159	32952	463	5134
江西	12539	39607	188	7152
山东	42540	155233	2761	21091
河南	37944	114713	782	19113
湖北	65088	209384	2468	38458
湖南	23257	91581	1175	15811
广东	31233	98356	1523	17150
广西	8612	37695	305	6789
海南	1538	2583	29	111
重庆	8534	26446	337	5894
四川	30357	125386	796	31865
贵州	17051	35646	1502	7365
云南	8710	37588	354	8962
西藏	165	230		
陕西	50522	119064	806	17746
甘肃	5697	32470	2058	5713
青海	7760	22722	245	4774
宁夏	1625	7204	102	754
新疆	29272	107640	1183	15393

各地区中央建筑业企业资产构成

单位:万元

地区	资产合计	#流动资产小计	#长期投资	#固定资产小计	#无形及递延资产
全国总计	**34102467**	**23545908**	**1792634**	**7694381**	**709989**
北京	4200009	3258860	345752	463277	56555
天津	1602937	1043915	75893	447381	26671
河北	1595398	1124332	42203	376515	26891
山西	2048064	1409318	36763	486258	85687
内蒙古	176948	130232	1675	44623	347
辽宁	1649085	1205226	22886	391123	14586
吉林	864328	640992	6442	184519	31636
黑龙江	977862	721222	56853	188710	8181
上海	1836574	1171150	239984	379955	35266
江苏	998832	736777	36851	201123	15241
浙江	550942	400153	11153	119712	7766
安徽	930075	671774	16493	202536	19174
福建	517629	398089	11922	91285	8120
江西	401435	268287	19244	97348	12317
山东	1718234	1281204	59157	335156	22462
河南	1277252	918072	11310	324140	20099
湖北	2878273	1863353	167050	695568	135512
湖南	944377	625475	12971	239875	55638
广东	1337862	976325	40610	283932	23953
广西	452690	251893	77578	105840	6572
海南	65401	51069	4256	8559	1517
重庆	346451	220793	29854	86814	5260
四川	1587077	945958	265585	341436	16175
贵州	509226	381060	11090	94283	10744
云南	330433	220474	15763	89716	2946
西藏	14961	8366	4329	2261	5
陕西	1540703	1043946	60296	399862	12606
甘肃	339001	237578	11266	75592	13947
青海	257339	161985	18167	76360	676
宁夏	42829	27796	3426	11054	43
新疆	2110240	1150234	75812	849568	33396

各地区中央建筑业企业流动资产及递延资产

单位:万元

地　区	流动资产	#存货	#在建工程	无形及递延资产	#无形资产
全国总计	**23545908**	**4315162**	**1862438**	**709989**	**518721**
北　京	3258860	781090	475994	56555	38770
天　津	1043915	160997	86587	26671	21410
河　北	1124332	195736	84687	26891	10762
山　西	1409318	184693	73763	85687	79063
内蒙古	130232	19535	12683	347	220
辽　宁	1205226	228336	76584	14586	11654
吉　林	640992	116035	35744	31636	27533
黑龙江	721222	107628	7557	8181	4816
上　海	1171150	218461	109825	35266	23700
江　苏	736777	148872	34896	15241	9068
浙　江	400153	61599	34399	7766	4044
安　徽	671774	95544	31741	19174	15682
福　建	398089	50209	23766	8120	2764
江　西	268287	38868	14110	12317	11182
山　东	1281204	192452	61717	22462	19780
河　南	918072	174024	80271	20099	15977
湖　北	1863353	328672	162410	135512	118382
湖　南	625475	117509	53502	55638	53366
广　东	976325	165423	52624	23953	5282
广　西	251893	47443	16912	6572	5945
海　南	51069	4167	1583	1517	65
重　庆	220793	49436	21850	5260	4636
四　川	945958	249679	134947	16175	14009
贵　州	381060	70909	49349	10744	3547
云　南	220474	36315	10966	2946	2687
西　藏	8366			5	
陕　西	1043946	169691	44282	12606	10357
甘　肃	237578	63176	33089	13947	597
青　海	161985	19133	8729	676	436
宁　夏	27796	4019	1118	43	42
新　疆	1150234	215511	26753	33396	2945

各地区中央建筑业企业固定资产情况

单位:万元

地区	固定资产小计	固定资产原价	#生产经营用	固定资产折旧	#本年折旧
全国总计	**7694381**	**12430492**	**9826217**	**5402549**	**775142**
北京	463277	770466	533057	312923	47889
天津	447381	750756	637732	358467	47835
河北	376515	620044	483177	272654	38853
山西	486258	722286	479543	259802	51014
内蒙古	44623	87549	80913	44008	4137
辽宁	391123	712577	561612	327240	42034
吉林	184519	297531	241601	123894	22365
黑龙江	188710	315315	277489	126886	17672
上海	379955	710080	568667	339917	44502
江苏	201123	337402	279620	138034	18126
浙江	119712	195549	164115	78341	15106
安徽	202536	319805	264378	117269	19496
福建	91285	158524	114626	70796	8161
江西	97348	161337	139168	67791	13739
山东	335156	585802	500624	273016	39774
河南	324140	496541	403251	246131	33852
湖北	695568	1082937	812846	463026	56192
湖南	239875	360390	286081	155945	29147
广东	283932	506240	413243	241975	25480
广西	105840	187291	153787	88955	11564
海南	8559	11347	10988	4103	306
重庆	86814	120856	111898	47530	5350
四川	341436	623596	539372	351654	36253
贵州	94283	132765	117375	55065	11672
云南	89716	151599	121916	67049	14211
西藏	2261	2393	2393	137	46
陕西	399862	622065	526523	245944	41802
甘肃	75592	113021	91192	40813	6630
青海	76360	115788	86161	42084	10352
宁夏	11054	17229	15869	6763	901
新疆	849568	1141411	807000	434337	60681

各地区中央建筑业企业负债及所有者权益

单位:万元

地　　区	负债合计	流动负债	长期负债	所有者权益	#实收资本
全国总计	**24784474**	**23540848**	**1243626**	**9317993**	**7211324**
北　　京	3247155	3130432	116723	952854	742001
天　　津	1095913	1000027	95886	507024	342680
河　　北	1253106	1183950	69156	342292	314362
山　　西	1577727	1494585	83142	470337	386060
内 蒙 古	122911	116031	6880	54037	84454
辽　　宁	1170875	1149014	21861	478210	386283
吉　　林	654305	633142	21163	210023	174621
黑 龙 江	691218	681509	9709	286644	259905
上　　海	1236586	1152896	83690	599988	362370
江　　苏	768512	739565	28947	230320	179530
浙　　江	368181	363503	4678	182761	104599
安　　徽	677003	645942	31061	253072	204480
福　　建	396667	383403	13264	120962	92226
江　　西	299743	286420	13323	101692	85032
山　　东	1285238	1245016	40222	432996	374372
河　　南	955012	939492	15520	322240	282787
湖　　北	2093700	1924909	168791	784573	533289
湖　　南	659190	605637	53553	285187	158941
广　　东	1006729	938413	68316	331133	234291
广　　西	275678	250190	25488	177012	94647
海　　南	46092	44544	1548	19309	17343
重　　庆	230633	221997	8636	115818	85299
四　　川	1070444	956152	114292	516633	394398
贵　　州	395536	380308	15228	113690	84862
云　　南	257112	249792	7320	73321	54943
西　　藏				14961	14961
陕　　西	1161354	1114612	46742	379349	320524
甘　　肃	246542	242917	3625	92459	73398
青　　海	197022	193933	3089	60317	52662
宁　　夏	29328	28691	637	13501	12684
新　　疆	1314962	1243826	71136	795278	703320

各地区中央建筑业企业实收资本

单位:万元

地　区	合　计	国家资本	集体资本	法人资本	个人资本	港澳台资本	外商资本
全国总计	**7211324**	**2957983**	**242899**	**3909990**	**84277**	**7592**	**8583**
北　京	742001	430408	39899	252842	12340	1913	4599
天　津	342680	137543	11649	191308	2058		122
河　北	314362	235529	9101	69518	214		
山　西	386060	46587	5305	333920	248		
内蒙古	84454	70791	1176	11438	1049		
辽　宁	386283	214819	27277	139910	3149	1128	
吉　林	174621	77456	6662	90503			
黑龙江	259905	50188	9256	197340	3121		
上　海	362370	234440	3693	102081	18701	843	2612
江　苏	179530	91654	79	84156		3641	
浙　江	104599	20503	3271	80125	700		
安　徽	204480	127695	39631	35986	1168		
福　建	92226	23125	33	66788	2230	50	
江　西	85032	36697	257	46260	801	17	1000
山　东	374372	102491	18725	237693	15463		
河　南	282787	74934	5895	201455	503		
湖　北	533289	97195	9943	421603	4298		250
湖　南	158941	39922	593	117252	1174		
广　东	234291	85482	1254	144105	3450		
广　西	94647	19777	2150	72720			
海　南	17343	12568		4775			
重　庆	85299	66944	1775	14960	1620		
四　川	394398	268609	8784	114978	2027		
贵　州	84862	83066	679	1067	50		
云　南	54943	17325	2606	33775	1237		
西　藏	14961	14961					
陕　西	320524	90648	29378	197515	2983		
甘　肃	73398	32294	2806	36232	2066		
青　海	52662	34147	628	16425	1462		
宁　夏	12684	9614		3070			
新　疆	703320	110571	394	590190	2165		

各地区中央建筑业企业收入情况

单位:万元

地区	工程结算收入	工程结算成本	工程结算税金及附加	工程结算利润	其他业务收入	#其他业务利润
全国总计	**29872807**	**26290703**	**837061**	**2745043**	**1522437**	**166213**
北　京	3532028	3155475	96313	280240	84380	10559
天　津	1453712	1272112	42595	139005	69330	2086
河　北	1571737	1369864	43822	158051	31846	4846
山　西	2318073	2084534	62418	171121	112976	12274
内蒙古	115727	99047	3428	13252	3046	-182
辽　宁	1566679	1377514	46711	142454	91781	11625
吉　林	804569	699457	23602	81510	37219	3244
黑龙江	792958	715116	18123	59719	25109	1388
上　海	1326944	1143632	33630	149682	139176	18827
江　苏	819437	711200	24900	83337	31278	4555
浙　江	622392	531813	15350	75229	34576	5431
安　徽	922369	800860	26566	94943	131306	3135
福　建	534962	484851	17159	32952	10780	2474
江　西	413845	361699	12539	39607	15164	2736
山　东	1574176	1376403	42540	155233	53477	3443
河　南	1319507	1166850	37944	114713	34343	6837
湖　北	2219455	1944983	65088	209384	120279	11937
湖　南	767986	653148	23257	91581	50068	7326
广　东	1077739	948150	31233	98356	35660	8205
广　西	287841	241534	8612	37695	31335	4476
海　南	44656	40535	1538	2583	116	87
重　庆	290496	255516	8534	26446	18578	1736
四　川	1099933	944190	30357	125386	87758	7552
贵　州	501859	449162	17051	35646	90850	6057
云　南	298675	252377	8710	37588	12059	-181
西　藏	5030	4635	165	230		
陕　西	1749816	1580230	50522	119064	72653	7033
甘　肃	233604	195437	5697	32470	32391	3949
青　海	223938	193456	7760	22722	12110	1257
宁　夏	51167	42338	1625	7204	830	158
新　疆	1331497	1194585	29272	107640	51963	13343

各地区中央建筑业企业费用情况

单位:万元

地　　区	管理费用	#税金	#财产保险费	#劳动待业保险费	财务费用	#利息支出
全国总计	**2402248**	**32556**	**13225**	**441914**	**145002**	**140814**
北　　京	228877	3051	510	27605	14987	17946
天　　津	104876	2276	2103	15656	6693	4960
河　　北	124842	1568	1025	26346	13705	11673
山　　西	161594	1136	377	23731	4400	6652
内 蒙 古	11790	89	79	2251	250	183
辽　　宁	136535	2017	328	29655	8571	6371
吉　　林	69514	1089	184	10277	4290	3748
黑 龙 江	44256	616	205	7936	3604	3761
上　　海	142170	1151	233	27031	4828	3152
江　　苏	71993	752	591	14061	8315	8014
浙　　江	54419	683	373	9117	1771	2073
安　　徽	83319	1051	748	18973	4058	5659
福　　建	31576	463	46	5134	1564	1386
江　　西	38367	188	63	7152	2007	1871
山　　东	121935	2761	709	21091	2627	2059
河　　南	109592	782	237	19113	5003	5821
湖　　北	184146	2468	1004	38458	19803	19068
湖　　南	70176	1175	247	15811	4747	4148
广　　东	84020	1523	336	17150	8042	6625
广　　西	34270	305	1221	6789	1588	1582
海　　南	2327	29	2	111	265	187
重　　庆	21955	337	98	5894	1629	1688
四　　川	109855	796	952	31865	6178	5063
贵　　州	30424	1502	92	7365	2522	2675
云　　南	29414	354	129	8962	756	535
西　　藏	133				12	
陕　　西	103411	806	356	17746	7682	7691
甘　　肃	30158	2058	188	5713	911	1467
青　　海	21194	245	137	4774	340	720
宁　　夏	5624	102	55	754	104	113
新　　疆	139486	1183	597	15393	3750	3923

各地区中央建筑业企业利润及税金情况

单位:万元

地　　区	利润总额	#应交所得税	税金总额	工程结算税金及附加	管理费用中的税金
全国总计	**314076**	**123968**	**869617**	**837061**	**32556**
北　京	49213	17310	99364	96313	3051
天　津	30677	7713	44871	42595	2276
河　北	24169	6935	45390	43822	1568
山　西	10738	3455	63554	62418	1136
内蒙古	1140	393	3517	3428	89
辽　宁	14027	5740	48728	46711	2017
吉　林	10102	4618	24691	23602	1089
黑龙江	8080	2642	18739	18123	616
上　海	32401	6190	34781	33630	1151
江　苏	1001	2844	25652	24900	752
浙　江	16711	8946	16033	15350	683
安　徽	10861	3067	27617	26566	1051
福　建	3889	1341	17622	17159	463
江　西	1867	737	12727	12539	188
山　东	31331	10115	45301	42540	2761
河　南	5495	4023	38726	37944	782
湖　北	4492	3875	67556	65088	2468
湖　南	20777	9050	24432	23257	1175
广　东	15202	3222	32756	31233	1523
广　西	6291	1901	8917	8612	305
海　南	76	68	1567	1538	29
重　庆	5886	1458	8871	8534	337
四　川	14605	5828	31153	30357	796
贵　州	8704	2235	18553	17051	1502
云　南	4397	1416	9064	8710	354
西　藏	85	14	165	165	
陕　西	15530	4938	51328	50522	806
甘　肃	3474	1228	7755	5697	2058
青　海	2084	353	8005	7760	245
宁　夏	994	423	1727	1625	102
新　疆	-40223	1890	30455	29272	1183

各地区中央建筑业企业工程拖欠款及企业亏损情况

地　区	年末拖欠工程款(万元)	#竣工拖欠	企业个数(个)	#亏损企业个数	亏损企业的比重(%)
全国总计	**5759388**	**2701224**	**1551**	**312**	**20.1**
北　京	887763	378762	231	58	25.1
天　津	302931	159882	65	13	20.0
河　北	327656	164646	71	13	18.3
山　西	373971	152807	41	7	17.1
内蒙古	22720	9908	22	2	9.1
辽　宁	183098	111673	108	22	20.4
吉　林	207240	142838	43	10	23.3
黑龙江	293467	165594	55	6	10.9
上　海	205294	85581	73	10	13.7
江　苏	247291	79645	51	11	21.6
浙　江	35620	13093	24	2	8.3
安　徽	197649	52164	40	6	15.0
福　建	104706	51632	57	10	17.5
江　西	71810	25907	27	3	11.1
山　东	323643	183851	62	12	19.4
河　南	169157	98306	57	14	24.6
湖　北	485785	229846	56	15	26.8
湖　南	95539	35470	44	15	34.1
广　东	324343	131657	81	13	16.0
广　西	19221	17015	22	4	18.2
海　南	8924	5796	23	11	47.8
重　庆	86816	57659	25	8	32.0
四　川	144070	49458	66	11	16.7
贵　州	37366	17822	26	6	23.1
云　南	32891	7369	19	2	10.5
西　藏			2		
陕　西	236453	115445	43	8	18.6
甘　肃	68001	30097	19	7	36.8
青　海	67613	13665	14	1	7.1
宁　夏	4994	1221	4		
新　疆	193356	112415	80	12	15.0

各地区地方建筑业企业主要经济效益指标

地　　区	产值利润率(%)	产值利税率(%)	资本利润率(%)	资本利税率(%)	人均利润(元/人)	人均利税(元/人)	资产负债率(%)
全国总计	**1.1**	**4.2**	**4.4**	**16.4**	**1446**	**5448**	**72.7**
北　　京	1.7	5.1	6.6	20.0	2496	7537	77.3
天　　津	2.0	5.0	9.0	22.0	3446	8487	68.4
河　　北	1.5	4.2	7.7	22.1	2358	6786	78.5
山　　西	0.5	3.2	2.8	19.2	660	4567	77.0
内 蒙 古	0.9	3.9	1.3	5.5	498	2032	69.5
辽　　宁	0.9	3.9	3.6	16.2	1022	4574	71.0
吉　　林	1.2	4.3	5.8	19.9	1437	4950	75.7
黑 龙 江	1.2	3.9	3.1	10.3	1486	4931	70.7
上　　海	3.1	6.5	8.9	18.5	4770	9891	67.3
江　　苏	0.1	3.4	0.6	14.8	149	3978	76.9
浙　　江	3.0	5.8	16.0	31.3	4652	9116	66.8
安　　徽	1.2	4.3	5.3	18.8	1686	5973	72.8
福　　建	0.7	4.1	4.2	23.3	1118	6181	76.6
江　　西	0.5	3.6	2.2	17.2	459	3588	74.7
山　　东	2.0	4.8	8.4	20.5	2514	6148	74.8
河　　南	0.4	3.2	1.9	15.6	630	5073	74.8
湖　　北	0.2	3.5	0.8	13.5	278	4461	72.7
湖　　南	2.7	5.9	13.1	28.4	3248	7067	69.8
广　　东	1.5	4.8	6.5	20.5	2472	7798	75.2
广　　西	2.3	5.6	6.6	16.1	2228	5386	60.9
海　　南	0.1	3.2	0.4	9.5	155	3347	70.5
重　　庆	1.9	4.7	6.9	17.3	1821	4565	66.6
四　　川	1.3	4.1	3.7	11.6	1232	3861	67.4
贵　　州	1.7	5.4	10.3	32.1	2126	6658	77.7
云　　南	1.4	4.4	8.0	24.5	1713	5243	77.8
西　　藏	1.5	4.3	0.6	1.7	1460	4296	
陕　　西	0.9	3.8	4.8	20.9	1309	5635	75.4
甘　　肃	1.5	4.8	4.7	15.3	1314	4246	72.7
青　　海	1.0	4.8	4.0	19.2	1245	6027	76.6
宁　　夏	2.1	5.9	7.8	21.5	2656	7270	68.5
新　　疆	-3.6	-0.9	-5.7	-1.4	-3648	-886	62.3

各地区地方建筑业企业签订合同情况

单位:万元

地区	合同总额	上年结转合同额	本年新签合同额
全国总计	**216548462**	**71252626**	**145295836**
北京	11578234	4043564	7534670
天津	3119151	971002	2148149
河北	6860423	1905566	4954857
山西	2915466	945391	1970075
内蒙古	2551023	539055	2011968
辽宁	8499578	2427742	6071836
吉林	2493869	750302	1743567
黑龙江	4077022	901812	3175210
上海	11248988	3998246	7250742
江苏	26859469	7869454	18990015
浙江	33147889	10934009	22213880
安徽	5590548	1515845	4074703
福建	5371459	2061017	3310442
江西	2838120	781890	2056230
山东	12512118	4101182	8410936
河南	5433887	1718666	3715221
湖北	5710293	1646609	4063684
湖南	7401864	2627942	4773922
广东	20489479	8916939	11572540
广西	2885366	1004763	1880603
海南	591025	216457	374568
重庆	6426373	2344323	4082050
四川	12499120	4175333	8323787
贵州	2033419	930645	1102774
云南	4498055	1359791	3138264
西藏	310159	30263	279896
陕西	2502732	854437	1648295
甘肃	1962520	594287	1368233
青海	651524	165058	486466
宁夏	938008	203007	735001
新疆	2551281	718029	1833252

各地区的地方建筑业企业承包工程完成情况

单位：万元

地　　区	直接从建设单位承揽工程完成的产值	自行完成施工产值	分包出去工程的产值	从建设单位以外承揽工程完成的产值
全国总计	**152484982**	**148625225**	**3859757**	**8126066**
北　京	7583742	7150917	432825	488709
天　津	2485811	2413449	72362	136865
河　北	5373790	5306012	67778	141171
山　西	2077597	2010974	66623	154943
内蒙古	2050317	2035056	15261	45024
辽　宁	6686630	6638119	48511	129668
吉　林	2082409	2066981	15428	40985
黑龙江	3371221	3341908	29313	53922
上　海	6950624	6117363	833261	1071543
江　苏	19492271	18963516	528755	2251012
浙　江	21558402	21409399	149003	856588
安　徽	4290265	4221415	68850	174818
福　建	3434778	3376070	58708	132256
江　西	1989992	1970912	19080	70158
山　东	9564050	9482021	82029	433770
河　南	3898028	3829020	69008	162881
湖　北	4211110	4150790	60320	172395
湖　南	5047389	4985947	61442	200383
广　东	12756191	11948872	807319	476806
广　西	1948914	1893988	54926	46582
海　南	362376	358177	4199	5240
重　庆	4562482	4478337	84145	211732
四　川	9379561	9264712	114849	352548
贵　州	1278643	1272947	5696	34302
云　南	3207658	3175687	31971	100947
西　藏	218090	209014	9076	2162
陕　西	1699869	1667281	32588	60035
甘　肃	1643656	1639866	3790	48745
青　海	517550	512968	4582	10659
宁　夏	781094	777890	3204	14970
新　疆	1980472	1955617	24855	44247

各地区地方建筑业总产值和竣工产值

单位：万元

地区	建筑业总产值	#装饰装修产值	#在外省完成的产值	按构成分组			竣工产值
				建筑工程产值	安装工程产值	其他产值	
全国总计	**156751291**	**11347736**	**24586117**	**134748641**	**16306361**	**5696289**	**118739561**
北京	7639626	1771952	295634	6868377	581015	190234	5727292
天津	2550314	148612	206672	2036217	402852	111245	1796247
河北	5447183	269736	693561	4891552	418520	137111	4198608
山西	2165917	186209	114838	1761664	307423	96830	1651225
内蒙古	2080080	59404	163554	1813155	228875	38050	1773077
辽宁	6767787	420655	628264	5650153	995635	121999	5238898
吉林	2107966	66120	118720	1854839	222908	30219	1878519
黑龙江	3395830	240611	271280	2876644	393485	125701	2843040
上海	7188906	944048	513446	6050417	804656	333833	5474489
江苏	21214528	1283038	7822051	18002729	2139332	1072467	16153498
浙江	22265987	1467363	6920386	19377637	2093323	795027	16081751
安徽	4396233	290061	507289	3771882	417787	206564	3301426
福建	3508326	251541	390506	3052075	358945	97306	2724809
江西	2041070	133135	134931	1744181	183473	113416	1564327
山东	9915791	644947	490534	8372827	1323121	219843	7285161
河南	3991901	201669	536946	3524204	375071	92626	3162832
湖北	4323185	287465	335791	3642064	363556	317565	3236741
湖南	5186330	191486	783752	4507458	301004	377868	3780921
广东	12425678	1248021	957351	10310858	1829764	285056	9420070
广西	1940570	83661	145284	1692092	181929	66549	1406876
海南	363417	28063	54523	329542	30329	3546	221245
重庆	4690069	216116	431013	4171937	348899	169233	3250589
四川	9617260	514985	1642300	8362308	871764	383188	7425763
贵州	1307249	29892	87956	1123169	161574	22506	971324
云南	3276634	165502	55700	2953012	207983	115639	2652122
西藏	211176	6330	831	187777	19021	4378	188628
陕西	1727316	45498	99330	1514106	182170	31040	1298775
甘肃	1688611	38370	118985	1473323	169323	45965	1446786
青海	523627	15159	3221	468941	39981	14705	389840
宁夏	792860	21164	48799	694160	89452	9248	664795
新疆	1999864	76923	12669	1669341	263191	67332	1529887

各地区地方建筑业企业单位工程施工个数及工程质量

地　　区	单位工程施工个数（个）	#本年新开工	#实行投标承包个数	#本年新开工	单位工程竣工个数（个）	#一次交验合格个数	单位工程一次交验合格率（%）	投标承包个数的比重（%）
全国总计	**785987**	**552132**	**399024**	**281186**	**537609**	**469345**	**87.3**	**50.8**
北　京	24681	17734	8520	5757	16786	14556	86.7	34.5
天　津	16767	12740	5485	4069	11995	9647	80.4	32.7
河　北	26813	18589	18233	12838	18059	16694	92.4	68.0
山　西	14432	10629	6806	4910	10301	9284	90.1	47.2
内蒙古	9050	6877	5936	4375	6670	6423	96.3	65.6
辽　宁	37883	28755	14932	11015	29160	22674	77.8	39.4
吉　林	9777	7999	5903	4826	8226	7306	88.8	60.4
黑龙江	14088	11035	7588	5282	11571	10322	89.2	53.9
上　海	36923	25216	11670	7823	25715	20458	79.6	31.6
江　苏	87312	66778	47857	36159	64254	58885	91.6	54.8
浙　江	72641	48194	44920	29158	44358	39870	89.9	61.8
安　徽	36213	27370	19238	14311	25760	23402	90.8	53.1
福　建	28461	17007	7560	5118	19807	16741	84.5	26.6
江　西	14539	10469	8229	5975	9384	8580	91.4	56.6
山　东	58847	40701	33782	23510	38849	34293	88.3	57.4
河　南	24201	15853	15526	10456	15417	13368	86.7	64.2
湖　北	26183	18002	13753	9754	17527	16217	92.5	52.5
湖　南	21825	14754	13251	9301	14176	13089	92.3	60.7
广　东	60943	40644	19825	13132	40308	31537	78.2	32.5
广　西	22165	14802	10646	6515	13499	11583	85.8	48.0
海　南	2094	1340	945	658	1202	881	73.3	45.1
重　庆	18966	12556	10642	7620	11820	11113	94.0	56.1
四　川	49198	33890	25973	18892	33252	31090	93.5	52.8
贵　州	8463	5417	4875	3303	5257	4569	86.9	57.6
云　南	21060	13442	11328	7457	14399	10543	73.2	53.8
西　藏	892	784	627	543	775	764	98.6	70.3
陕　西	9956	6262	6711	4599	5903	5404	91.5	67.4
甘　肃	9587	6900	6465	4801	6673	5637	84.5	67.4
青　海	3068	2214	1953	1446	2253	2024	89.8	63.7
宁　夏	5810	4707	2716	2067	4477	3997	89.3	46.7
新　疆	13149	10472	7129	5516	9776	8394	85.9	54.2

各地区地方建筑业企业房屋建筑面积及工程质量

地区	房屋建筑施工面积(万平方米)	#本年新开工	#实行投标承包面积	#本年新开工	房屋建筑竣工面积(万平方米)	#一次交验合格面积	竣工面积一次交验合格率(%)	实行投标承包面积的比重(%)
全国总计	**203728.4**	**121303.5**	**155196.2**	**97071.3**	**106232.9**	**96437.8**	**90.8**	**76.2**
北　京	7954.7	3821.7	6745.9	3407.0	3188.7	3078.2	96.5	84.8
天　津	2323.9	1290.2	1872.5	1122.7	1166.7	1017.1	87.2	80.6
河　北	7802.1	5119.2	6839.9	4608.5	4566.0	4203.2	92.1	87.7
山　西	2458.2	1428.7	1918.6	1154.7	1319.2	1114.1	84.5	78.0
内蒙古	2096.9	1424.5	1575.5	1112.6	1439.3	1352.9	94.0	75.1
辽　宁	6777.8	4374.5	5770.8	3683.1	3909.8	3377.4	86.4	85.1
吉　林	2278.1	1583.5	1887.3	1409.1	1508.0	1306.9	86.7	82.8
黑龙江	3173.3	2193.7	2402.6	1700.1	1995.0	1817.9	91.1	75.7
上　海	6008.7	3342.1	4444.0	2706.7	2359.9	2110.2	89.4	74.0
江　苏	27384.5	18338.1	21433.2	14595.7	15373.6	14703.5	95.6	78.3
浙　江	28454.9	16768.5	24170.6	14159.1	12766.3	12302.3	96.4	84.9
安　徽	5945.7	3838.1	4232.7	3000.7	3688.2	3383.4	91.7	71.2
福　建	5052.0	2593.1	3209.5	1761.7	2385.9	1993.0	83.5	63.5
江　西	3424.1	2251.7	2547.0	1766.6	1863.1	1633.4	87.7	74.4
山　东	14692.2	9127.3	11305.0	7285.1	7897.6	7039.5	89.1	76.9
河　南	6629.8	3714.4	5317.8	3055.8	3448.3	3066.2	88.9	80.2
湖　北	5796.8	3831.8	4358.7	2990.5	3762.3	3315.1	88.1	75.2
湖　南	6908.1	4158.3	5050.5	3276.3	3602.5	3272.0	90.8	73.1
广　东	17965.9	8629.1	10368.9	5498.6	7681.4	6304.7	82.1	57.7
广　西	2927.8	1716.1	2276.6	1401.4	1292.9	1185.3	91.7	77.8
海　南	444.6	251.9	355.3	217.8	195.7	174.3	89.1	79.9
重　庆	8543.5	4640.6	5880.1	3582.2	4629.2	4235.1	91.5	68.8
四　川	14447.7	8926.4	10374.0	6984.6	8303.9	7591.5	91.4	71.8
贵　州	1944.7	997.2	1445.9	805.3	913.9	828.6	90.7	74.4
云　南	3376.1	1827.4	2334.0	1403.3	2210.7	1910.0	86.4	69.1
西　藏	124.7	81.4	55.3	43.9	95.0	93.6	98.5	44.4
陕　西	3035.6	1648.1	2473.4	1478.8	1353.7	1219.4	90.1	81.5
甘　肃	2426.0	1395.3	1788.6	1106.0	1484.9	1155.8	77.8	73.7
青　海	431.1	265.2	329.5	224.5	237.5	208.5	87.8	76.4
宁　夏	824.9	557.0	682.2	502.2	424.8	397.1	93.5	82.7
新　疆	2073.7	1168.3	1750.2	1026.8	1168.9	1047.9	89.6	84.4

各地区按主要用途分的地方建筑业企业房屋建筑竣工面积

单位:万平方米

地区	合计	厂房	住宅	办公用房	商业、居民服务业用房	文化教育用房	医疗用房	科研用房	其他用房
全国总计	**106232.9**	**14275.1**	**61733.0**	**8506.8**	**9182.9**	**6445.2**	**969.9**	**444.5**	**4675.4**
北京	3188.7	188.0	2328.1	247.5	144.5	91.4	16.1	27.0	146.0
天津	1166.7	222.7	652.9	65.2	71.4	61.1	7.3	8.3	77.7
河北	4566.0	328.2	2981.8	377.4	419.4	254.1	33.7	31.6	139.7
山西	1319.2	94.9	770.3	129.7	157.2	104.6	7.3	1.7	53.4
内蒙古	1439.3	73.6	909.6	99.0	202.3	93.1	7.4	4.0	50.3
辽宁	3909.8	332.5	2649.1	235.3	323.4	176.3	20.7	7.9	164.5
吉林	1508.0	152.0	966.0	108.2	96.8	93.9	15.3	4.3	71.6
黑龙江	1995.0	102.8	1320.8	130.3	172.0	167.0	9.8	8.4	84.0
上海	2359.9	635.7	1253.2	142.5	100.8	137.7	17.8	6.7	65.5
江苏	15373.6	2853.9	8093.5	1185.3	1267.9	912.1	131.2	118.8	810.9
浙江	12766.3	3018.8	5886.6	1068.6	1098.1	969.9	134.5	33.7	556.3
安徽	3688.2	315.0	2082.9	386.4	390.1	310.3	45.6	15.2	142.7
福建	2385.9	347.9	1338.4	229.5	193.1	116.6	22.1	9.8	128.6
江西	1863.1	163.5	1069.9	154.3	219.7	137.5	22.0	8.1	88.0
山东	7897.6	1229.5	4583.8	608.3	692.1	406.1	69.3	26.0	282.5
河南	3448.3	249.8	2207.4	340.5	212.8	208.2	45.9	11.2	172.4
湖北	3762.3	341.0	2394.0	309.3	272.3	183.9	41.5	11.2	209.2
湖南	3602.5	281.1	1948.1	402.7	441.8	257.9	38.3	24.2	208.5
广东	7681.4	1870.6	3967.2	462.0	577.4	408.9	58.4	18.0	318.9
广西	1292.9	109.3	706.9	147.9	109.5	119.1	21.9	14.0	64.5
海南	195.7	4.2	119.6	22.2	16.9	16.0	0.7	0.7	15.3
重庆	4629.2	331.1	3218.4	290.7	460.0	184.4	28.3	3.4	113.0
四川	8303.9	494.6	5504.9	546.0	839.7	447.8	82.1	23.2	365.7
贵州	913.9	43.3	594.2	65.6	85.7	74.2	10.2	1.3	39.4
云南	2210.7	186.0	1235.2	271.0	215.8	169.7	35.1	11.0	86.9
西藏	95.0	1.4	26.3	55.7	4.5	3.3	0.6		3.4
陕西	1353.7	76.4	855.3	140.0	95.5	114.6	18.1	5.0	48.8
甘肃	1484.9	150.5	893.9	131.3	112.9	104.5	7.6	8.6	75.6
青海	237.5	7.5	159.3	30.5	14.6	14.7	1.2		9.5
宁夏	424.8	25.2	272.8	34.4	38.9	29.1	6.6	0.2	17.4
新疆	1168.9	44.1	742.5	89.6	135.8	77.4	13.2	0.8	65.5

各地区地方建筑业企业机械设备情况

地　区	年末自有机械设备总台数(台)	年末自有机械设备总功率(千瓦)	#施工机械总功率	年末自有机械设备净值(万元)	技术装备率(元/人)	动力装备率(千瓦/人)
全国总计	**6955955**	**92600898**	**73493979**	**18337950**	**8959**	**4.5**
北　京	145112	2774329	1885502	439473	10855	6.9
天　津	82737	1307996	958438	268418	12805	6.2
河　北	412454	4947270	4196140	815736	9081	5.5
山　西	139873	1929070	1439892	403053	11294	5.4
内蒙古	96567	1677532	1412371	324072	12541	6.5
辽　宁	243562	4888971	3773480	881091	10804	6.0
吉　林	76932	1661193	1351752	339420	13451	6.6
黑龙江	146008	2923111	2363340	637677	15958	7.3
上　海	122375	1544863	1225178	360875	10058	4.3
江　苏	689825	8779827	7537943	1906869	7861	3.6
浙　江	559235	6824590	5625176	1608382	8223	3.5
安　徽	336483	3340393	2800854	661011	8055	4.1
福　建	165326	2179013	1848561	447929	10613	5.2
江　西	120364	1473333	1153592	301650	7760	3.8
山　东	498347	5937798	4745331	1143868	6600	3.4
河　南	331048	3712813	2884248	642636	7924	4.6
湖　北	324098	3661059	2669486	752699	9954	4.8
湖　南	309485	3765345	3056647	712890	8316	4.4
广　东	605613	8339953	6531747	1517079	10561	5.8
广　西	156064	1914707	1437541	293100	9178	6.0
海　南	18299	294457	223230	42974	6840	4.7
重　庆	201135	2674620	2208540	619119	7888	3.4
四　川	461631	6446027	5087758	1280760	6599	3.3
贵　州	62682	945537	640676	172209	7336	4.0
云　南	214211	2785738	2028055	580353	11234	5.4
西　藏	5437	123351	70353	42998	17472	5.0
陕　西	139300	1368325	1078572	309387	9258	4.1
甘　肃	147277	1743986	1316174	297309	8019	4.7
青　海	27240	525576	369285	112965	14699	6.8
宁　夏	43340	693227	590362	155793	16776	7.5
新　疆	73895	1416888	983755	266155	18028	9.6

各地区地方建筑业企业主要生产效益指标

地　　区	建筑业企业个数（个）	计算劳动生产率的平均人数（人）	按总产值计算的劳动生产率（元/人）	按增加值计算的劳动生产率（元/人）	人均竣工产值（元/人）	人均施工面积（平方米/人）	人均竣工面积（平方米/人）
全国总计	**46269**	**22150479**	**70767**	**17736**	**53606**	**92.0**	**48.0**
北　京	1827	698344	109396	24463	82012	113.9	45.7
天　津	833	255196	99936	20678	70387	91.1	45.7
河　北	1535	1017381	53541	14072	41269	76.7	44.9
山　西	1009	412792	52470	13701	40001	59.6	32.0
内蒙古	672	400092	51990	14874	44317	52.4	36.0
辽　宁	2307	1037448	65235	16944	50498	65.3	37.7
吉　林	773	348316	60519	15377	53931	65.4	43.3
黑龙江	1372	595797	56996	15445	47718	53.3	33.5
上　海	1606	547101	131400	26428	100064	109.8	43.1
江　苏	4033	2446609	86710	20121	66024	111.9	62.8
浙　江	3109	1970305	113008	25700	81621	144.4	64.8
安　徽	1653	822251	53466	14677	40151	72.3	44.9
福　建	1506	392217	89449	22406	69472	128.8	60.8
江　西	983	382128	53413	14458	40937	89.6	48.8
山　东	4040	1935454	51232	13650	37641	75.9	40.8
河　南	1537	837885	47643	12267	37748	79.1	41.2
湖　北	1523	754694	57284	16223	42888	76.8	49.9
湖　南	1374	828607	62591	15714	45630	83.4	43.5
广　东	3804	1406433	88349	23734	66978	127.7	54.6
广　西	896	330995	58628	15645	42504	88.5	39.1
海　南	181	65478	55502	14131	33789	67.9	29.9
重　庆	1677	803064	58402	15779	40477	106.4	57.6
四　川	3258	1841890	52214	14700	40316	78.4	45.1
贵　州	564	230421	56733	15914	42154	84.4	39.7
云　南	1277	491739	66634	16775	53934	68.7	45.0
西　藏	154	28857	73180	23577	65366	43.2	32.9
陕　西	820	357240	48352	12341	36356	85.0	37.9
甘　肃	618	413352	40852	12037	35001	58.7	35.9
青　海	298	105086	49828	11791	37097	41.0	22.6
宁　夏	430	143011	55440	14912	46486	57.7	29.7
新　疆	600	250296	79900	20751	61123	82.9	46.7

各地区地方建筑业企业营业额

单位:万元

地区	企业营业额	在境外完成的营业额	企业总产值	#建筑业总产值	#对内销售产值
全国总计	**167754865**	**1454859**	**166300006**	**156751291**	**1264816**
北京	8279604	63928	8215676	7639626	82199
天津	2733631	1860	2731771	2550314	38537
河北	5917293	4257	5913036	5447183	11210
山西	2308109	8583	2299526	2165917	14252
内蒙古	2138618	1765	2136853	2080080	22789
辽宁	7077471	106513	6970958	6767787	27968
吉林	2137731		2137731	2107966	6677
黑龙江	3554536	4807	3549729	3395830	16878
上海	8419460	29431	8390029	7188906	137660
江苏	23628073	716132	22911941	21214528	135137
浙江	23380403	100285	23280118	22265987	163006
安徽	4717941	24658	4693283	4396233	134920
福建	3684316	4972	3679344	3508326	27589
江西	2106180	8916	2097264	2041070	14810
山东	10966141	128417	10837724	9915791	189662
河南	4232426	4786	4227640	3991901	31607
湖北	4574400	28185	4546215	4323185	29437
湖南	5426911	20325	5406586	5186330	19891
广东	13141573	27553	13114020	12425678	32647
广西	2143702	15364	2128338	1940570	7763
海南	366930	116	366814	363417	26
重庆	4847548	38193	4809355	4690069	18931
四川	9966702	94716	9871986	9617260	32725
贵州	1343392	2782	1340610	1307249	8239
云南	3385028	9725	3375303	3276634	12065
西藏	223003		223003	211176	88
陕西	1807362	3210	1804152	1727316	17 751
甘肃	1731472	3506	1727966	1688611	4607
青海	548515	123	548392	523627	1327
宁夏	860187		860187	792860	9674
新疆	2106207	1751	2104456	1999864	14744

各地区地方建筑业增加值及其构成

单位：万元

地 区	建筑业增加值	本年提取固定资产折旧	主营业务应付工资总额	主营业务应付福利费总额
全国总计	**39286421**	**2235376**	**17982332**	**1900225**
北 京	1708336	88044	580258	66825
天 津	527697	34938	171883	16585
河 北	1431635	83509	664029	56016
山 西	565580	50725	208624	26733
内蒙古	595114	38520	274881	24662
辽 宁	1757816	108924	782061	82766
吉 林	535604	34615	236871	28685
黑龙江	920195	64222	415836	49263
上 海	1445867	93784	522051	54516
江 苏	4922800	233705	2561561	299485
浙 江	5063761	185315	2689794	277541
安 徽	1206852	66672	553013	67009
福 建	878821	44889	410289	32618
江 西	552486	33363	240011	30702
山 东	2641926	133187	1195605	128877
河 南	1027833	57842	473049	42792
湖 北	1224345	75831	450749	55023
湖 南	1302047	82550	622430	64328
广 东	3338021	209128	1357380	132742
广 西	517833	31657	225216	26612
海 南	92530	4265	38712	4496
重 庆	1267192	69800	649128	70105
四 川	2707534	169367	1302723	126786
贵 州	366699	21325	179026	20352
云 南	824906	90223	348194	30727
西 藏	68037	4257	22674	1252
陕 西	440859	29387	203350	23703
甘 肃	497556	34215	222188	20102
青 海	123903	9276	47863	4105
宁 夏	213251	16962	100227	10472
新 疆	519385	34879	232656	24345

各地区地方建筑业增加值及其构成

续表　　　　　　　　　　　　　　　　　　　　　　　　　　　　单位:万元

地　区	工程结算税金及附加	工程结算利润	管理费用中的税金	管理费用中的劳动待业保险费
全国总计	**4830495**	**11205435**	**294153**	**838405**
北　京	223531	677109	9682	62887
天　津	68616	201583	4808	29284
河　北	176749	409871	12929	28532
山　西	72139	182697	5802	18860
内蒙古	63573	171278	5650	16550
辽　宁	221799	516404	8769	37093
吉　林	72008	146309	2467	14649
黑龙江	106727	252936	5058	26153
上　海	203573	539553	6629	25761
江　苏	535434	1189863	22501	80251
浙　江	637516	1197691	24555	51349
安　徽	146421	333563	10475	29699
福　建	117515	251103	4418	17989
江　西	66681	154927	14603	12199
山　东	284951	823505	24159	51642
河　南	119446	294378	11114	29212
湖　北	176925	427197	16020	22600
湖　南	168379	327231	14991	22138
广　东	454495	1074065	27526	82685
广　西	68386	145149	5179	15634
海　南	13800	29385	833	1039
重　庆	146452	308057	7863	15787
四　川	305012	724629	20084	58933
贵　州	47705	83624	3250	11417
云　南	103774	217836	8363	25789
西　藏	10171	27700	1387	596
陕　西	54259	115815	4190	10155
甘　肃	66894	133016	6061	15080
青　海	13549	44905	1370	2835
宁　夏	22185	57268	1163	4974
新　疆	61830	146788	2254	16633

各地区地方建筑业企业资产构成

单位：万元

地　　区	资产合计	#流动资产小计	#长期投资	#固定资产小计	#无形及递延资产
全国总计	**169798608**	**119607215**	**6949908**	**37488952**	**4509428**
北　京	10557057	8343177	959299	1011008	124429
天　津	3277250	2348503	237388	616877	49773
河　北	5535872	3509166	125206	1647090	221243
山　西	3500679	2091380	234161	1095763	45007
内蒙古	2170126	1410020	58707	618841	78701
辽　宁	7652465	5266673	234490	1888581	208689
吉　林	2708801	1913225	49531	669961	65304
黑龙江	4597215	3149131	109787	1260621	63986
上　海	9398451	7313641	487587	1400727	99825
江　苏	18696204	14162738	530043	3585035	307191
浙　江	13775298	10502519	538711	2452160	222530
安　徽	4565631	2955363	72415	1274048	229407
福　建	4967392	3754199	223621	857967	97175
江　西	2492475	1592407	59566	724935	95067
山　东	11298955	8253299	262023	2261499	443346
河　南	4293127	2516836	116792	1414434	216671
湖　北	4608703	2754951	120089	1500168	212195
湖　南	4436391	2694691	105291	1417851	167967
广　东	20034972	15359141	1070896	3052767	380067
广　西	3643127	2160518	327817	1034507	88633
海　南	435248	291955	13865	110676	16273
重　庆	4153043	2761123	161822	1063084	140827
四　川	9145771	5848401	358437	2469476	403702
贵　州	1742982	1196345	30359	429375	74423
云　南	3928116	2384674	232768	1141996	132615
西　藏	297703	127523	22964	133928	11606
陕　西	2165809	1417313	17870	653719	54284
甘　肃	1915983	1128956	40652	659684	60908
青　海	614297	368605	10767	203650	28530
宁　夏	1055324	653663	59114	323399	17639
新　疆	2134141	1377079	77870	515125	151415

各地区地方建筑业企业流动资产及递延资产

单位:万元

地区	流动资产	#存货	#在建工程	无形及递延资产	#无形资产
全国总计	**119607215**	**36758134**	**22408672**	**4509428**	**3769168**
北京	8343177	2239519	1197746	124429	93047
天津	2348503	551337	207700	49773	35525
河北	3509166	792834	361476	221243	197155
山西	2091380	448744	206815	45007	36614
内蒙古	1410020	290744	82341	78701	73459
辽宁	5266673	1059265	430397	208689	174306
吉林	1913225	234262	64075	65304	56285
黑龙江	3149131	577704	142977	63986	45355
上海	7313641	2542375	1638434	99825	75439
江苏	14162738	5453064	3973646	307191	264891
浙江	10502519	3645281	2533474	222530	176937
安徽	2955363	878504	478253	229407	190569
福建	3754199	1418211	1023604	97175	79043
江西	1592407	564581	384835	95067	77116
山东	8253299	2241369	1092103	443346	389142
河南	2516836	793475	384020	216671	193522
湖北	2754951	859968	456729	212195	169297
湖南	2694691	777882	500656	167967	145622
广东	15359141	5266903	3535314	380067	280854
广西	2160518	706309	508133	88633	78929
海南	291955	88539	59807	16273	6875
重庆	2761123	1055249	694434	140827	116926
四川	5848401	2063816	1226133	403702	359614
贵州	1196345	381095	305335	74423	65240
云南	2384674	652658	400459	132615	119911
西藏	127523	19828	7440	11606	7019
陕西	1417313	408628	199220	54284	45355
甘肃	1128956	269176	139505	60908	42974
青海	368605	69007	26809	28530	24881
宁夏	653663	199352	65178	17639	16662
新疆	1377079	208455	81624	151415	130604

各地区地方建筑业企业固定资产情况

单位：万元

地区	固定资产小计	固定资产原价	#生产经营用	固定资产折旧	#本年折旧
全国总计	**37488952**	**49407536**	**38662591**	**13703682**	**2235376**
北京	1011008	1507417	1085724	515432	88044
天津	616877	799059	593783	204274	34938
河北	1647090	2058377	1534376	485102	83509
山西	1095763	1342054	1100163	293599	50725
内蒙古	618841	828408	681927	221803	38520
辽宁	1888581	2631339	2126944	789959	108924
吉林	669961	889725	672824	248112	34615
黑龙江	1260621	1649697	1412024	404005	64222
上海	1400727	2076895	1788257	701967	93784
江苏	3585035	4757766	3977150	1424714	233705
浙江	2452160	3295208	2787853	932418	185315
安徽	1274048	1734316	1341124	460268	66672
福建	857967	1119733	876498	298872	44889
江西	724935	892198	604738	212557	33363
山东	2261499	2986840	2287913	845745	133187
河南	1414434	1705292	1320797	422075	57842
湖北	1500168	1909095	1378974	480459	75831
湖南	1417851	1852840	1364795	500233	82550
广东	3052767	4173300	3147747	1353433	209128
广西	1034507	1246223	984051	247603	31657
海南	110676	129044	103410	32991	4265
重庆	1063084	1379023	1103799	362883	69800
四川	2469476	3329260	2609501	959064	169367
贵州	429375	524938	379210	117769	21325
云南	1141996	1485730	1112787	416527	90223
西藏	133928	155600	124941	29773	4257
陕西	653719	785070	574561	192467	29387
甘肃	659684	828700	582870	200894	34215
青海	203650	254696	164180	57697	9276
宁夏	323399	410540	307529	94270	16962
新疆	515125	669153	532141	196717	34879

各地区地方建筑业企业负债及所有者权益

单位:万元

地　　区	负债合计	流动负债	长期负债	所有者权益	#实收资本
全国总计	**105072334**	**99696799**	**5375535**	**64726274**	**51344389**
北　京	7492247	7197045	295202	3064810	2205187
天　津	2206226	2036856	169370	1071024	944863
河　北	2973559	2794407	179152	2562313	2227614
山　西	2030733	1838622	192111	1469946	1348122
内蒙古	1243469	1167080	76389	926657	744566
辽　宁	4501493	4302539	198954	3150972	2465441
吉　林	1814618	1759445	55173	894183	780197
黑龙江	2717247	2613955	103292	1879968	1651114
上　海	6375525	6238256	137269	3022926	1901093
江　苏	12544920	12118804	426116	6151284	4606784
浙　江	8902720	8552139	350581	4872578	3544093
安　徽	2518296	2366159	152137	2047335	1752168
福　建	3064015	2964596	99419	1903377	1590925
江　西	1406867	1303997	102870	1085608	893120
山　东	7268002	6880871	387131	4030953	3303125
河　南	2177327	2068501	108826	2115800	1751959
湖　北	2345520	2142755	202765	2263183	1759389
湖　南	2334344	2113218	221126	2102047	1721106
广　东	13915993	13211387	704606	6118979	4366096
广　西	1973453	1898918	74535	1669674	1400822
海　南	220271	209299	10972	214977	135775
重　庆	2063410	1897251	166159	2089633	1889447
四　川	4744206	4418328	325878	4401565	3614211
贵　州	1105920	1018176	87744	637062	554494
云　南	2272365	2008162	264203	1655751	1372760
西　藏	94047	83225	10822	203656	168245
陕　西	1310242	1219345	90897	855567	734174
甘　肃	1110348	1043423	66925	805635	649588
青　海	327231	296091	31140	287066	236954
宁　夏	615110	592557	22553	440214	407141
新　疆	1402610	1341392	61218	731531	623816

各地区地方筑业企业实收资本

单位：万元

地区	合计	国家资本	集体资本	法人资本	个人资本	港澳台资本	外商资本
全国总计	**51344389**	**12742744**	**9795360**	**13476871**	**14782732**	**357669**	**189013**
北京	2205187	562342	337100	836930	399444	45436	23935
天津	944863	291557	144483	337364	158187	9958	3314
河北	2227614	642557	372492	401873	805040	3718	1934
山西	1348122	759132	118986	224686	237977	6229	1112
内蒙古	744566	160082	89501	198547	295668	718	50
辽宁	2465441	692726	500504	623254	590236	28808	29913
吉林	780197	287022	104769	227309	154122	3166	3809
黑龙江	1651114	530899	295348	350909	470430	1793	1735
上海	1901093	448536	378809	480186	497066	62157	34339
江苏	4606784	890986	795107	1460034	1419819	24564	16274
浙江	3544093	290208	452565	719157	2064441	8616	9106
安徽	1752168	556761	424660	414484	345648	8521	2094
福建	1590925	304126	283288	357113	602957	27034	16407
江西	893120	294035	200342	236952	158509	2953	329
山东	3303125	554162	947796	802564	974710	12495	11398
河南	1751959	560790	381268	417163	390997	1182	559
湖北	1759389	533580	384203	488956	332107	11455	9088
湖南	1721106	436288	475078	408751	395146	5843	0
广东	4366096	1049486	916746	1464123	855355	64120	16266
广西	1400822	836424	258308	208648	95402	823	1217
海南	135775	66785	20666	35164	10248	2607	305
重庆	1889447	226850	260279	480854	914743	6155	566
四川	3614211	536200	584214	1091656	1393005	7852	1284
贵州	554494	276973	142513	38451	93520	3029	8
云南	1372760	275543	317988	373902	401913	1514	1900
西藏	168245	51953	51996	52741	11555	0	0
陕西	734174	129854	203660	239198	156942	3460	1060
甘肃	649588	182844	164415	159766	138900	2689	974
青海	236954	62551	45717	82185	46376	125	0
宁夏	407141	134462	50541	92176	129790	135	37
新疆	623816	117030	92018	171775	242479	514	0

各地区地方建筑业企业收入情况

单位:万元

地区	工程结算收入	工程结算成本	工程结算税金及附加	工程结算利润	其他业务收入	#其他业务利润
全国总计	**142219310**	**126183380**	**4830495**	**11205435**	**3833223**	**690024**
北京	7303316	6402676	223531	677109	290464	67047
天津	2494585	2224386	68616	201583	73057	11858
河北	5154967	4568347	176749	409871	63730	11405
山西	2136082	1881246	72139	182697	58338	10955
内蒙古	2015700	1780849	63573	171278	48854	10483
辽宁	6203297	5465094	221799	516404	128448	17665
吉林	1992486	1774169	72008	146309	48296	11739
黑龙江	3240560	2880897	106727	252936	56504	6600
上海	7413535	6670409	203573	539553	237430	39863
江苏	15685255	13959958	535434	1189863	485953	65616
浙江	18287964	16452757	637516	1197691	328204	62409
安徽	4061031	3581047	146421	333563	114299	20002
福建	3393930	3025312	117515	251103	89210	16986
江西	1756542	1534934	66681	154927	26611	4792
山东	8659436	7550980	284951	823505	325026	38660
河南	3652688	3238864	119446	294378	71802	14326
湖北	4102200	3498078	176925	427197	108634	38192
湖南	4646443	4150833	168379	327231	59891	15813
广东	14504720	12976160	454495	1074065	566546	114442
广西	1964420	1750885	68386	145149	61857	15563
海南	336644	293459	13800	29385	1494	809
重庆	3966117	3511608	146452	308057	66072	8392
四川	8583188	7553547	305012	724629	214593	23247
贵州	1201086	1069757	47705	83624	27382	8755
云南	3038807	2717197	103774	217836	58535	11182
西藏	215266	177395	10171	27700	3765	983
陕西	1534758	1364684	54259	115815	42493	11638
甘肃	1651210	1451300	66894	133016	34685	3606
青海	445421	386967	13549	44905	6069	2138
宁夏	709273	629820	22185	57268	39670	7377
新疆	1868383	1659765	61830	146788	95311	17481

各地区地方建筑业企业费用情况

单位:万元

地区	管理费用	#税金	#财产保险费	#劳动待业保险费	财务费用	#利息支出
全国总计	**7764655**	**294153**	**64883**	**838405**	**804834**	**597490**
北京	534154	9682	2224	62887	50239	53313
天津	167762	4808	934	29284	10580	8137
河北	275485	12929	2029	28532	28360	16584
山西	154746	5802	2222	18860	15246	11004
内蒙古	127567	5650	1191	16550	12930	10535
辽宁	387690	8769	1804	37093	28038	20529
吉林	130049	2467	874	14649	8705	6577
黑龙江	210420	5058	930	26153	16868	11562
上海	386778	6629	1916	25761	17961	12578
江苏	839775	22501	4894	80251	66306	57370
浙江	614932	24555	6653	51349	73331	58320
安徽	241707	10475	2337	29699	26122	16281
福建	175093	4418	792	17989	15422	12935
江西	110489	14603	1002	12199	14140	7352
山东	508542	24159	5293	51642	60185	43023
河南	213624	11114	1328	29212	23140	13047
湖北	270616	16020	6568	22600	40304	19841
湖南	212401	14991	1732	22138	31356	21302
广东	773078	27526	6330	82685	79189	54542
广西	111482	5179	974	15634	10647	7989
海南	15686	833	286	1039	1032	468
重庆	193721	7863	1325	15787	30993	26622
四川	474550	20084	4980	58933	62479	44858
贵州	68036	3250	674	11417	7976	6041
云南	163638	8363	2095	25789	22381	15811
西藏	12944	1387	79	596	1280	1027
陕西	95740	4190	1225	10155	15710	12130
甘肃	97343	6061	1285	15080	13430	9848
青海	31179	1370	227	2835	3518	2229
宁夏	44331	1163	271	4974	7048	6928
新疆	121097	2254	409	16633	9918	8707

各地区地方建筑业企业利润及税金情况

单位:万元

地　　区	利润总额	#应交所得税	税金总额	工程结算税金及附加	管理费用中的税金
全国总计	**3389456**	**1063954**	**5124648**	**4830495**	**294153**
北　京	202681	61022	233213	223531	9682
天　津	42937	14629	73424	68616	4808
河　北	121882	43030	189678	176749	12929
山　西	26594	11330	77941	72139	5802
内蒙古	39848	11896	69223	63573	5650
辽　宁	113003	49010	230568	221799	8769
吉　林	19526	9087	74475	72008	2467
黑龙江	37661	14797	111785	106727	5058
上　海	203031	39450	210202	203573	6629
江　苏	352158	111872	557935	535434	22501
浙　江	589893	179303	662071	637516	24555
安　徽	79810	27350	156896	146421	10475
福　建	87851	26236	121933	117515	4418
江　西	38611	12716	81284	66681	14603
山　东	280975	83933	309110	284951	24159
河　南	70490	21757	130560	119446	11114
湖　北	125141	39876	192945	176925	16020
湖　南	90463	29181	183370	168379	14991
广　东	358700	106945	482021	454495	27526
广　西	36880	10155	73565	68386	5179
海　南	14263	2056	14633	13800	833
重　庆	93701	29031	154315	146452	7863
四　川	199082	63115	325096	305012	20084
贵　州	17293	4663	50955	47705	3250
云　南	42156	18253	112137	103774	8363
西　藏	14222	1464	11558	10171	1387
陕　西	19376	7673	58449	54259	4190
甘　肃	18960	12812	72955	66894	6061
青　海	11696	3078	14919	13549	1370
宁　夏	11360	4163	23348	22185	1163
新　疆	29212	14071	64084	61830	2254

各地区地方建筑业企业工程拖欠款及企业亏损情况

地区	年末拖欠工程款(万元)	#竣工拖欠	企业个数(个)	#亏损企业个数	亏损企业的比重(%)
全国总计	**27896767**	**16544449**	**46269**	**8656**	**18.7**
北京	3425021	1672846	1827	482	26.4
天津	943056	336106	833	204	24.5
河北	1151046	724216	1535	221	14.4
山西	685269	434247	1009	211	20.9
内蒙古	527729	354946	672	94	14.0
辽宁	1305960	924900	2307	618	26.8
吉林	827668	528848	773	236	30.5
黑龙江	1027141	635106	1372	344	25.1
上海	969333	532661	1606	248	15.4
江苏	2619918	1611233	4033	625	15.5
浙江	1825867	1252546	3109	236	7.6
安徽	673739	414981	1653	279	16.9
福建	496995	320461	1506	202	13.4
江西	203317	122277	983	159	16.2
山东	2453426	1464533	4040	695	17.2
河南	455979	274011	1537	411	26.7
湖北	650726	371109	1523	188	12.3
湖南	686549	385605	1374	230	16.7
广东	2159836	1312878	3804	802	21.1
广西	329829	202138	896	240	26.8
海南	29270	15701	181	45	24.9
重庆	640978	349685	1677	309	18.4
四川	1298708	796113	3258	484	14.9
贵州	91885	46209	564	161	28.5
云南	780158	458343	1277	256	20.0
西藏	9243	5227	154	5	3.2
陕西	387140	207207	820	137	16.7
甘肃	425757	258241	618	104	16.8
青海	74135	47583	298	77	25.8
宁夏	177384	108464	430	127	29.5
新疆	563705	376028	600	226	37.7

各地区地方建筑业企业主要经济效益指标

地　　区	产值利润率(%)	产值利税率(%)	资本利润率(%)	资本利税率(%)	人均利润(元/人)	人均利税(元/人)	资产负债率(%)
全国总计	**2.2**	**5.4**	**6.6**	**16.6**	**1530**	**3844**	**61.9**
北　京	2.7	5.7	9.2	19.8	2902	6242	71.0
天　津	1.7	4.6	4.5	12.3	1683	4560	67.3
河　北	2.2	5.7	5.5	14.0	1198	3062	53.7
山　西	1.2	4.8	2.0	7.8	644	2532	58.0
内蒙古	1.9	5.2	5.4	14.6	996	2726	57.3
辽　宁	1.7	5.1	4.6	13.9	1089	3312	58.8
吉　林	0.9	4.5	2.5	12.0	561	2699	67.0
黑龙江	1.1	4.4	2.3	9.1	632	2508	59.1
上　海	2.8	5.7	10.7	21.7	3711	7553	67.8
江　苏	1.7	4.3	7.6	19.8	1439	3720	67.1
浙　江	2.6	5.6	16.6	35.3	2994	6354	64.6
安　徽	1.8	5.4	4.6	13.5	971	2879	55.2
福　建	2.5	6.0	5.5	13.2	2240	5349	61.7
江　西	1.9	5.9	4.3	13.4	1010	3138	56.4
山　东	2.8	6.0	8.5	17.9	1452	3049	64.3
河　南	1.8	5.0	4.0	11.5	841	2399	50.7
湖　北	2.9	7.4	7.1	18.1	1658	4215	50.9
湖　南	1.7	5.3	5.3	15.9	1092	3305	52.6
广　东	2.9	6.8	8.2	19.3	2550	5978	69.5
广　西	1.9	5.7	2.6	7.9	1114	3337	54.2
海　南	3.9	8.0	10.5	21.3	2178	4413	50.6
重　庆	2.0	5.3	5.0	13.1	1167	3088	49.7
四　川	2.1	5.5	5.5	14.5	1081	2846	51.9
贵　州	1.3	5.2	3.1	12.3	750	2962	63.4
云　南	1.3	4.7	3.1	11.2	857	3138	57.8
西　藏	6.7	12.2	8.5	15.3	4928	8934	31.6
陕　西	1.1	4.5	2.6	10.6	542	2179	60.5
甘　肃	1.1	5.4	2.9	14.1	459	2224	58.0
青　海	2.2	5.1	4.9	11.2	1113	2533	53.3
宁　夏	1.4	4.4	2.8	8.5	794	2427	58.3
新　疆	1.5	4.7	4.7	15.0	1167	3727	65.7

四

按资质分组的建筑业企业

各地区总承包建筑业企业签订合同情况

单位：万元

地　区	合同总额	上年结转合同额	本年新签合同额
全国总计	**223717145**	**79267776**	**144449369**
北　京	13517234	5276948	8240286
天　津	4791332	1821095	2970237
河　北	7779280	2363857	5415423
山　西	5958218	2005598	3952620
内蒙古	2485824	544065	1941759
辽　宁	8819758	3034433	5785325
吉　林	3849255	1556693	2292562
黑龙江	4148933	929492	3219441
上　海	10833914	3714555	7119359
江　苏	23766200	7566580	16199620
浙　江	30276418	10857004	19419414
安　徽	6084202	1563964	4520238
福　建	5362024	2249617	3112407
江　西	2972497	913918	2058579
山　东	12751883	4397442	8354441
河　南	6424367	2168556	4255811
湖　北	9398270	3755479	5642791
湖　南	7963615	3070051	4893564
广　东	13711535	6369886	7341649
广　西	3167861	1146400	2021461
海　南	351511	128048	223463
重　庆	6330337	2374236	3956101
四　川	12763584	4487397	8276187
贵　州	2447688	1191426	1256262
云　南	4577578	1469450	3108128
西　藏	258091	26973	231118
陕　西	5294244	1970453	3323791
甘　肃	2064528	715869	1348659
青　海	1152049	481169	670880
宁　夏	890138	223838	666300
新　疆	3524777	893284	2631493

各地区总承包建筑业企业承包工程完成情况

单位:万元

地区	直接从建设单位承揽工程完成的产值	自行完成施工产值	分包出去工程的产值	从建设单位以外承揽工程完成的产值
全国总计	**148187534**	**143778043**	**4409491**	**6918054**
北京	8097901	7634165	463736	361576
天津	3047871	2926365	121506	62368
河北	5769895	5705079	64816	130534
山西	3975501	3878786	96715	179388
内蒙古	2025444	2004593	20851	49026
辽宁	6296334	6218615	77719	122322
吉林	2493034	2471205	21829	61260
黑龙江	3402866	3349874	52992	28585
上海	6137759	5170481	967278	851927
江苏	16690400	16149417	540983	1867375
浙江	18997930	18800823	197107	680126
安徽	4282245	4189832	92413	158460
福建	3161823	3103747	58076	85249
江西	2012075	1979973	32102	72626
山东	9352786	9241584	111202	322352
河南	4340795	4265269	75526	182484
湖北	5348648	5263727	84921	182715
湖南	5187409	5123899	63510	248121
广东	8026502	7308896	717606	327869
广西	1987970	1914155	73815	43788
海南	201528	196898	4630	4926
重庆	4445149	4363038	82111	189748
四川	9157441	9053496	103945	342953
贵州	1615432	1603329	12103	24411
云南	3143833	3104743	39090	80417
西藏	192729	183653	9076	2162
陕西	3012968	2917283	95685	102998
甘肃	1681085	1665459	15626	55738
青海	650604	628208	22396	11310
宁夏	705163	703142	2021	7228
新疆	2746414	2658309	88105	78012

各地区总承包建筑业总产值和竣工产值

单位:万元

地区	建筑业总产值	#装饰装修产值	#在外省完成的产值	按构成分组			竣工产值
				建筑工程产值	安装工程产值	其他产值	
全国总计	**150696097**	**5938386**	**32999249**	**134454541**	**12156990**	**4084566**	**110865238**
北京	7995741	1279664	1031161	7392077	477946	125718	5706951
天津	2988733	14639	993784	2632657	272030	84046	1867639
河北	5835613	166843	1336751	5270551	473447	91615	4228894
山西	4058174	125733	1770139	3695320	315744	47110	2287262
内蒙古	2053619	55783	186432	1835180	177730	40709	1769698
辽宁	6340937	79606	1211721	5548714	673962	118261	4482984
吉林	2532465	33571	522694	2252246	243613	36606	2161754
黑龙江	3378459	182415	313518	2842504	412521	123434	2966244
上海	6022408	318205	648586	5205552	627316	189540	4630652
江苏	18016792	537956	7010792	16013060	1281462	722270	13646336
浙江	19480949	763099	6553393	17662033	1312477	506439	13773072
安徽	4348292	152266	1023409	3885141	315349	147802	3242807
福建	3188996	84310	423985	2923953	210571	54472	2501925
江西	2052599	61236	261099	1826094	181426	45079	1529653
山东	9563936	427800	854932	8288818	1089015	186103	6753449
河南	4447753	145587	961445	3833013	517600	97140	3393265
湖北	5446442	257916	1394566	4839646	384507	222289	3989671
湖南	5372020	150319	1120623	4800237	241743	330040	3881632
广东	7636765	303787	694545	6953285	531064	152416	5790608
广西	1957943	62979	207291	1745780	147825	64338	1393427
海南	201824	1932	39153	179565	21303	956	91448
重庆	4552786	121310	506746	4191372	270406	91008	3184314
四川	9396449	350991	1968693	8452091	638210	306148	7070380
贵州	1627740	14736	210185	1382072	222566	23102	1162351
云南	3185160	90953	146684	2887920	214899	82341	2478336
西藏	185815	5845	831	164524	17558	3733	164579
陕西	3020281	47378	1230231	2719528	248623	52130	2033741
甘肃	1721197	33429	150073	1471615	197777	51805	1491739
青海	639518	7087	94480	566033	55828	17657	499236
宁夏	710370	3756	45013	627615	77817	4938	563322
新疆	2736321	57255	86294	2366345	304655	65321	2127869

各地区总承包建筑业企业单位工程施工个数及工程质量

地　　区	单位工程施工个数（个）	#本年新开工	#实行投标承包面积	#本年新开工	单位工程竣工个数（个）	#一次交验合格面积	单位工程一次交验合格率（%）	投标承包个数的式重（%）
全国总计	**614172**	**413142**	**400727**	**269883**	**380025**	**349694**	**92.0**	**65.2**
北　京	20361	14019	9741	6180	13293	12825	96.5	47.8
天　津	8756	5984	5234	3549	5176	4673	90.3	59.8
河　北	25037	16551	18830	12756	15311	14290	93.3	75.2
山　西	23069	15061	14620	8119	12702	11545	90.9	63.4
内蒙古	8420	6181	5894	4419	5933	5745	96.8	70.0
辽　宁	23715	17999	14885	10903	15661	12862	82.1	62.8
吉　林	11647	7285	8947	5331	7549	6710	88.9	76.8
黑龙江	11066	8492	6572	4825	8849	8357	94.4	59.4
上　海	20104	13535	11556	7679	11066	9803	88.6	57.5
江　苏	58659	42760	39929	29526	40245	38578	95.9	68.1
浙　江	53094	33847	39835	25465	29795	28644	96.1	75.0
安　徽	34826	25482	23956	17593	21419	20295	94.8	68.8
福　建	11639	7000	7382	4619	6188	5432	87.8	63.4
江　西	12510	8722	8242	5810	7238	6563	90.7	65.9
山　东	49123	34100	32235	21795	31485	29171	92.7	65.6
河　南	23883	15531	16559	11025	14190	12800	90.2	69.3
湖　北	24810	15529	16575	9702	15607	14515	93.0	66.8
湖　南	20042	12941	13386	9124	12567	11983	95.4	66.8
广　东	31466	18749	14385	9114	18368	15797	86.0	45.7
广　西	16987	10460	10380	6251	8967	8084	90.2	61.1
海　南	813	635	470	354	474	328	69.2	57.8
重　庆	16308	10697	10332	7243	9747	9228	94.7	63.4
四　川	40701	27565	26264	18591	25657	24680	96.2	64.5
贵　州	7705	4520	5002	3094	4393	3988	90.8	64.9
云　南	17714	11245	10359	7046	11721	9218	78.6	58.5
西　藏	781	681	541	467	676	665	98.4	69.3
陕　西	13325	7172	10489	5906	6650	6152	92.5	78.7
甘　肃	8672	6141	6022	4430	6007	5008	83.4	69.4
青　海	2663	1842	1957	1335	1737	1580	91.0	73.5
宁　夏	3738	2683	2568	1900	2437	2247	92.2	68.7
新　疆	12538	9733	7580	5732	8917	7928	88.9	60.5

各地区总承包建筑业企业房屋建筑面积及工程质量

地区	房屋建筑施工面积(万平方米)	#本年新开工	#实行投标承包面积	#本年新开工	房屋建筑竣工面积(万平方米)	#一次交验合格面积	竣工面积一次交验合格率(%)	实行投标承包面积的比重(%)
全国总计	**194234.7**	**113954.4**	**152090.6**	**93540.1**	**98783.2**	**90634.2**	**91.8**	**78.3**
北京	9138.0	4338.1	8002.0	3951.6	3416.6	3357.9	98.3	87.6
天津	2345.9	1256.5	2062.4	1186.5	1065.5	958.5	90.0	87.9
河北	7655.2	4918.4	6715.8	4438.1	4294.1	3963.1	92.3	87.7
山西	2775.6	1574.7	2220.7	1302.6	1338.2	1124.5	84.0	80.0
内蒙古	2139.8	1450.0	1597.6	1125.7	1470.7	1384.3	94.1	74.7
辽宁	6511.0	4066.1	5700.4	3505.7	3568.3	3160.8	88.6	87.6
吉林	2345.0	1590.3	1965.8	1424.3	1499.1	1303.1	86.9	83.8
黑龙江	3102.2	2129.2	2385.3	1657.3	1946.1	1780.7	91.5	76.9
上海	5697.0	3225.8	4380.3	2701.9	2208.1	2035.2	92.2	76.9
江苏	25499.7	16784.3	20314.6	13682.0	14075.4	13493.4	95.9	79.7
浙江	27002.3	15776.0	23413.6	13742.5	11843.1	11467.8	96.8	86.7
安徽	5694.1	3624.1	4207.1	2897.7	3452.4	3182.2	92.2	73.9
福建	4966.1	2491.5	3315.9	1780.9	2242.3	1953.9	87.1	66.8
江西	3396.4	2211.0	2563.1	1750.4	1812.9	1598.0	88.1	75.5
山东	13421.2	8193.0	10709.4	6754.1	7000.8	6365.2	90.9	79.8
河南	6693.6	3673.8	5422.9	3074.8	3411.3	3029.3	88.8	81.0
湖北	6536.1	3931.0	5296.9	3218.5	3678.3	3281.8	89.2	81.0
湖南	6966.3	4074.8	5116.0	3235.3	3531.5	3211.2	90.9	73.4
广东	12486.8	5799.1	7025.3	3586.4	5209.8	4453.7	85.5	56.3
广西	2904.4	1684.5	2302.9	1404.8	1266.3	1165.3	92.0	79.3
海南	225.1	127.2	210.3	119.7	78.8	66.8	84.7	93.4
重庆	8399.1	4501.6	5844.6	3519.4	4538.0	4144.8	91.3	69.6
四川	14085.3	8631.7	10299.9	6872.9	8045.2	7377.2	91.7	73.1
贵州	2118.8	1024.6	1649.0	866.0	956.5	866.9	90.6	77.8
云南	3296.0	1792.7	2309.8	1390.6	2158.4	1869.0	86.6	70.1
西藏	65.6	52.7	45.3	37.5	53.4	52.4	98.1	69.0
陕西	2761.6	1503.6	2264.7	1358.6	1182.1	1044.0	88.3	82.0
甘肃	2386.4	1363.2	1770.3	1084.5	1445.8	1123.9	77.7	74.2
青海	416.6	250.6	323.4	215.0	219.2	191.6	87.4	77.6
宁夏	823.8	557.4	685.4	505.8	420.9	390.2	92.7	83.2
新疆	2379.8	1357.1	1969.7	1149.1	1353.7	1237.6	91.4	82.8

各地区按主要用途分的总承包建筑业企业房屋建筑竣工面积

单位:万平方米

地区	合计	厂房	住宅	办公用房	商业、居民服务业用房	文化教育用房	医疗用房	科研用房	其他用房
全国总计	**98783.2**	**11942.2**	**58330.0**	**8033.8**	**8503.9**	**6184.7**	**942.0**	**424.6**	**4422.1**
北京	3416.6	221.0	2444.6	278.0	147.0	110.9	22.4	25.8	167.0
天津	1065.5	169.5	625.6	58.2	56.1	56.5	4.6	6.6	88.4
河北	4294.1	319.3	2764.4	367.9	398.1	242.8	27.2	33.3	141.1
山西	1338.2	110.9	795.4	115.8	141.1	104.5	7.3	1.3	61.7
内蒙古	1470.7	74.7	927.3	100.0	204.7	91.4	7.5	4.0	61.1
辽宁	3568.3	322.3	2434.6	211.9	267.9	163.0	20.2	7.6	140.9
吉林	1499.1	166.6	952.3	101.9	95.8	89.4	13.3	3.4	76.5
黑龙江	1946.1	111.4	1263.0	133.3	169.4	167.0	8.3	8.4	85.2
上海	2208.1	605.4	1153.9	132.9	94.4	135.4	16.5	6.4	63.2
江苏	14075.4	2377.3	7596.9	1113.2	1178.5	837.5	124.1	111.4	736.6
浙江	11843.1	2365.5	5802.9	1042.3	980.6	960.1	129.6	33.7	528.4
安徽	3452.4	283.5	1949.4	364.1	351.1	294.4	47.7	13.9	148.3
福建	2242.3	284.7	1313.2	228.4	190.1	113.3	22.1	9.1	81.4
江西	1812.9	146.3	1062.4	151.1	216.2	132.9	20.9	8.1	74.9
山东	7000.8	1021.4	4087.3	531.8	632.6	381.4	65.8	21.1	259.4
河南	3411.3	244.5	2188.1	329.8	207.6	214.1	47.1	11.1	169.1
湖北	3678.3	319.1	2341.6	338.6	245.2	182.6	43.7	15.4	192.2
湖南	3531.5	271.9	1931.8	398.0	426.9	250.5	37.4	24.2	191.0
广东	5209.8	1039.2	2793.6	319.4	425.1	331.4	48.8	11.5	240.9
广西	1266.3	100.8	690.7	148.7	105.9	118.3	21.4	13.1	67.3
海南	78.8	2.3	49.6	8.1	5.4	7.7	0.1		5.7
重庆	4538.0	335.3	3162.6	276.4	440.5	179.8	29.6	2.2	111.6
四川	8045.2	497.1	5297.3	526.1	823.1	436.4	79.7	22.9	362.7
贵州	956.5	65.1	579.3	76.0	90.6	73.0	10.6	1.3	60.7
云南	2158.4	181.4	1202.8	264.5	210.6	168.0	34.6	10.9	85.6
西藏	53.4	1.4	21.9	20.1	4.4	3.0	0.6		2.1
陕西	1182.1	84.4	724.1	109.9	90.1	105.2	15.8	6.5	46.1
甘肃	1445.8	138.1	878.9	129.6	107.9	100.2	8.0	8.6	74.6
青海	219.2	9.1	152.1	25.4	9.8	13.6	1.2		8.1
宁夏	420.9	22.5	267.6	36.1	38.4	29.0	6.6	0.2	20.3
新疆	1353.7	50.3	875.0	96.1	148.6	91.7	19.4	2.5	70.1

各地区总承包建筑业企业机械设备情况

地　　区	年末自有机械设备总台数(台)	年末自有机械设备总功率(千瓦)	#施工机械总功率	年末自有机械设备净值(万元)	技术装备率(元/人)	动力装备率(千瓦/人)
全国总计	**5998521**	**89507711**	**70568743**	**17382336**	**9284**	**4.8**
北　京	133817	2748645	2020056	470439	10845	6.3
天　津	70631	1572942	1273278	287187	15003	8.2
河　北	380154	5093736	4282505	824557	9573	5.9
山　西	136220	2622859	2001134	531212	12292	6.1
内蒙古	93735	1657274	1392068	319824	12272	6.4
辽　宁	205293	4925216	3715604	791714	11242	7.0
吉　林	79394	1829686	1411947	360120	13389	6.8
黑龙江	132767	3033300	2385717	636033	17259	8.2
上　海	97738	1656270	1322569	352683	11602	5.4
江　苏	527513	7209146	6125355	1518348	7546	3.6
浙　江	458960	5801255	4791201	1323910	7621	3.3
安　徽	270126	2961821	2467847	599439	8137	4.0
福　建	127926	2059807	1744703	411570	11266	5.6
江　西	112270	1557838	1198725	293355	7724	4.1
山　东	402351	5664969	4477437	1060592	7150	3.8
河　南	314714	3707001	2851995	649696	8154	4.7
湖　北	307281	4089840	2995500	893742	11203	5.1
湖　南	296218	4107894	3371388	744210	8713	4.8
广　东	399741	5913704	4651071	1018947	10718	6.2
广　西	150828	2017958	1536050	310326	9911	6.4
海　南	6994	129641	89666	14730	5622	4.9
重　庆	181043	2571040	2129453	586996	7793	3.4
四　川	422432	6325255	4938467	1235818	6642	3.4
贵　州	61923	964155	645872	182706	7612	4.0
云　南	201700	2669715	1899788	564269	11581	5.5
西　藏	4615	104926	57431	37208	17004	4.8
陕　西	133141	1976820	1408541	433150	11884	5.4
甘　肃	139785	1644378	1196086	289506	8012	4.6
青　海	31845	580179	416865	133842	17384	7.5
宁　夏	36769	563695	473943	128887	17074	7.5
新　疆	80597	1746746	1296481	377320	18624	8.6

各地区总承包建筑业企业主要生产效益指标

地　区	建筑业企业个数（个）	计算劳动生产率的平均人数（人）	按总产值计算的劳动生产率（元/人）	按增加值计算的劳动生产率（元/人）	人均竣工产值（元/人）	人均施工面积（平方米/人）	人均竣工面积（平方米/人）
全国总计	**27478**	**20308553**	**74203**	**18446**	**54590**	**95.6**	**48.6**
北　京	597	698104	114535	25436	81749	130.9	48.9
天　津	216	253838	117742	23160	73576	92.4	42.0
河　北	1141	965186	60461	15384	43814	79.3	44.5
山　西	608	503830	80546	17975	45398	55.1	26.6
内蒙古	569	400337	51297	14856	44205	53.5	36.7
辽　宁	1079	895885	70778	17882	50040	72.7	39.8
吉　林	563	358781	70585	18045	60253	65.4	41.8
黑龙江	926	546182	61856	16585	54309	56.8	35.6
上　海	734	459794	130981	27724	100711	123.9	48.0
江　苏	2029	2091222	86154	19846	65255	121.9	67.3
浙　江	1549	1732589	112438	25350	79494	155.9	68.4
安　徽	969	717090	60638	16453	45222	79.4	48.1
福　建	737	348260	91569	21677	71841	142.6	64.4
江　西	689	370169	55450	15463	41323	91.8	49.0
山　东	2470	1666942	57374	15136	40514	80.5	42.0
河　南	1234	823474	54012	13667	41207	81.3	41.4
湖　北	1086	790970	68858	19696	50440	82.6	46.5
湖　南	1168	825223	65098	16137	47037	84.4	42.8
广　东	1485	916393	83335	22298	63189	136.3	56.9
广　西	626	317879	61594	17298	43835	91.4	39.8
海　南	58	24085	83797	16862	37969	93.5	32.7
重　庆	1279	765292	59491	15787	41609	109.8	59.3
四　川	2326	1758333	53440	15103	40211	80.1	45.8
贵　州	399	239619	67930	18302	48508	88.4	39.9
云　南	903	465815	68378	17584	53204	70.8	46.3
西　藏	134	26219	70870	22139	62771	25.0	20.4
陕　西	563	398457	75799	16859	51040	69.3	29.7
甘　肃	495	406276	42365	12529	36717	58.7	35.6
青　海	202	103123	62015	16378	48412	40.4	21.3
宁　夏	244	121802	58322	15168	46249	67.6	34.6
新　疆	400	317384	86215	23524	67044	75.0	42.7

各地区总承包建筑业企业营业额

单位:万元

地区	企业营业额	在境外完成的营业额	企业总产值		
				#建筑业总产值	#对内销售产值
全国总计	**162767321**	**2229817**	**160537504**	**150696097**	**1353471**
北京	9245268	630864	8614404	7995741	107139
天津	3176558	14781	3161777	2988733	28967
河北	6278734	5195	6273539	5835613	18260
山西	4297530	15715	4281815	4058174	11627
内蒙古	2114709	1765	2112944	2053619	23079
辽宁	6672434	105025	6567409	6340937	41798
吉林	2596293	1898	2594395	2532465	27502
黑龙江	3595979	16305	3579674	3378459	38871
上海	7321151	30540	7290611	6022408	146630
江苏	20043400	721296	19322104	18016792	125430
浙江	20424927	101028	20323899	19480949	144845
安徽	4649145	30062	4619083	4348292	24081
福建	3342161	7847	3334314	3188996	20954
江西	2113133	10682	2102451	2052599	3865
山东	10557221	145729	10411492	9563936	230042
河南	4741500	19427	4722073	4447753	38445
湖北	5959875	46353	5913522	5446442	79069
湖南	5688597	54868	5633729	5372020	31389
广东	8011908	23219	7988689	7636765	24071
广西	2161143	16214	2144929	1957943	7393
海南	202216		202216	201824	
重庆	4709467	38193	4671274	4552786	20595
四川	10147000	141487	10005513	9396449	88425
贵州	1675347	2782	1672565	1627740	8578
云南	3288491	14349	3274142	3185160	12052
西藏	196598		196598	185815	88
陕西	3151006	18975	3132031	3020281	14221
甘肃	1832130	3515	1828615	1721197	5347
青海	670299	123	670176	639518	1212
宁夏	740313		740313	710370	9981
新疆	3162788	11580	3151208	2736321	19515

各地区总承包建筑业增加值及其构成

单位:万元

地　区	建筑业增加值	本年提取固定资产折旧	主营业务应付工资总额	主营业务应付福利费总额
全国总计	**37460805**	**2346652**	**17041083**	**1830968**
北　京	1775728	101669	580183	68877
天　津	587884	55223	188632	20069
河　北	1484867	94116	641985	61898
山　西	905627	90835	311854	38970
内蒙古	594758	37629	278349	24913
辽　宁	1602043	105468	742697	80081
吉　林	647403	50437	264749	32827
黑龙江	905861	66549	407753	49190
上　海	1274735	89981	469448	49250
江　苏	4150135	184490	2250609	260858
浙　江	4392161	153374	2444717	247338
安　徽	1179861	70570	515572	62043
福　建	754926	40925	374197	29538
江　西	572375	33711	253181	32839
山　东	2523014	142158	1149825	123400
河　南	1125443	69783	499527	48108
湖　北	1557906	111559	546255	70808
湖　南	1331646	100264	618536	63962
广　东	2043328	132284	860895	88269
广　西	549874	36805	236260	29003
海　南	40613	2184	15841	1459
重　庆	1208195	64860	621237	67046
四　川	2655654	170941	1272049	124506
贵　州	438558	29565	201931	23714
云　南	819093	91914	345219	30550
西　藏	58047	3185	19681	1042
陕　西	671775	63938	258370	29207
甘　肃	509040	35105	226122	20655
青　海	168892	17794	59056	5992
宁　夏	184746	13705	86446	9418
新　疆	746617	85631	299907	35138

各地区总承包建筑业增加值及其构成

续表　　　　　　　　　　　　　　　　　　　　　　单位:万元

地　　区	工程结算税金及附加	工程结算利润	管理费用中的税金	管理费用中的劳动待业保险费
全国总计	**4604540**	**10331251**	**254078**	**1052233**
北　　京	245605	696151	10106	73137
天　　津	79484	205331	4130	35015
河　　北	188064	439285	12507	47012
山　　西	120235	298316	5820	39597
内 蒙 古	62768	167980	5339	17780
辽　　宁	197930	417477	6778	51612
吉　　林	82875	190424	3068	23023
黑 龙 江	104396	244103	4712	29158
上　　海	177080	444175	4979	39822
江　　苏	450861	913244	16860	73213
浙　　江	559974	919379	16776	50603
安　　徽	144725	335486	9028	42437
福　　建	105847	181108	3655	19656
江　　西	66257	155768	13895	16724
山　　东	266317	759810	20450	61054
河　　南	133632	322718	10372	41303
湖　　北	212544	548337	15856	52547
湖　　南	172816	330637	14653	30778
广　　东	274993	608448	15089	63350
广　　西	71048	152819	4792	19147
海　　南	6897	13253	325	654
重　　庆	141590	287053	7089	19320
四　　川	295952	695449	18456	78301
贵　　州	56747	105255	4277	17069
云　　南	99544	214052	7739	30075
西　　藏	9290	23254	1224	371
陕　　西	91265	202149	3740	23106
甘　　肃	66208	138166	7621	15163
青　　海	18864	59002	970	7214
宁　　夏	20356	48569	977	5275
新　　疆	80376	214053	2795	28717

各地区总承包建筑业企业资产构成

单位:万元

地　区	资产合计	#流动资产小计	#长期投资	#固定资产小计	#无形及递延资产
全国总计	**161074404**	**112941830**	**7109635**	**35428883**	**4322607**
北　京	11658964	9092161	1182124	1095842	150286
天　津	3479007	2411862	274938	709761	57650
河　北	5948081	3884043	142620	1647777	224964
山　西	4911738	3078595	264150	1388366	123813
内蒙古	2160430	1440077	51956	589613	75064
辽　宁	6916307	4888716	187781	1623212	165495
吉　林	3101081	2238195	48404	713342	91186
黑龙江	4652170	3216223	145955	1212517	64118
上　海	7747538	6145091	612002	816751	88547
江　苏	15387090	11745617	426556	2857610	263951
浙　江	11230915	8629513	387778	1982750	168026
安　徽	4493257	2961860	67346	1198342	221138
福　建	4117521	3044935	187436	762047	91534
江　西	2353953	1504797	55555	685613	89457
山　东	10809856	7999601	269713	2077846	385546
河　南	4586365	2803202	117970	1421702	215688
湖　北	6386003	3907176	258479	1880978	310278
湖　南	4623038	2866276	68228	1466533	164813
广　东	13071420	10089547	649290	1945098	253205
广　西	3706132	2158848	379573	1042335	85421
海　南	205045	143113	7969	49269	4554
重　庆	3966902	2642952	172105	997065	129021
四　川	9010095	5660879	566044	2345473	371954
贵　州	1983833	1390672	33608	457559	78627
云　南	3691904	2242744	214543	1083687	119833
西　藏	246181	110798	14401	108905	11550
陕　西	3183729	2114511	72371	901816	57923
甘　肃	1976811	1219702	43367	642927	47652
青　海	747618	465715	25251	226623	27777
宁　夏	890152	561330	48418	263916	14562
新　疆	3831268	2283079	133704	1233608	168974

各地区总承包建筑业企业流动资产及递延资产

单位：万元

地区	流动资产	#存货	#在建工程	无形及递延资产	#无形资产
全国总计	**1129418304**	**32124879**	**19583346**	**4322607**	**3619899**
北　京	9092161	2328522	1316789	150286	111572
天　津	2411862	471019	167865	57650	48910
河　北	3884043	811393	384282	224964	190297
山　西	3078595	518173	239917	123813	111103
内蒙古	1440077	291539	89104	75064	69838
辽　宁	4888716	904925	343920	165495	140914
吉　林	2238195	298347	93015	91186	79598
黑龙江	3216223	538083	109864	64118	43862
上　海	6145091	1845804	1097079	88547	69119
江　苏	11745617	4532168	3375121	263951	226226
浙　江	8629513	2961199	2132689	168026	131152
安　徽	2961860	801059	440135	221138	186226
福　建	3044935	1110497	821211	91534	75288
江　西	1504797	504697	357048	89457	74964
山　东	7999601	1967819	959129	385546	346812
河　南	2803202	828751	391737	215688	192535
湖　北	3907176	968862	494533	310278	262147
湖　南	2866276	790052	494204	164813	140982
广　东	10089547	3620241	2682846	253205	186906
广　西	2158848	683646	495949	85421	75612
海　南	143113	32285	18363	4554	1222
重　庆	2642952	996417	664671	129021	106332
四　川	5660879	1929147	1190338	371954	330608
贵　州	1390672	386902	307905	78627	64042
云　南	2242744	580714	366631	119833	107762
西　藏	110798	16181	5939	11550	6979
陕　西	2114511	467124	180854	57923	48086
甘　肃	1219702	296880	165911	47652	30159
青　海	465715	75246	31853	27777	23974
宁　夏	561330	178816	62187	14562	14175
新　疆	2283079	388371	102257	168974	122497

各地区总承包建筑业企业固定资产情况

单位:万元

地区	固定资产小计	固定资产原价	#生产经营用	固定资产折旧	#本年折旧
全国总计	**35428883**	**48344101**	**37828671**	**14862478**	**2346652**
北京	1095842	1711856	1201762	634282	101669
天津	709761	1071265	819055	423509	55223
河北	1647777	2155461	1605161	595214	94116
山西	1388366	1815367	1381312	488617	90835
内蒙古	589613	821435	681729	244128	37629
辽宁	1623212	2430306	1985761	836927	105468
吉林	713342	1011930	776899	326898	50437
黑龙江	1212517	1631495	1389797	431346	66549
上海	816751	1328387	1078536	534418	89981
江苏	2857610	3816716	3214618	1156944	184490
浙江	1982750	2709889	2311563	786715	153374
安徽	1198342	1672957	1286185	474615	70570
福建	762047	1037673	819518	299799	40925
江西	685613	871174	622048	230666	33711
山东	2077846	2886323	2257936	920631	142158
河南	1421702	1790470	1391484	502880	69783
湖北	1880978	2562464	1872942	822662	111559
湖南	1466533	1965053	1457805	589439	100264
广东	1945098	2725450	2144021	945740	132284
广西	1042335	1293734	1047662	291149	36805
海南	49269	65502	60107	18147	2184
重庆	997065	1299771	1059719	357609	64860
四川	2345473	3211468	2538562	1017622	170941
贵州	457559	578588	436966	156993	29565
云南	1083687	1434077	1081541	414714	91914
西藏	108905	126889	98353	24648	3185
陕西	901816	1223910	964655	384848	63938
甘肃	642927	820354	578916	208847	35105
青海	226623	308023	223775	90098	17794
宁夏	263916	331498	247780	74194	13705
新疆	1233608	1634616	1192503	578179	85631

各地区总承包建筑业企业负债及所有者权益

单位：万元

地区	负债合计	流动负债	长期负债	所有者权益	#实收资本
全国总计	**104625973**	**99178850**	**5447123**	**56448431**	**45078139**
北京	8657783	8284466	373317	3001181	2083030
天津	2494088	2244000	250088	984919	860076
河北	3565717	3359618	206099	2382364	2099171
山西	3280580	3014922	265658	1631158	1474431
内蒙古	1255732	1185374	70358	904698	775639
辽宁	4472423	4313182	159241	2443884	1951138
吉林	2185464	2120368	65096	915617	789312
黑龙江	2902459	2801919	100540	1749711	1556888
上海	5646613	5461904	184709	2100925	1496460
江苏	10696594	10327180	369414	4690496	3452670
浙江	7402414	7142480	259934	3828501	2791023
安徽	2691766	2536365	155401	1801491	1530676
福建	2622296	2528207	94089	1495225	1233411
江西	1409939	1322322	87617	944014	762263
山东	7337918	6978452	359466	3471938	2817403
河南	2530882	2415994	114888	2055483	1714983
湖北	3852147	3522240	329907	2533856	1854384
湖南	2563340	2346014	217326	2059698	1679914
广东	9525063	9055948	469115	3546357	2613398
广西	2041679	1957880	83799	1664453	1358127
海南	108347	106767	1580	96698	47154
重庆	2033588	1875748	157840	1933314	1726663
四川	4873099	4510409	362690	4136996	3333757
贵州	1338303	1238019	100284	645530	540709
云南	2219145	1968149	250996	1472759	1211238
西藏	80476	72431	8045	165705	140954
陕西	2149211	2029145	120066	1034518	874653
甘肃	1194767	1132948	61819	782044	626068
青海	468515	436974	31541	279103	224924
宁夏	542589	523973	18616	347563	311990
新疆	2483036	2365452	117584	1348232	1145632

各地区总承包建筑业企业实收资本

单位:万元

地区	合计	国家资本	集体资本	法人资本	个人资本	港澳台资本	外商资本
全国总计	**45078139**	**12843650**	**7911366**	**13168269**	**11046788**	**58129**	**49937**
北京	2083030	814548	259820	771902	221835	7281	7644
天津	860076	362311	95734	358896	42826		309
河北	2099171	720804	320293	386453	669588	1755	278
山西	1474431	746506	93600	484981	146680	1552	1112
内蒙古	775639	219436	80116	192989	282580	518	
辽宁	1951138	688397	352080	520242	377996	2514	9909
吉林	789312	310429	82702	262731	128964	1288	3198
黑龙江	1556888	495913	239245	446682	373197	1434	417
上海	1496460	470113	244046	401447	362560	8725	9569
江苏	3452670	790396	624551	1090803	944037	1005	1878
浙江	2791023	245294	386951	579475	1576020	1850	1433
安徽	1530676	604229	364531	332287	226137	3040	452
福建	1233411	275691	239565	293326	411349	4353	9127
江西	762263	266479	181585	216947	97139	113	
山东	2817403	544603	747151	772245	748010	2429	2965
河南	1714983	556850	348021	477113	332858	91	50
湖北	1854384	516094	313741	773989	250560		
湖南	1679914	426463	442262	451414	354656	5119	
广东	2613398	700756	563133	874693	468608	6208	
广西	1358127	819534	234719	240917	61890		1067
海南	47154	28675	7868	10491	120		
重庆	1726663	235866	242995	440666	803857	3000	279
四川	3333757	628090	511519	986412	1204489	2997	250
贵州	540709	318342	111960	29909	78529	1969	
云南	1211238	252394	293620	340802	324422		
西藏	140954	45267	43379	49258	3050		
陕西	874653	184068	197062	369942	123581		
甘肃	626068	188239	157368	152383	127190	888	
青海	224924	81925	30229	77085	35685		
宁夏	311990	114535	29137	79200	89118		
新疆	1145632	191403	72383	702589	179257		

各地区总承包建筑业企业收入情况

单位:万元

地区	工程结算收入	工程结算成本	工程结算税金及附加	工程结算利润	其他业务收入	#其他业务利润
全国总计	**139539729**	**124603938**	**4604540**	**10331251**	**4018316**	**602011**
北京	8335147	7393391	245605	696151	295746	60741
天津	2858729	2573914	79484	205331	98226	8035
河北	5436653	4809304	188064	439285	85166	14773
山西	4007736	3589185	120235	298316	162466	20759
内蒙古	1997065	1766317	62768	167980	51081	9749
辽宁	5834187	5218780	197930	417477	163583	20298
吉林	2436536	2163237	82875	190424	81362	13374
黑龙江	3365475	3016976	104396	244103	74309	6821
上海	6435683	5814428	177080	444175	282501	40271
江苏	13295602	11931497	450861	913244	414869	51723
浙江	15987243	14507890	559974	919379	186236	36488
安徽	4108349	3628138	144725	335486	200145	14296
福建	3113372	2826417	105847	181108	67807	13120
江西	1798358	1576333	66257	155768	30428	6074
山东	8502659	7476532	266317	759810	333376	34937
河南	4150038	3693688	133632	322718	94128	17768
湖北	5531955	4771074	212544	548337	210798	41631
湖南	4891233	4387780	172816	330637	88460	21136
广东	9581710	8698269	274993	608448	190035	43218
广西	2016498	1792631	71048	152819	86359	17439
海南	175014	154864	6897	13253	653	400
重庆	3862084	3433441	141590	287053	68577	7527
四川	8490041	7498640	295952	695449	264602	24427
贵州	1537838	1375836	56747	105255	114312	13179
云南	2967288	2653692	99544	214052	63607	9601
西藏	190139	157595	9290	23254	3357	845
陕西	2863116	2569702	91265	202149	97917	15202
甘肃	1691062	1486688	66208	138166	32083	3240
青海	586070	508204	18864	59002	16389	2979
宁夏	646891	577966	20356	48569	31711	4776
新疆	2845958	2551529	80376	214053	128027	27184

各地区总承包建筑业企业费用情况

单位:万元

地　　区	管理费用	#税金	#财产保险费	#劳动待业保险费	财务费用	#利息支出
全国总计	**7563000**	**254078**	**59184**	**1052233**	**766863**	**604366**
北　京	551407	10106	1924	73137	57431	63047
天　津	177182	4130	2580	35015	14094	10780
河　北	320135	12507	2380	47012	31355	20592
山　西	273598	5820	2271	39597	16850	15658
内蒙古	126168	5339	1153	17780	11924	9553
辽　宁	343413	6778	1336	51612	27879	20931
吉　林	167694	3068	976	23023	12223	9515
黑龙江	202362	4712	987	29158	17348	12932
上　海	338735	4979	1453	39822	21151	16625
江　苏	644750	16860	3654	73213	55867	48894
浙　江	483366	16776	5229	50603	59260	47414
安　徽	258991	9028	1618	42437	26321	19421
福　建	142275	3655	498	19656	14039	12154
江　西	121868	13895	902	16724	12641	6994
山　东	487361	20450	3875	61054	50182	36820
河　南	260507	10372	1336	41303	22814	15005
湖　北	385022	15856	7073	52547	54297	35583
湖　南	230047	14653	1703	30778	33847	24615
广　东	436265	15089	3192	63350	41115	30567
广　西	116787	4792	2057	19147	11120	8752
海　南	5872	325	126	654	553	467
重　庆	179155	7089	1301	19320	28910	22419
四　川	475753	18456	5031	78301	60323	44289
贵　州	85842	4277	615	17069	9637	8332
云　南	157063	7739	1991	30075	20353	14784
西　藏	10730	1224	76	371	1005	940
陕　西	168932	3740	1375	23106	19340	16917
甘　肃	102525	7621	1165	15163	13008	10196
青　海	45188	970	222	7214	3194	2482
宁　夏	35392	977	283	5275	6331	6281
新　疆	228615	2795	802	28717	12451	11407

各地区总承包建筑业企业利润及税金情况

单位:万元

地区	利润总额	#应交所得税	税金总额	工程结算税金及附加	管理费用中的税金
全国总计	**2574871**	**855423**	**4858618**	**4604540**	**254078**
北京	192441	56132	255711	245605	10106
天津	28663	10363	83614	79484	4130
河北	106715	38758	200571	188064	12507
山西	26119	9872	126055	120235	5820
内蒙古	38442	11440	68107	62768	5339
辽宁	71922	34698	204708	197930	6778
吉林	23677	10894	85943	82875	3068
黑龙江	34803	13072	109108	104396	4712
上海	153803	29095	182059	177080	4979
江苏	251550	82328	467721	450861	16860
浙江	414656	129433	576750	559974	16776
安徽	62333	22787	153753	144725	9028
福建	47519	17599	109502	105847	3655
江西	29058	10025	80152	66257	13895
山东	242213	71180	286767	266317	20450
河南	54529	20164	144004	133632	10372
湖北	108387	35821	228400	212544	15856
湖南	77196	26944	187469	172816	14653
广东	175745	63902	290082	274993	15089
广西	37956	9449	75840	71048	4792
海南	5664	674	7222	6897	325
重庆	89676	26790	148679	141590	7089
四川	173535	57563	314408	295952	18456
贵州	23091	5612	61024	56747	4277
云南	41070	16871	107283	99544	7739
西藏	12620	1230	10514	9290	1224
陕西	29974	11284	95005	91265	3740
甘肃	18872	12618	73829	66208	7621
青海	12555	3013	19834	18864	970
宁夏	9727	3693	21333	20356	977
新疆	－19640	12119	83171	80376	2795

各地区总承包建筑业企业工程拖欠款及企业亏损情况

地　区	年末拖欠工程款(万元)	#竣工拖欠	企业个数(个)	#亏损企业个数	亏损企业的比重(%)
全国总计	**28883278**	**16478976**	**27478**	**4232**	**15.4**
北　京	3671793	1778450	597	88	14.7
天　津	1066775	370293	216	39	18.1
河　北	1314850	784825	1141	145	12.7
山　西	980589	531681	608	115	18.9
内蒙古	531700	349085	569	77	13.5
辽　宁	1320302	914085	1079	226	20.9
吉　林	963973	621586	563	156	27.7
黑龙江	1164410	692634	926	208	22.5
上　海	984508	497102	734	91	12.4
江　苏	2358838	1386795	2029	244	12.0
浙　江	1585654	1062517	1549	89	5.7
安　徽	721610	379025	969	145	15.0
福　建	521071	318835	737	106	14.4
江　西	240808	123136	689	110	16.0
山　东	2488754	1477279	2470	297	12.0
河　南	546551	325838	1234	291	23.6
湖　北	1022729	529286	1086	103	9.5
湖　南	736202	393464	1168	187	16.0
广　东	1491317	969750	1485	267	18.0
广　西	327363	208160	626	130	20.8
海　南	19774	10993	58	14	24.1
重　庆	666717	370203	1279	198	15.5
四　川	1312467	774782	2326	311	13.4
贵　州	115377	56349	399	99	24.8
云　南	738724	432116	903	149	16.5
西　藏	6099	4069	134	5	3.7
陕　西	539048	265440	563	81	14.4
甘　肃	453459	264371	495	62	12.5
青　海	131718	52591	202	44	21.8
宁　夏	156536	86268	244	57	23.4
新　疆	703562	447968	400	98	24.5

各地区总承包建筑业企业主要经济效益指标

地　　区	产值利润率（%）	产值利税率（%）	资本利润率（%）	资本利税率（%）	人均利润（元/人）	人均利税（元/人）	资产负债率（%）
全国总计	**1.7**	**4.9**	**5.7**	**16.5**	**1268**	**3660**	**65.0**
北　京	2.4	5.6	9.2	21.5	2757	6420	74.3
天　津	1.0	3.8	3.3	13.1	1129	4423	71.7
河　北	1.8	5.3	5.1	14.6	1106	3184	59.9
山　西	0.6	3.7	1.8	10.3	518	3020	66.8
内蒙古	1.9	5.2	5.0	13.7	960	2661	58.1
辽　宁	1.1	4.4	3.7	14.2	803	3088	64.7
吉　林	0.9	4.3	3.0	13.9	660	3055	70.5
黑龙江	1.0	4.3	2.2	9.2	637	2635	62.4
上　海	2.6	5.6	10.3	22.4	3345	7305	72.9
江　苏	1.4	4.0	7.3	20.8	1203	3439	69.5
浙　江	2.1	5.1	14.9	35.5	2393	5722	65.9
安　徽	1.4	5.0	4.1	14.1	869	3013	59.9
福　建	1.5	4.9	3.9	12.7	1364	4509	63.7
江　西	1.4	5.3	3.8	14.3	785	2950	59.9
山　东	2.5	5.5	8.6	18.8	1453	3173	67.9
河　南	1.2	4.5	3.2	11.6	662	2411	55.2
湖　北	2.0	6.2	5.8	18.2	1370	4258	60.3
湖　南	1.4	4.9	4.6	15.8	935	3207	55.4
广　东	2.3	6.1	6.7	17.8	1918	5083	72.9
广　西	1.9	5.8	2.8	8.4	1194	3580	55.1
海　南	2.8	6.4	12.0	27.3	2352	5350	52.8
重　庆	2.0	5.2	5.2	13.8	1172	3115	51.3
四　川	1.8	5.2	5.2	14.6	987	2775	54.1
贵　州	1.4	5.2	4.3	15.6	964	3510	67.5
云　南	1.3	4.7	3.4	12.2	882	3185	60.1
西　藏	6.8	12.5	9.0	16.4	4813	8823	32.7
陕　西	1.0	4.1	3.4	14.3	752	3137	67.5
甘　肃	1.1	5.4	3.0	14.8	465	2282	60.4
青　海	2.0	5.1	5.6	14.4	1217	3141	62.7
宁　夏	1.4	4.4	3.1	10.0	799	2550	61.0
新　疆	-0.7	2.3	-1.7	5.5	-619	2002	64.8

各地区按资质等级划分的总承包建筑业企业个数

单位:个

地区	合计	特级	一级	二级	三级及以下
全国总计	**27478**	**150**	**1996**	**6532**	**18800**
北京	597	9	146	202	240
天津	216	3	37	60	116
河北	1141	12	98	342	689
山西	608	6	48	104	450
内蒙古	569	1	26	108	434
辽宁	1079	5	115	230	729
吉林	563	6	39	90	428
黑龙江	926	5	59	271	591
上海	734	2	66	238	428
江苏	2029	4	142	520	1363
浙江	1549	5	111	406	1027
安徽	969	16	56	200	697
福建	737	11	85	203	438
江西	689		30	80	579
山东	2470	5	102	494	1869
河南	1234	2	92	287	853
湖北	1086	33	92	236	725
湖南	1168	3	90	255	820
广东	1485	4	179	328	974
广西	626	1	32	128	465
海南	58	3	25	6	24
重庆	1279		49	435	795
四川	2326	3	92	596	1635
贵州	399	3	20	85	291
云南	903	3	29	173	698
西藏	134	2	2	34	96
陕西	563	2	50	131	380
甘肃	495	1	29	141	324
青海	202		11	44	147
宁夏	244		8	30	206
新疆	400		36	75	289

各地区按资质等级划分的总承包建筑业企业从业人员

单位:万人

地区	合计	特级	一级	二级	三级及以下
全国总计	**1872.2**	**83.3**	**494.1**	**624.4**	**670.3**
北京	43.4	3.2	24.7	11.1	4.5
天津	19.1	3.3	8.6	4.1	3.2
河北	86.1	2.8	17.2	37.2	29.0
山西	43.2	10.2	10.8	8.2	14.0
内蒙古	26.1	2.4	5.1	8.0	10.5
辽宁	70.4	5.3	21.9	17.6	25.7
吉林	26.9	1.4	8.7	5.9	10.9
黑龙江	36.9	2.6	9.8	12.8	11.6
上海	30.4	1.5	8.7	10.7	9.5
江苏	201.2	9.1	57.2	63.9	70.9
浙江	173.7	8.2	58.2	62.0	45.4
安徽	73.7	7.0	11.0	22.4	33.3
福建	36.5	0.6	11.1	13.5	11.3
江西	38.0		8.7	8.0	21.3
山东	148.3	1.1	32.7	48.0	66.6
河南	79.7	0.7	22.9	27.3	28.7
湖北	79.8	9.6	18.9	23.2	28.0
湖南	85.4	3.8	21.5	26.9	33.1
广东	95.1	1.0	30.8	30.6	32.7
广西	31.3	2.0	9.8	9.4	10.1
海南	2.6	0.1	1.7	0.2	0.6
重庆	75.3		12.8	37.1	25.5
四川	186.1	2.7	32.2	77.2	74.1
贵州	24.0	0.7	8.2	7.9	7.1
云南	48.7	2.1	9.4	15.4	21.8
西藏	2.2	0.0	0.0	1.0	1.2
陕西	36.4	2.0	12.9	10.1	11.4
甘肃	36.1	0.0	7.2	16.3	12.6
青海	7.7		2.1	2.0	3.6
宁夏	7.5		1.4	1.9	4.3
新疆	20.3		7.9	4.5	7.9

各地区按资质等级划分的总承包建筑业总产值

单位：万元

地　区	合　计	特　级	一　级	二　级	三级及以下
全国总计	**150696097**	**13064522**	**58276303**	**42803949**	**36551323**
北　京	7995741	875651	4953220	1664206	502664
天　津	2988733	780266	1535799	419012	253656
河　北	5835613	288302	2110397	1997301	1439613
山　西	4058174	1950634	1167981	403775	535784
内蒙古	2053619	124520	544286	607268	777545
辽　宁	6340937	802520	2482102	1366711	1689604
吉　林	2532465	327638	1092540	497818	614469
黑龙江	3378459	455498	956478	1156392	810091
上　海	6022408	401822	2431868	1909293	1279425
江　苏	18016792	1221441	6887830	5329082	4578439
浙　江	19480949	1381349	8534550	5764141	3800909
安　徽	4348292	670252	970444	1324507	1383089
福　建	3188996	124268	1355982	1113308	595438
江　西	2052599		692442	547889	812268
山　东	9563936	394786	3502074	2727257	2939819
河　南	4447753	109039	1913232	1350173	1075309
湖　北	5446442	1072347	1828547	1253749	1291799
湖　南	5372020	398343	2004263	1505075	1464339
广　东	7636765	224663	3145778	2150124	2116200
广　西	1957943	129806	758101	598282	471754
海　南	201824	5063	158263	12730	25768
重　庆	4552786		1194019	2036285	1322482
四　川	9396449	309549	2479369	3527365	3080166
贵　州	1627740	161679	734288	437665	294108
云　南	3185160	204547	1028668	954838	997107
西　藏	185815	4096	1635	106836	73248
陕　西	3020281	646363	1414426	519044	440448
甘　肃	1721197	80	644152	635473	441492
青　海	639518		325843	134620	179055
宁　夏	710370		215985	196169	298216
新　疆	2736321		1211741	557561	967019

各地区按资质等级划分的总承包建筑业增加值

单位：万元

地区	合计	特级	一级	二级	三级及以下
全国总计	**37460805**	**3012761**	**13772457**	**10818534**	**9857053**
北京	1775728	252668	1077985	328925	116150
天津	587884	129476	308755	90210	59443
河北	1484867	86384	489064	535375	374044
山西	905627	351159	278141	115210	161117
内蒙古	594758	40275	162061	163058	229364
辽宁	1602043	173480	634720	347063	446780
吉林	647403	71615	246008	140517	189263
黑龙江	905861	115091	251632	311767	227371
上海	1274735	124906	523010	363918	262901
江苏	4150135	294969	1609647	1165340	1080179
浙江	4392161	295407	1671201	1432983	992570
安徽	1179861	201088	260399	328773	389601
福建	754926	34077	313679	252606	154564
江西	572375		208906	122581	240888
山东	2523014	78804	938789	709594	795827
河南	1125443	24751	449141	341049	310502
湖北	1557906	299523	461434	347644	449305
湖南	1331646	80666	440451	397380	413149
广东	2043328	65196	841134	600476	536522
广西	549874	38217	216770	162126	132761
海南	40613	1056	27784	4279	7494
重庆	1208195		292947	565549	349699
四川	2655654	78546	685473	1014961	876674
贵州	438558	36817	197510	117107	87124
云南	819093	39253	257226	249173	273441
西藏	58047	291	229	28254	29273
陕西	671775	99041	298224	147786	126724
甘肃	509040	5	175301	200108	133626
青海	168892		93757	33050	42085
宁夏	184746		53477	51059	80210
新疆	746617		307602	150613	288402

各地区按资质等级划分的总承包建筑业企业签订的合同额

单位：万元

地区	合计	特级	一级	二级	三级及以下
全国总计	**223717145**	**25483919**	**97562211**	**56755992**	**43915023**
北京	13517234	1608112	8936291	2360966	611865
天津	4791332	1376461	2481030	639582	294259
河北	7779280	608267	3135750	2349840	1685423
山西	5958218	2948046	1798153	564172	647847
内蒙古	2485824	165083	747950	723809	848982
辽宁	8819758	1471402	3723709	1749118	1875529
吉林	3849255	1063432	1572461	584679	628683
黑龙江	4148933	774619	1299722	1230296	844296
上海	10833914	729101	5871795	2707923	1525095
江苏	23766200	1920734	10163460	6469274	5212732
浙江	30276418	2679892	14218740	8418075	4959711
安徽	6084202	1075453	1661270	1783006	1564473
福建	5362024	221834	2603249	1656498	880443
江西	2972497		1136014	809166	1027317
山东	12751883	608504	5238807	3420567	3484005
河南	6424367	158021	3211222	1729757	1325367
湖北	9398270	3086623	3206926	1604159	1500562
湖南	7963615	813924	3057199	2240184	1852308
广东	13711535	1082187	6449463	3248172	2931713
广西	3167861	295892	1375111	882118	614740
海南	351511	8691	289534	24310	28976
重庆	6330337		2000321	2789435	1540581
四川	12763584	610116	4211916	4300260	3641292
贵州	2447688	291569	1205142	586151	364826
云南	4577578	341840	1762550	1203753	1269435
西藏	258091	4096	1635	157514	94846
陕西	5294244	1540020	2468474	766884	518866
甘肃	2064528		877519	710572	476437
青海	1152049		792152	143732	216165
宁夏	890138		320289	211002	358847
新疆	3524777		1744357	691018	1089402

各地区按资质等级划分的总承包建筑业企业竣工产值

单位：万元

地　区	合　计	特　级	一　级	二　级	三级及以下
全国总计	**110865238**	**8408154**	**40990146**	**32503927**	**28963011**
北　京	5706951	601905	3462957	1235709	406380
天　津	1867639	387770	949362	315036	215471
河　北	4228894	289726	1317510	1517998	1103660
山　西	2287262	685854	833172	316298	451938
内蒙古	1769698	94472	425478	534436	715312
辽　宁	4482984	426448	1761312	1008079	1287145
吉　林	2161754	251305	852795	495148	562506
黑龙江	2966244	333152	933501	1021127	678464
上　海	4630652	218466	2153163	1344007	915016
江　苏	13646336	1010790	4989772	3992438	3653336
浙　江	13773072	952657	5676868	4121056	3022491
安　徽	3242807	486968	630491	990543	1134805
福　建	2501925	94672	1070713	903141	433399
江　西	1529653		479086	346496	704071
山　东	6753449	205811	2295714	2050409	2201515
河　南	3393265	89370	1425041	1085566	793288
湖　北	3989671	809617	1137274	1002945	1039835
湖　南	3881632	419360	1170037	1124564	1167671
广　东	5790608	127806	2368101	1656321	1638380
广　西	1393427	84887	524161	425572	358807
海　南	91448	3279	55262	8296	24611
重　庆	3184314		739971	1496186	948157
四　川	7070380	150080	1767026	2688825	2464449
贵　州	1162351	89045	513114	336003	224189
云　南	2478336	180370	701949	764794	831223
西　藏	164579	3353	885	92632	67709
陕　西	2033741	410256	924988	381257	317240
甘　肃	1491739	735	578283	541707	371014
青　海	499236		232926	120718	145592
宁　夏	563322		162418	152069	248835
新　疆	2127869		856816	434551	836502

各地区按资质等级划分的总承包建筑业企业房屋施工面积

单位:万平方米

地区	合计	特级	一级	二级	三级及以下
全国总计	**194234.7**	**9469.2**	**63186.0**	**60436.7**	**61142.8**
北京	9138.0	910.5	5932.1	1801.6	493.8
天津	2345.9	192.8	1270.8	586.0	296.3
河北	7655.2	513.1	1761.8	3098.8	2281.5
山西	2775.6	550.0	842.0	546.4	837.3
内蒙古	2139.8	102.9	330.1	654.1	1052.7
辽宁	6511.0	717.6	1829.2	1591.8	2372.4
吉林	2345.0	81.1	995.5	509.9	758.6
黑龙江	3102.2	305.5	728.8	1135.4	932.5
上海	5697.0	82.6	2308.8	1831.0	1474.7
江苏	25499.7	1922.5	8935.8	7149.3	7492.1
浙江	27002.3	2121.4	11043.9	7985.6	5851.4
安徽	5694.1	179.8	1051.0	1849.9	2613.3
福建	4966.1	135.1	1776.2	1881.0	1173.7
江西	3396.4		591.5	747.5	2057.4
山东	13421.2	338.8	3633.8	4374.4	5074.2
河南	6693.6	76.0	2020.5	2269.7	2327.3
湖北	6536.1	491.5	2020.8	1702.5	2321.4
湖南	6966.3	72.3	1843.9	2238.4	2811.7
广东	12486.8	148.6	4491.1	3470.3	4376.7
广西	2904.4		1044.2	872.6	987.6
海南	225.1	6.1	167.1	17.5	34.5
重庆	8399.1		1925.7	3709.7	2763.7
四川	14085.3	251.7	2341.5	5775.8	5716.2
贵州	2118.8		568.6	859.4	690.9
云南	3296.0	258.1	551.5	1092.8	1393.6
西藏	65.6	0.3	0.6	36.4	28.4
陕西	2761.6	10.9	994.5	897.0	859.3
甘肃	2386.4		804.1	892.9	689.4
青海	416.6		84.8	142.7	189.1
宁夏	823.8		171.8	229.2	422.8
新疆	2379.8		1124.0	487.1	768.6

各地区按资质等级划分的总承包建筑业企业房屋竣工面积

单位:万平方米

地　区	合　计	特　级	一　级	二　级	三级及以下
全国总计	**98783.2**	**3795.6**	**25473.6**	**32523.0**	**36991.0**
北　京	3416.6	273.7	1999.1	856.3	287.5
天　津	1065.5	54.1	535.3	267.2	208.9
河　北	4294.1	226.7	813.6	1825.0	1428.9
山　西	1338.2	140.2	344.5	327.5	526.0
内蒙古	1470.7	42.2	184.3	459.4	784.9
辽　宁	3568.3	229.0	916.7	865.0	1557.6
吉　林	1499.1	22.7	480.2	371.0	625.3
黑龙江	1946.1	155.4	396.8	739.6	654.2
上　海	2208.1	32.0	711.1	705.4	759.6
江　苏	14075.4	860.4	4275.9	4126.5	4812.7
浙　江	11843.1	826.7	3954.1	3926.5	3135.8
安　徽	3452.4	87.6	534.0	1007.3	1823.4
福　建	2242.3	70.0	692.3	912.9	567.2
江　西	1812.9		305.9	318.1	1189.0
山　东	7000.8	98.7	1536.9	2289.0	3076.2
河　南	3411.3	27.3	836.6	1269.0	1278.3
湖　北	3678.3	292.9	765.0	1065.4	1555.0
湖　南	3531.5	28.8	671.2	1140.6	1690.9
广　东	5209.8	90.1	1480.0	1553.6	2086.1
广　西	1266.3		379.5	366.6	520.3
海　南	78.8	1.6	41.0	5.2	31.1
重　庆	4538.0		741.1	2138.8	1658.2
四　川	8045.2	96.9	996.8	3342.2	3609.3
贵　州	956.5		172.6	402.7	381.2
云　南	2158.4	136.3	301.6	730.8	989.7
西　藏	53.4	0.3	0.6	27.5	25.1
陕　西	1182.1	2.1	346.2	405.4	428.5
甘　肃	1445.8		395.2	596.4	454.2
青　海	219.2		37.5	69.6	112.1
宁　夏	420.9		63.3	111.0	246.5
新　疆	1353.7		564.9	301.5	487.3

各地区按资质等级划分的总承包建筑业企业自有设备台数

单位：台

地　　区	合　　计	特　　级	一　　级	二　　级	三级及以下
全国总计	**5998521**	**193022**	**1278878**	**2051447**	**2475174**
北　　京	133817	13099	68953	36323	15442
天　　津	70631	6596	23749	21871	18415
河　　北	380154	7850	71818	169434	131052
山　　西	136220	15137	31123	29136	60824
内 蒙 古	93735	3547	15059	27821	47308
辽　　宁	205293	8643	66687	50843	79120
吉　　林	79394	3557	25483	18407	31947
黑 龙 江	132767	6228	33260	48387	44892
上　　海	97738	7169	30109	37499	22961
江　　苏	527513	16282	148669	190195	172367
浙　　江	458960	9186	107703	194331	147740
安　　徽	270126	18080	34561	78699	138786
福　　建	127926	1543	25941	49653	50789
江　　西	112270		17207	19506	75557
山　　东	402351	3143	84557	126648	188003
河　　南	314714	3706	70978	104739	135291
湖　　北	307281	35897	48462	90642	132280
湖　　南	296218	12526	51292	91629	140771
广　　东	399741	1319	111263	132466	154693
广　　西	150828	2021	23160	39658	85989
海　　南	6994	54	3191	520	3229
重　　庆	181043		22675	95746	62622
四　　川	422432	5724	46675	173160	196873
贵　　州	61923	4822	11303	18877	26921
云　　南	201700	1583	19636	59400	121081
西　　藏	4615	12	40	1866	2697
陕　　西	133141	5296	29232	44615	53998
甘　　肃	139785	2	15940	63702	60141
青　　海	31845		11322	6365	14158
宁　　夏	36769		5049	7610	24110
新　　疆	80597		23781	21699	35117

各地区按资质等级划分的总承包建筑业企业自有设备总功率

单位:万千瓦

地区	合计	特级	一级	二级	三级及以下
全国总计	**8950.8**	**642.7**	**2751.4**	**2861.5**	**2695.3**
北京	274.9	30.6	152.6	65.2	26.4
天津	157.3	39.5	70.0	28.8	19.1
河北	509.4	20.2	166.8	187.3	135.0
山西	262.3	88.2	75.0	38.4	60.6
内蒙古	165.7	11.4	42.2	49.6	62.5
辽宁	492.5	31.4	214.1	113.8	133.2
吉林	183.0	15.8	69.6	41.9	55.7
黑龙江	303.3	26.6	90.1	113.4	73.2
上海	165.6	19.3	66.9	56.0	23.5
江苏	720.9	26.7	247.9	271.6	174.7
浙江	580.1	15.0	163.1	233.0	169.1
安徽	296.2	52.2	46.2	92.9	104.8
福建	206.0	8.3	60.0	73.5	64.2
江西	155.8		49.8	38.4	67.6
山东	566.5	8.5	188.3	170.2	199.5
河南	370.7	2.6	127.7	120.5	120.0
湖北	409.0	90.2	85.6	112.3	120.9
湖南	410.8	57.3	106.7	110.9	135.8
广东	591.4	9.3	222.1	183.1	176.9
广西	201.8	9.1	48.8	68.5	75.4
海南	13.0	0.2	6.0	1.1	5.7
重庆	257.1		41.4	133.7	82.0
四川	632.5	23.1	136.0	247.7	225.8
贵州	96.4	9.4	29.1	30.8	27.2
云南	267.0	4.7	58.2	86.3	117.8
西藏	10.5	0.1	0.0	6.9	3.4
陕西	197.7	43.1	59.7	45.2	49.8
甘肃	164.4	0.0	32.3	70.8	61.3
青海	58.0		18.5	18.7	20.8
宁夏	56.4		10.2	11.4	34.8
新疆	174.7		66.5	39.7	68.5

各地区按资质等级划分的总承包建筑业企业实收资本

单位:万元

地区	合计	特级	一级	二级	三级及以下
全国总计	**45078139**	**3322434**	**12284767**	**15463092**	**14007846**
北京	2083030	390787	1051166	468264	172813
天津	860076	220552	381609	165141	92774
河北	2099171	121667	589815	868732	518957
山西	1474431	299804	337973	566952	269702
内蒙古	775639	36600	161274	227990	349775
辽宁	1951138	113200	775571	501852	560515
吉林	789312	60653	260000	205616	263043
黑龙江	1556888	192008	364639	589212	411029
上海	1496460	91113	501011	579387	324949
江苏	3452670	232561	1020538	1182977	1016594
浙江	2791023	153478	747842	1050193	839510
安徽	1530676	296198	278988	447037	508453
福建	1233411	42002	305902	513783	371724
江西	762263		190774	167776	403713
山东	2817403	123457	710646	870904	1112396
河南	1714983	29124	498282	607599	579978
湖北	1854384	362317	432342	535746	523979
湖南	1679914	68331	515529	512403	583651
广东	2613398	138317	877976	821182	775923
广西	1358127	14342	185583	857812	300390
海南	47154	4123	21803	2580	18648
重庆	1726663		317116	884527	525020
四川	3333757	108480	628531	1348272	1248474
贵州	540709	57254	133436	164833	185186
云南	1211238	70411	181821	424884	534122
西藏	140954	1056	215	65279	74404
陕西	874653	94428	302170	233115	244940
甘肃	626068	171	164412	275191	186294
青海	224924		72218	74587	78119
宁夏	311990		66742	81867	163381
新疆	1145632		208843	167399	769390

各地区按资质等级划分的总承包建筑业企业资产

单位：万元

地区	合计	特级	一级	二级	三级及以下
全国总计	**161074404**	**15721152**	**64250483**	**44614812**	**36487957**
北京	11658964	2297175	6845824	1988010	527955
天津	3479007	759500	1916315	554596	248596
河北	5948081	567448	2646933	1660922	1072778
山西	4911738	1611288	1524215	1162621	613614
内蒙古	2160430	213076	570655	648989	727710
辽宁	6916307	620408	3243223	1539476	1513200
吉林	3101081	305652	1428178	649164	718087
黑龙江	4652170	673086	1506064	1569395	903625
上海	7747538	619062	3472390	2474321	1181765
江苏	15387090	1038603	6092526	4616947	3639014
浙江	11230915	662171	3963289	3823758	2781697
安徽	4493257	929586	1059876	1241915	1261880
福建	4117521	140204	1280964	1512156	1184197
江西	2353953		871870	479258	1002825
山东	10809856	559936	4137146	2988215	3124559
河南	4586365	113665	1919779	1314718	1238203
湖北	6386003	1936998	2056392	1289877	1102736
湖南	4623038	425557	1828867	1174431	1194183
广东	13071420	661003	5990910	3408817	3010690
广西	3706132	129276	1300895	1545142	730819
海南	205045	8495	148464	15489	32597
重庆	3966902		1187426	1754972	1024504
四川	9010095	379604	2838163	3181784	2610544
贵州	1983833	300099	812644	462331	408759
云南	3691904	267041	1143571	1183130	1098162
西藏	246181	1240	271	144084	100586
陕西	3183729	500453	1600758	605679	476839
甘肃	1976811	526	900838	657192	418255
青海	747618		401090	149111	197417
宁夏	890152		246988	282077	361087
新疆	3831268		1313959	536235	1981074

各地区按资质等级划分的总承包建筑业企业所有者权益

单位:万元

地区	合计	特级	一级	二级	三级及以下
全国总计	**56448431**	**4719153**	**16243063**	**18618107**	**16868108**
北京	3001181	692443	1557599	550820	200319
天津	984919	235510	466913	180549	101947
河北	2382364	149449	646114	995459	591342
山西	1631158	390956	340894	597138	302170
内蒙古	904698	55752	215094	266723	367129
辽宁	2443884	158047	1026960	571783	687094
吉林	915617	61943	305578	247206	300890
黑龙江	1749711	211794	435617	657206	445094
上海	2100925	213669	772903	729438	384915
江苏	4690496	441731	1435062	1505350	1308353
浙江	3828501	212268	1129827	1396749	1089657
安徽	1801491	303248	343696	542567	611980
福建	1495225	62125	385349	584825	462926
江西	944014		252315	204356	487343
山东	3471938	148568	909494	1093948	1319928
河南	2055483	29824	628571	695926	701162
湖北	2533856	593873	584739	689848	665396
湖南	2059698	82324	632091	606015	739268
广东	3546357	232433	1198729	1107939	1007256
广西	1664453	44130	243855	1008883	367585
海南	96698	4210	66675	5142	20671
重庆	1933314		356799	985762	590753
四川	4136996	149160	862298	1604153	1521385
贵州	645530	65879	183825	188091	207735
云南	1472759	73308	235718	520252	643481
西藏	165705	1056	216	81669	82764
陕西	1034518	105237	386674	271412	271195
甘肃	782044	216	198256	363965	219607
青海	279103		103408	88618	87077
宁夏	347563		69791	92068	185704
新疆	1348232		268003	184247	895982

各地区按资质等级划分的总承包建筑业企业负债

单位:万元

地　　区	合　　计	特　　级	一　　级	二　　级	三级及以下
全国总计	**104625973**	**11001999**	**48007420**	**25996705**	**19619849**
北　　京	8657783	1604732	5288225	1437190	327636
天　　津	2494088	523990	1449402	374047	146649
河　　北	3565717	417999	2000819	665463	481436
山　　西	3280580	1220332	1183321	565483	311444
内 蒙 古	1255732	157324	355561	382266	360581
辽　　宁	4472423	462361	2216263	967693	826106
吉　　林	2185464	243709	1122600	401958	417197
黑 龙 江	2902459	461292	1070447	912189	458531
上　　海	5646613	405393	2699487	1744883	796850
江　　苏	10696594	596872	4657464	3111597	2330661
浙　　江	7402414	449903	2833462	2427009	1692040
安　　徽	2691766	626338	716180	699348	649900
福　　建	2622296	78079	895615	927331	721271
江　　西	1409939		619555	274902	515482
山　　东	7337918	411368	3227652	1894267	1804631
河　　南	2530882	83841	1291208	618792	537041
湖　　北	3852147	1343125	1471653	600029	437340
湖　　南	2563340	343233	1196776	568416	454915
广　　东	9525063	428570	4792181	2300878	2003434
广　　西	2041679	85146	1057040	536259	363234
海　　南	108347	4285	81789	10347	11926
重　　庆	2033588		830627	769210	433751
四　　川	4873099	230444	1975865	1577631	1089159
贵　　州	1338303	234220	628819	274240	201024
云　　南	2219145	193733	907853	662878	454681
西　　藏	80476	184	55	62415	17822
陕　　西	2149211	395216	1214084	334267	205644
甘　　肃	1194767	310	702582	293227	198648
青　　海	468515		297682	60493	110340
宁　　夏	542589		177197	190009	175383
新　　疆	2483036		1045956	351988	1085092

各地区按资质等级划分的总承包建筑业企业总收入

单位:万元

地区	合计	特级	一级	二级	三级及以下
全国总计	**143558045**	**15728485**	**57036177**	**38199495**	**32593888**
北京	8630893	1449580	5172484	1574216	434613
天津	2956955	795185	1522114	397250	242406
河北	5521819	489774	1990571	1779999	1261475
山西	4170202	2055846	1251983	380106	482267
内蒙古	2048146	140697	540183	596853	770413
辽宁	5997770	745383	2431294	1298432	1522661
吉林	2517898	328814	1110156	489661	589267
黑龙江	3439784	502234	1056689	1120764	760097
上海	6718184	545839	2888051	1987073	1297221
江苏	13710471	961748	5794501	3761038	3193184
浙江	16173479	1282272	6931416	4739362	3220429
安徽	4308494	785288	1028045	1228549	1266612
福建	3181179	136844	1399694	1044067	600574
江西	1828786		670061	426917	731808
山东	8836035	435474	3487060	2356193	2557308
河南	4244166	114384	1866562	1170833	1092387
湖北	5742753	1223672	1876755	1301080	1341246
湖南	4979693	465117	1812846	1376489	1325241
广东	9771745	1778378	3853216	2169482	1970669
广西	2102857	136075	918739	614501	433542
海南	175667	5251	129849	14776	25791
重庆	3930661		1118549	1727075	1085037
四川	8754643	319734	2512607	3155096	2767206
贵州	1652150	170067	807510	407764	266809
云南	3030895	188847	1000837	887361	953850
西藏	193496	3353	910	115015	74218
陕西	2961033	668244	1385885	512398	394506
甘肃	1723145	385	625880	723767	373113
青海	602459		350046	110030	142383
宁夏	678602		217540	180272	280790
新疆	2973985		1284144	553076	1136765

各地区按资质等级划分的总承包建筑业企业利税总额

单位:万元

地区	合计	特级	一级	二级	三级及以下
全国总计	**7433489**	**597397**	**2508711**	**2232163**	**2095218**
北京	448152	71345	259876	87292	29639
天津	112277	27303	53117	17577	14280
河北	307286	16582	86930	115409	88365
山西	152174	62020	43883	16280	29991
内蒙古	106549	4108	23829	30358	48254
辽宁	276630	38552	96872	61878	79328
吉林	109620	14049	42792	19536	33243
黑龙江	143911	28232	34569	47134	33976
上海	335862	22616	146375	98040	68831
江苏	719271	54195	249657	214742	200677
浙江	991406	76835	383535	297106	233930
安徽	216086	26247	43951	62378	83510
福建	157021	9016	58363	56220	33422
江西	109210		37205	21794	50211
山东	528980	20821	165138	154978	188043
河南	198533	6159	64646	55460	72268
湖北	336787	36402	87417	77017	135951
湖南	264665	7613	77010	88327	91715
广东	465827	16087	154626	158311	136803
广西	113796	4931	36490	42285	30090
海南	12886	188	8323	2757	1618
重庆	238355		59831	108333	70191
四川	487943	12812	91340	201935	181856
贵州	84115	5417	37686	21917	19095
云南	148353	6285	32813	41240	68015
西藏	23134	83	116	10518	12417
陕西	124979	29473	44535	29182	21789
甘肃	92701	26	5255	53013	34407
青海	32389		17955	6319	8115
宁夏	31060		7718	8258	15084
新疆	63531		56858	26569	-19896

各地区按资质等级划分的总承包建筑业企业利润总额

单位:万元

地区	合计	特级	一级	二级	三级及以下
全国总计	**2574871**	**203647**	**721924**	**866928**	**782372**
北京	192441	38198	103023	36413	14807
天津	28663	7398	12501	4208	4556
河北	106715	1747	22655	46379	35934
山西	26119	9394	4489	2722	9514
内蒙古	38442	374	6024	11506	20538
辽宁	71922	14861	16578	15791	24692
吉林	23677	3133	8292	3664	8588
黑龙江	34803	12466	4465	9605	8267
上海	153803	15587	64359	44579	29278
江苏	251550	22773	74096	82147	72534
浙江	414656	34908	146179	124570	108999
安徽	62333	4193	8184	17665	32291
福建	47519	4670	13050	19591	10208
江西	29058		6522	6221	16315
山东	242213	7793	62655	75807	95958
河南	54529	2794	5839	15743	30153
湖北	108387	3269	20686	29056	55376
湖南	77196	－2395	16274	32286	31031
广东	175745	7403	39799	75154	53389
广西	37956	1386	8816	19202	8552
海南	5664	12	3052	2241	359
重庆	89676		23285	42733	23658
四川	173535	2746	17761	82112	70916
贵州	23091	1096	12490	5201	4304
云南	41070	378	1520	10435	28737
西藏	12620	－21	38	6260	6343
陕西	29974	9462	6415	7475	6622
甘肃	18872	22	－13787	22504	10133
青海	12555		6619	2608	3328
宁夏	9727		844	3111	5772
新疆	－19640		19201	9939	－48780

各地区按资质等级划分的总承包建筑业企业工程结算利润

单位:万元

地区	合计	特级	一级	二级	三级及以下
全国总计	**10331251**	**978348**	**3904088**	**2814502**	**2634313**
北京	696151	116010	411830	123717	44594
天津	205331	49576	110174	27484	18097
河北	439285	28183	169702	136289	105111
山西	298316	130432	90349	32161	45374
内蒙古	167980	13803	49928	43644	60605
辽宁	417477	43207	182657	84795	106818
吉林	190424	29134	77948	34662	48680
黑龙江	244103	37064	70794	78925	57320
上海	444175	47830	197608	120021	78716
江苏	913244	43882	362834	264257	242271
浙江	919379	63443	326641	287577	241718
安徽	335486	74654	71151	83196	106485
福建	181108	16518	79562	49528	35500
江西	155768		64909	31145	59714
山东	759810	31429	274973	212940	240468
河南	322718	11795	126677	88270	95976
湖北	548337	120378	161607	106977	159375
湖南	330637	11235	111059	104080	104263
广东	608448	18594	238630	184182	167042
广西	152819	9128	59567	49575	34549
海南	13253	186	8588	2755	1724
重庆	287053		78831	130132	78090
四川	695449	25611	179710	273554	216574
贵州	105255	8179	53130	24789	19157
云南	214052	7490	69731	60694	76137
西藏	23254	89	47	11122	11996
陕西	202149	40543	89171	38196	34239
甘肃	138166	-45	42655	61674	33882
青海	59002		37122	9724	12156
宁夏	48569		13809	15014	19746
新疆	214053		92694	43423	77936

各地区按资质等级划分的总承包建筑业企业税金总额

单位:万元

地区	合计	特级	一级	二级	三级及以下
全国总计	**4858618**	**393750**	**1786787**	**1365235**	**1312846**
北京	255711	33147	156853	50879	14832
天津	83614	19905	40616	13369	9724
河北	200571	14835	64275	69030	52431
山西	126055	52626	39394	13558	20477
内蒙古	68107	3734	17805	18852	27716
辽宁	204708	23691	80294	46087	54636
吉林	85943	10916	34500	15872	24655
黑龙江	109108	15766	30104	37529	25709
上海	182059	7029	82016	53461	39553
江苏	467721	31422	175561	132595	128143
浙江	576750	41927	237356	172536	124931
安徽	153753	22054	35767	44713	51219
福建	109502	4346	45313	36629	23214
江西	80152		30683	15573	33896
山东	286767	13028	102483	79171	92085
河南	144004	3365	58807	39717	42115
湖北	228400	33133	66731	47961	80575
湖南	187469	10008	60736	56041	60684
广东	290082	8684	114827	83157	83414
广西	75840	3545	27674	23083	21538
海南	7222	176	5271	516	1259
重庆	148679		36546	65600	46533
四川	314408	10066	73579	119823	110940
贵州	61024	4321	25196	16716	14791
云南	107283	5907	31293	30805	39278
西藏	10514	104	78	4258	6074
陕西	95005	20011	38120	21707	15167
甘肃	73829	4	19042	30509	24274
青海	19834		11336	3711	4787
宁夏	21333		6874	5147	9312
新疆	83171		37657	16630	28884

各地区按资质等级划分的总承包建筑业企业工程结算收入

单位:万元

地 区	合 计	特 级	一 级	二 级	三级及以下
全国总计	**139539729**	**15254187**	**54779029**	**37357951**	**32148562**
北 京	8335147	1438286	4913315	1553271	430275
天 津	2858729	774162	1474373	376063	234131
河 北	5436653	468649	1943270	1772297	1252437
山 西	4007736	1965455	1200128	367534	474619
内蒙古	1997065	117887	530559	587862	760757
辽 宁	5834187	743448	2303865	1273841	1513033
吉 林	2436536	327438	1056672	469681	582745
黑龙江	3365475	497060	1037543	1093185	737687
上 海	6435683	516849	2770012	1875107	1273715
江 苏	13295602	953579	5494046	3698579	3149398
浙 江	15987243	1263376	6817681	4712859	3193327
安 徽	4108349	673887	978683	1199834	1255945
福 建	3113372	133275	1356803	1026498	596796
江 西	1798358		654617	420533	723208
山 东	8502659	434312	3311698	2229037	2527612
河 南	4150038	114384	1802783	1146716	1086155
湖 北	5531955	1166192	1807176	1251206	1307381
湖 南	4891233	432909	1782946	1360838	1314540
广 东	9581710	1771071	3726009	2133493	1951137
广 西	2016498	135576	864540	600222	416160
海 南	175014	5251	129617	14708	25438
重 庆	3862084		1074549	1710988	1076547
四 川	8490041	316326	2405565	3069216	2698934
贵 州	1537838	169272	706204	397636	264726
云 南	2967288	185698	967135	871077	943378
西 藏	190139	3353	910	113349	72527
陕 西	2863116	646363	1317066	507110	392577
甘 肃	1691062	129	609114	713984	367835
青 海	586070		336798	108588	140684
宁 夏	646891		210358	168923	267610
新 疆	2845958		1194994	533716	1117248

各地区按资质等级划分的总承包建筑业企业管理费用

单位：万元

地区	合计	特级	一级	二级	三级及以下
全国总计	**7563000**	**758427**	**3207256**	**1897243**	**1700074**
北京	551407	86366	345110	89932	29999
天津	177182	41875	96880	25224	13203
河北	320135	28622	144408	83249	63856
山西	273598	119942	90174	29743	33739
内蒙古	126168	17446	42053	28674	37995
辽宁	343413	27464	169410	69582	76957
吉林	167694	22818	70711	33441	40724
黑龙江	202362	21263	66452	67530	47117
上海	338735	34181	164014	91743	48797
江苏	644750	22079	282635	179605	160431
浙江	483366	26402	178994	151063	126907
安徽	258991	66498	61297	62898	68298
福建	142275	10626	69680	35103	26866
江西	121868		56601	24848	40419
山东	487361	21749	195934	133261	136417
河南	260507	6965	123755	70821	58966
湖北	385022	100789	129545	73052	81636
湖南	230047	17202	88770	63735	60340
广东	436265	19111	197366	116212	103576
广西	116787	5442	53581	32764	25000
海南	5872	176	3225	560	1911
重庆	179155		53875	79718	45562
四川	475753	20483	154881	178009	122380
贵州	85842	5821	47342	18929	13750
云南	157063	5620	63985	44832	42626
西藏	10730	93	8	4880	5749
陕西	168932	29342	88655	26648	24287
甘肃	102525	52	51342	29695	21436
青海	45188		28905	7468	8815
宁夏	35392		11514	9684	14194
新疆	228615		76154	34340	118121

各地区按资质等级划分的总承包建筑业企业财务费用

单位:万元

地　　区	合　　计	特　　级	一　　级	二　　级	三级及以下
全国总计	**766863**	**65718**	**295873**	**206145**	**199127**
北　　京	57431	2620	47665	6148	998
天　　津	14094	2135	8875	2437	647
河　　北	31355	2132	14139	8090	6994
山　　西	16850	3205	7186	2903	3556
内 蒙 古	11924	492	2696	3423	5313
辽　　宁	27879	1547	14435	5444	6453
吉　　林	12223	1858	5643	1621	3101
黑 龙 江	17348	3009	6303	5491	2545
上　　海	21151	4576	8635	6602	1338
江　　苏	55867	765	24769	15286	15047
浙　　江	59260	3096	21816	21135	13213
安　　徽	26321	4524	8189	5844	7764
福　　建	14039	1995	6681	3484	1879
江　　西	12641		4636	2483	5522
山　　东	50182	1077	16984	16360	15761
河　　南	22814	454	7495	6241	8624
湖　　北	54297	20820	10285	8294	14898
湖　　南	33847	2888	10703	9286	10970
广　　东	41115	－647	14697	10266	16799
广　　西	11120	520	3936	4176	2488
海　　南	553	－3	471		85
重　　庆	28910		7765	12069	9076
四　　川	60323	1450	13097	23286	22490
贵　　州	9637	1319	3309	2991	2018
云　　南	20353	1631	3284	6867	8571
西　　藏	1005	17	1	685	302
陕　　西	19340	4218	6577	4333	4212
甘　　肃	13008	20	4935	4883	3170
青　　海	3194		1617	584	993
宁　　夏	6331		1387	3393	1551
新　　疆	12451		7662	2040	2749

各地区按资质等级划分的总承包建筑业企业被拖欠工程款

单位：万元

地　　区	合　　计	特　　级	一　　级	二　　级	三级及以下
全国总计	**28883278**	**2483689**	**15754829**	**5975342**	**4669418**
北　　京	3671793	399864	2713958	450018	107953
天　　津	1066775	84941	800266	141548	40020
河　　北	1314850	171497	757891	256770	128692
山　　西	980589	296234	431253	125948	127154
内 蒙 古	531700	29033	175824	175645	151198
辽　　宁	1320302	74403	665665	292625	287609
吉　　林	963973	74809	579428	147601	162135
黑 龙 江	1164410	222398	545026	246152	150834
上　　海	984508	65763	629502	194229	95014
江　　苏	2358838	149121	1034397	678420	496900
浙　　江	1585654	167016	740313	379720	298605
安　　徽	721610	137300	249528	164586	170196
福　　建	521071	29502	271036	138230	82303
江　　西	240808		131255	34432	75121
山　　东	2488754	104396	1365444	547903	471011
河　　南	546551	9473	299178	139799	98101
湖　　北	1022729	186186	568237	136370	131936
湖　　南	736202	12000	402462	166195	155545
广　　东	1491317	62365	912398	256713	259841
广　　西	327363	10667	175877	67902	72917
海　　南	19774	902	18074	109	689
重　　庆	666717		299340	226194	141183
四　　川	1312467	63108	494148	399683	355528
贵　　州	115377	8183	53945	28173	25076
云　　南	738724	70836	231235	212267	224386
西　　藏	6099			2613	3486
陕　　西	539048	53692	313696	103808	67852
甘　　肃	453459		263014	105302	85143
青　　海	131718		90560	19315	21843
宁　　夏	156536		55209	41827	59500
新　　疆	703562		486670	95245	121647

各地区专业承包建筑业企业签订合同情况

单位:万元

地　区	合同总额	上年结转合同额	本年新签合同额
全国总计	**31620286**	**7898602**	**23721684**
北　京	1630664	391131	1239533
天　津	974688	264659	710029
河　北	1386036	340922	1045114
山　西	529675	99642	430033
内蒙古	216765	46744	170021
辽　宁	2360305	405546	1954759
吉　林	346185	57949	288236
黑龙江	587718	120671	467047
上　海	2390487	743400	1647087
江　苏	3989938	751220	3238718
浙　江	4146849	901585	3245264
安　徽	991613	222371	769242
福　建	585275	133050	452225
江　西	612649	225654	386995
山　东	1140066	343400	796666
河　南	1353238	455163	898075
湖　北	1041290	246139	795151
湖　南	725636	257108	468528
广　东	2579288	813496	1765792
广　西	259825	64190	195635
海　南	17334	2569	14765
重　庆	544265	135344	408921
四　川	1500426	470706	1029720
贵　州	119272	40329	78943
云　南	328538	96192	232346
西　藏	33678	3008	30670
陕　西	451459	124083	327376
甘　肃	175881	34171	141710
青　海	98182	10622	87560
宁　夏	136163	17575	118588
新　疆	366898	79963	286935

各地区专业承包建筑业企业承包工程完成情况

单位:万元

地区	直接从建设单位承揽工程完成的产值	自行完成施工产值	分包出去工程的产值	从建设单位以外承揽工程完成的产值
全国总计	**24851010**	**24388370**	**462640**	**2001678**
北　京	1193437	1179906	13531	167470
天　津	814124	776442	37682	89483
河　北	1234528	1213585	20943	62514
山　西	390153	368194	21959	43089
内蒙古	143525	143485	40	3090
辽　宁	1975560	1967977	7583	40589
吉　林	383327	380857	2470	12663
黑龙江	558801	547865	10936	30721
上　海	1644141	1609169	34972	361473
江　苏	3157845	3112702	45143	392812
浙　江	3125140	3102152	22988	246805
安　徽	834850	823737	11113	40933
福　建	500682	486781	13901	30089
江　西	360785	357608	3177	30255
山　东	939134	925661	13473	74519
河　南	865296	851807	13489	67768
湖　北	787893	774622	13271	52231
湖　南	553294	543899	9395	18935
广　东	2026088	1927095	98993	81545
广　西	244706	243936	770	9805
海　南	17159	16971	188	635
重　庆	412522	408568	3954	36708
四　川	1308124	1275545	32579	51559
贵　州	102590	101369	1221	8271
云　南	265759	262700	3059	14005
西　藏	25891	24191	1700	
陕　西	294386	285900	8486	6223
甘　肃	166779	159948	6831	8871
青　海	93061	90926	2135	1283
宁　夏	115747	114564	1183	7509
新　疆	315683	310208	5475	9825

各地区专业承包建筑业总产值和竣工产值

单位：万元

地区	建筑业总产值	#装饰装修产值	#在外省完成的产值	按构成分组			竣工产值
				建筑工程产值	安装工程产值	其他产值	
全国总计	**26390048**	**5100400**	**4152283**	**16168338**	**8099238**	**2122472**	**20522482**
北京	1347376	521359	109454	901361	397779	48236	1067488
天津	865925	111076	101776	399714	398896	67315	711310
河北	1276099	171057	305205	816268	388674	71157	902608
山西	411283	63795	38904	188024	167290	55969	309014
内蒙古	146575	9199	5588	85848	57741	2986	106940
辽宁	2008566	357868	223162	1232099	733076	43391	1531212
吉林	393520	34272	1915	228186	161957	3377	378249
黑龙江	578586	61086	65455	267691	231415	79480	449148
上海	1970642	681864	148747	1351166	438852	180624	1444783
江苏	3505514	766400	1043262	2024413	1076216	404885	2785195
浙江	3348957	705891	475832	2005643	999516	343798	2746955
安徽	864670	146944	97011	608246	187665	68759	634953
福建	516870	151796	51764	279777	194503	42590	420551
江西	387863	85863	106317	222701	91832	73330	309806
山东	1000180	183873	64790	606269	353733	40178	835271
河南	919575	63251	420614	632288	261425	25862	686071
湖北	826853	90530	192772	541977	142150	142726	621955
湖南	562834	49359	108133	245930	252277	64627	484555
广东	2008640	338679	178185	1426645	524341	57654	1417660
广西	253741	22882	6750	127064	116528	10149	191407
海南	17606	12849	9897	14559	1553	1494	16692
重庆	445276	101230	28210	220170	139198	85908	234646
四川	1327104	190779	211823	810404	387259	129441	1132593
贵州	109640	14660	3724	89488	19618	534	56973
云南	276705	65599	3716	192557	48523	35625	233765
西藏	24191	485		20983	2563	645	22136
陕西	292123	28121	106897	216771	58864	16488	222389
甘肃	168819	14086	29743	66986	96283	5550	123886
青海	92209	8271		61501	27702	3006	84679
宁夏	122073	17367	10382	73666	44283	4124	121123
新疆	320033	29909	2255	209943	97526	12564	238469

各地区专业承包建筑业企业单位工程施工个数及工程质量

地　　区	单位工程施工个数（个）	#本年新开工	#实行投标承包个数	#本年新开工	单位工程竣工个数（个）	#一次交验合格个数	单位工程一次交验合格率(%)	投标承包个数的比重(%)
全国总计	**251572**	**189748**	**66719**	**49494**	**196493**	**161537**	**82.2**	**26.5**
北　京	9574	7564	1567	1266	7231	5729	79.2	16.4
天　津	12389	9349	2158	1724	9473	7109	75.0	17.4
河　北	8226	6165	3844	3068	6325	5931	93.8	46.7
山　西	5824	4724	1352	1082	4680	4230	90.4	23.2
内蒙古	1635	1440	555	435	1489	1430	96.0	33.9
辽　宁	20498	15757	4885	2954	16994	12964	76.3	23.8
吉　林	3563	3086	1479	1336	3181	2826	88.8	41.5
黑龙江	4494	3883	2041	1364	3983	3518	88.3	45.4
上　海	18758	13803	1544	1257	15299	12178	79.6	8.2
江　苏	30055	24374	9136	7141	24712	20913	84.6	30.4
浙　江	21484	15745	5872	4186	15661	12259	78.3	27.3
安　徽	10286	8184	3858	2963	8093	7015	86.7	37.5
福　建	15671	9077	1188	954	12329	10681	86.6	7.6
江　西	3969	3194	1388	1076	3136	2863	91.3	35.0
山　东	12226	9053	3236	2465	9185	7695	83.8	26.5
河　南	5723	4357	3221	2597	4450	3746	84.2	56.3
湖　北	8333	5799	3572	2691	5677	5198	91.6	42.9
湖　南	4846	3452	1957	1264	3347	2763	82.6	40.4
广　东	14252	10793	2758	1686	10404	7189	69.1	19.4
广　西	7005	5615	1536	1193	5806	4554	78.4	21.9
海　南	79	47	12	10	44	44	100.0	15.2
重　庆	3511	2470	919	751	2634	2373	90.1	26.2
四　川	14184	10183	3251	2301	10875	9570	88.0	22.9
贵　州	1581	1253	742	635	1143	891	78.0	46.9
云　南	3456	2265	879	336	2685	1345	50.1	25.4
西　藏	110	102	82	75	100	100	100.0	74.5
陕　西	1802	1055	1248	738	873	809	92.7	69.3
甘　肃	1474	1270	450	349	1131	1086	96.0	30.5
青　海	851	662	419	300	703	621	88.3	49.2
宁　夏	2091	2012	220	194	1987	1679	84.5	10.5
新　疆	3622	3015	1350	1103	2863	2228	77.8	37.3

各地区专业承包建筑业企业房屋建筑面积及工程质量

地区	房屋建筑施工面积(万平方米)	#本年新开工	#实行投标承包面积	#本年新开工	房屋建筑竣工面积(万平方米)	#一次交验合格面积	竣工面积一次交验合格率(%)	实行投标承包面积的比重(%)
全国总计	**12336.6**	**7943.5**	**7511.9**	**5000.2**	**7291.6**	**5919.9**	**81.2**	**60.9**
北　京	193.5	64.4	60.9	50.7	100.3	47.0	46.9	31.5
天　津	276.9	209.0	130.8	116.8	187.1	144.2	77.1	47.2
河　北	642.7	445.2	539.5	391.1	447.0	407.7	91.2	84.0
山　西	136.8	72.4	94.7	47.2	94.7	76.7	80.9	69.2
内蒙古	38.5	30.6	18.3	15.5	26.4	26.4	100.0	47.5
辽　宁	692.4	516.4	481.5	384.6	444.9	310.9	69.9	69.5
吉　林	130.5	89.2	102.0	74.5	98.3	91.1	92.7	78.2
黑龙江	177.9	133.1	127.9	105.0	131.4	121.5	92.5	71.9
上　海	453.1	267.6	224.0	135.2	174.5	118.4	67.9	49.4
江　苏	1724.1	1259.7	1124.2	752.2	1022.6	963.7	94.2	65.2
浙　江	1510.6	1017.0	811.1	438.8	938.7	850.0	90.6	53.7
安　徽	617.3	404.2	385.0	282.8	381.8	347.9	91.1	62.4
福　建	106.2	47.2	28.7	23.0	67.3	52.3	77.7	27.0
江　西	128.0	100.5	86.7	73.4	100.1	79.6	79.5	67.7
山　东	650.2	431.9	403.6	288.2	390.1	277.4	71.1	62.1
河　南	424.9	234.1	329.6	163.9	219.6	187.9	85.6	77.6
湖　北	583.5	401.8	377.3	267.1	414.2	366.9	88.6	64.7
湖　南	175.9	130.7	99.9	79.6	120.8	110.5	91.5	56.8
广　东	1867.5	998.3	1025.2	608.3	912.4	463.2	50.8	54.9
广　西	93.4	61.6	33.5	21.9	59.3	52.7	88.8	35.9
海　南	0.5	0.4	0.4	0.4	0.3	0.3	100.0	97.0
重　庆	299.1	193.8	179.0	116.1	171.9	153.3	89.2	59.9
四　川	814.9	490.4	415.6	291.6	443.3	353.0	79.6	51.0
贵　州	73.3	42.6	69.5	39.0	42.5	41.0	96.5	94.7
云　南	43.7	26.4	16.9	8.1	30.4	22.7	74.6	38.7
西　藏	55.7	25.3	6.6	6.5	41.1	40.8	99.1	11.9
陕　西	212.4	97.5	178.1	90.1	89.2	87.5	98.1	83.8
甘　肃	41.4	24.8	21.3	15.0	29.8	25.6	85.9	51.5
青　海	32.1	26.0	23.8	21.2	23.4	22.1	94.2	74.3
宁　夏	3.9	3.9	0.2	0.2	3.9	2.8	72.1	5.4
新　疆	135.9	97.5	115.9	92.1	84.3	74.9	88.9	85.3

各地区按主要用途分的专业承包建筑业企业房屋建筑竣工面积

单位：万平方米

地　区	合计	厂房	住宅	办公用房	商业、居民服务业用房	文化教育用房	医疗用房	科研用房	其他用房
全国总计	**7291.6**	**2341.7**	**3046.0**	**536.5**	**625.3**	**290.4**	**50.7**	**26.7**	**374.3**
北　京	100.3	18.3	42.5	11.8	15.9	1.7	2.6	1.5	5.9
天　津	187.1	87.4	54.6	12.7	9.6	7.1	3.1	3.8	8.9
河　北	447.0	52.7	278.4	43.4	35.3	18.4	7.5		11.3
山　西	94.7	19.0	32.5	16.5	16.7	3.7		0.5	5.9
内蒙古	26.4	1.6	16.2	2.9	1.5	2.8			1.4
辽　宁	444.9	51.2	264.5	23.5	59.0	17.1	1.2	0.6	27.7
吉　林	98.3	12.4	58.4	7.6	8.5	5.8	2.0	0.9	2.7
黑龙江	131.4	8.3	89.5	7.4	14.5	6.3	0.9		4.4
上　海	174.5	69.3	72.7	9.7	6.6	5.3	1.3	0.3	9.2
江　苏	1022.6	425.7	362.1	49.8	62.1	50.1	6.3	8.4	58.0
浙　江	938.7	662.1	84.9	29.6	119.2	9.8	4.9		28.2
安　徽	381.8	63.4	203.5	38.8	40.2	23.1	1.9	1.2	9.6
福　建	67.3	26.5	20.1	5.6	10.3	0.7		0.6	3.4
江　西	100.1	21.1	40.6	5.3	5.7	7.0	1.2		19.2
山　东	390.1	121.2	164.6	46.5	21.6	14.0	2.7	0.1	19.4
河　南	219.6	43.1	105.9	20.4	8.0	18.8	1.2	0.9	21.3
湖　北	414.2	75.6	198.3	37.6	42.4	18.2	2.8	0.6	38.8
湖　南	120.8	15.6	45.8	10.1	17.1	9.7	0.9		21.6
广　东	912.4	474.1	281.7	45.0	47.6	28.7	3.2		32.2
广　西	59.3	17.9	28.5	3.8	3.7	1.8	1.2	1.0	1.5
海　南	0.3		0.2						
重　庆	171.9	6.4	115.2	15.0	19.7	9.8		2.6	3.1
四　川	443.3	31.7	305.3	26.1	32.3	13.2	2.4	3.9	28.4
贵　州	42.5	0.6	35.1	1.6		1.3			3.9
云　南	30.4	8.7	13.6	3.2	3.9	0.2	0.2		0.5
西　藏	41.1		4.0	35.5	0.1	0.3			1.3
陕　西	89.2	3.9	50.4	16.1	6.9	8.0	1.4		2.5
甘　肃	29.8	13.2	10.4	0.6	3.1	2.0			0.5
青　海	23.4	0.4	10.9	5.3	4.5	1.7			0.6
宁　夏	3.9	2.6	1.1		0.1				
新　疆	84.3	7.6	54.3	5.4	9.0	3.6	1.7		2.7

各地区专业承包建筑业企业机械设备情况

地区	年末自有机械设备总台数(台)	年末自有机械设备总功率(千瓦)	#施工机械总功率	年末自有机械设备净值(万元)	技术装备率(元/人)	动力装备率(千瓦/人)
全国总计	**1208271**	**16267548**	**12573379**	**3508457**	**12764**	**5.9**
北京	32338	759400	414252	87486	11530	10.0
天津	31669	562062	408940	224711	33550	8.4
河北	68546	945494	789256	203685	15006	7.0
山西	29501	422208	311726	91253	14190	6.6
内蒙古	6736	119207	98221	25100	16194	7.7
辽宁	71688	1259709	983518	267262	11713	5.5
吉林	17372	340718	293083	64690	13088	6.9
黑龙江	28359	489701	403133	113238	17243	7.5
上海	45133	582701	525713	197990	19630	5.8
江苏	170589	1852492	1566986	422643	11830	5.2
浙江	110503	1212893	976213	331592	13200	4.8
安徽	77250	709769	621044	129889	8566	4.7
福建	37043	257439	213637	58415	9677	4.3
江西	17910	221346	200695	52652	10963	4.6
山东	60318	669041	570869	142549	8746	4.1
河南	46712	841768	615821	142074	14031	8.3
湖北	57888	766781	578111	158453	14473	7.0
湖南	31874	435568	251810	66610	10513	6.9
广东	83678	930815	673787	183308	10369	5.3
广西	18268	242110	196685	34055	9779	7.0
海南	1753	14377	12979	1132	6803	8.6
重庆	24130	251377	205484	77642	13168	4.3
四川	69304	1110255	694051	178208	8920	5.6
贵州	5925	90535	65585	21175	11724	5.0
云南	15138	243018	177493	44358	15188	8.3
西藏	697	12335	7867	4045	14416	4.4
陕西	11778	188356	154588	38166	10648	5.3
甘肃	11082	212104	143916	36186	15181	8.9
青海	4865	96821	73825	23721	14290	5.8
宁夏	7761	146950	128002	30396	16158	7.8
新疆	12463	280198	216089	55773	23857	12.0

各地区专业承包建筑业企业主要生产效益指标

地　　区	建筑业企业个数（个）	计算劳动生产率的平均人数（人）	按总产值计算的劳动生产率（元/人）	按增加值计算的劳动生产率（元/人）	人均竣工产值（元/人）	人均施工面积（平方米/人）	人均竣工面积（平方米/人）
全国总计	**16159**	**3000646**	**87948**	**24289**	**68394**	**41.1**	**24.3**
北　　京	908	98404	136923	35164	108480	19.7	10.2
天　　津	621	72121	120066	35497	98627	38.4	25.9
河　　北	465	154693	82492	22580	58348	41.6	28.9
山　　西	442	71637	57412	18491	43136	19.1	13.2
内 蒙 古	125	22669	64659	20150	47175	17.0	11.6
辽　　宁	1281	269057	74652	21264	56910	25.7	16.5
吉　　林	252	59818	65786	17457	63233	21.8	16.4
黑 龙 江	415	84352	68592	19921	53247	21.1	15.6
上　　海	814	133911	147161	36967	107891	33.8	13.0
江　　苏	1959	359959	97386	25545	77375	47.9	28.4
浙　　江	1584	273635	122388	31396	100388	55.2	34.3
安　　徽	708	162529	53201	16120	39067	38.0	23.5
福　　建	597	50410	102533	33558	83426	21.1	13.4
江　　西	313	50793	76362	20059	60994	25.2	19.7
山　　东	1051	187294	53402	16419	44597	34.7	20.8
河　　南	360	101572	90534	22451	67545	41.8	21.6
湖　　北	423	110036	75144	20640	56523	53.0	37.6
湖　　南	225	64275	87567	30226	75388	27.4	18.8
广　　东	794	178554	112495	27593	79397	104.6	51.1
广　　西	292	41353	61360	19078	46286	22.6	14.3
海　　南	10	1805	97540	36842	92476	2.5	1.6
重　　庆	408	68001	65481	20105	34506	44.0	25.3
四　　川	994	201513	65857	20933	56204	40.4	22.0
贵　　州	97	16981	64566	19008	33551	43.2	25.0
云　　南	264	28430	97329	24493	82225	15.4	10.7
西　　藏	20	2784	86893	27428	79511	200.0	147.8
陕　　西	112	35360	82614	20204	62893	60.1	25.2
甘　　肃	109	22563	74821	28995	54907	18.3	13.2
青　　海	104	18352	50245	12151	46142	17.5	12.8
宁　　夏	166	22849	53426	20048	53010	1.7	1.7
新　　疆	246	34936	91606	28408	68259	38.9	24.1

各地区专业承包建筑业企业营业额

单位:万元

地区	企业营业额	在境外完成的营业额	企业总产值	#建筑业总产值	#对内销售产值
全国总计	**28444146**	**100833**	**28343313**	**26390048**	**405749**
北京	1413650		1413650	1347376	2156
天津	927286	1780	925506	865925	13004
河北	1383095	9165	1373930	1276099	1149
山西	448593	1091	447502	411283	6086
内蒙古	147090		147090	146575	13
辽宁	2081898	1488	2080410	2008566	2631
吉林	410016		410016	393520	12507
黑龙江	624637	662	623975	578586	12558
上海	2140907	7976	2132931	1970642	9274
江苏	3779298	31164	3748134	3505514	21308
浙江	3632105	1788	3630317	3348957	21091
安徽	1024077	2873	1021204	864670	123441
福建	545839	90	545749	516870	7396
江西	412026	72	411954	387863	10945
山东	1081235	1426	1079809	1000180	9335
河南	945948	10711	935237	919575	3282
湖北	843139	4183	838956	826853	6661
湖南	592657	1551	591106	562834	9717
广东	2177139	5857	2171282	2008640	1705
广西	293328		293328	253741	961
海南	17678		17678	17606	26
重庆	467429		467429	445276	355
四川	1509443	15665	1493778	1327104	117285
贵州	115175		115175	109640	
云南	306718		306718	276705	515
西藏	24191		24191	24191	
陕西	316440	3291	313149	292123	5703
甘肃	187150		187150	168819	5575
青海	95714		95714	92209	175
宁夏	161454		161454	122073	89
新疆	338791		338791	320033	806

各地区专业承包建筑业增加值及其构成

单位：万元

地区	建筑业增加值	本年提取固定资产折旧	主营业务应付工资总额	主营业务应付福利费总额
全国总计	**7288239**	**528776**	**2581007**	**305553**
北京	346024	22268	107929	12286
天津	256010	24709	73169	7800
河北	349301	28246	136053	14002
山西	132461	10904	41836	5785
内蒙古	45677	5028	16712	1733
辽宁	572128	42729	182475	22271
吉林	104426	6542	40232	5134
黑龙江	168034	12484	64892	8292
上海	495034	43342	151874	19251
江苏	919499	61316	356785	45089
浙江	859097	47047	308013	39279
安徽	262000	14982	110944	14052
福建	169165	8740	51685	6543
江西	101885	13254	33552	4014
山东	307509	18408	105882	11853
河南	228043	21911	79492	7963
湖北	227109	16809	80337	11735
湖南	194280	10994	64778	7897
广东	492690	32266	168673	16143
广西	78894	6416	29053	3482
海南	6650	247	996	118
重庆	136719	10078	56970	6422
四川	421837	34665	162168	16281
贵州	32278	2540	14526	1472
云南	69635	7978	21386	2574
西藏	7636	870	3236	116
陕西	71442	5034	26979	3231
甘肃	65422	4773	23923	3385
青海	22300	1792	7910	777
宁夏	45807	3737	20964	2038
新疆	99247	8667	37583	4535

各地区专业承包建筑业增加值及其构成

续表　　　　　　　　　　　　　　　　　　　　　　　　　　　　单位：万元

地　　区	工程结算税金及附加	工程结算利润	管理费用中的税金	管理费用中的劳动待业保险费
全国总计	**779999**	**2859561**	**56420**	**176923**
北　　京	39045	153949	1715	8832
天　　津	25635	114189	2469	8039
河　　北	32507	128637	1990	7866
山　　西	14322	55502	1118	2994
内 蒙 古	4233	16550	400	1021
辽　　宁	69221	237073	3928	14431
吉　　林	12734	37393	488	1903
黑 龙 江	16993	60269	872	4232
上　　海	53678	215023	2536	9330
江　　苏	98322	331981	6168	19838
浙　　江	92892	353541	8462	9863
安　　徽	25979	88041	2399	5603
福　　建	18115	80426	996	2660
江　　西	11190	36497	752	2626
山　　东	31796	127595	3797	8178
河　　南	23758	86373	1524	7022
湖　　北	25987	81308	2543	8390
湖　　南	17665	84357	1473	7116
广　　东	64942	191840	5284	13542
广　　西	5950	30025	692	3276
海　　南	547	4703	3	36
重　　庆	13191	46644	1067	2347
四　　川	39315	154506	2424	12478
贵　　州	3512	8647	275	1306
云　　南	9038	25487	564	2608
西　　藏	768	2618	28	
陕　　西	8932	22380	535	4351
甘　　肃	5295	23874	458	3714
青　　海	2406	8445	612	358
宁　　夏	3242	15140	260	426
新　　疆	8789	36548	588	2537

各地区专承包建筑业企业资产构成

单位:万元

地区	资产合计	#流动资产小计	#长期投资	#固定资产小计	#无形及递延资产
全国总计	**31856156**	**21988714**	**1076249**	**7892094**	**668211**
北京	1740713	1374926	69409	252154	21955
天津	1136093	754148	33364	322888	18053
河北	1183189	749455	24789	375828	23170
山西	637005	422103	6774	193655	6881
内蒙古	186644	100175	8426	73851	3984
辽宁	2322030	1538986	67766	642340	55351
吉林	471924	316022	7569	141014	5754
黑龙江	783402	555255	19972	199277	5762
上海	3133630	2082753	93886	909003	30302
江苏	4089526	3006869	137066	864815	55314
浙江	3095325	2273159	162086	589122	62270
安徽	946460	622592	21561	266302	26081
福建	811645	631895	36036	131056	8583
江西	527992	350542	22755	131591	17898
山东	1340921	942891	36542	310072	40098
河南	984014	631706	10132	316872	21082
湖北	960770	616759	22454	281382	31477
湖南	722107	431548	49914	178183	58651
广东	2286334	1717654	62129	438951	48395
广西	389685	253563	25822	98012	9784
海南	35149	28379	2480	4238	48
重庆	521167	331185	19447	149483	17036
四川	1721238	1132371	57958	465108	47922
贵州	171899	119589	6514	40910	4293
云南	372690	252001	15348	86672	14486
西藏	44953	21093	7779	16020	61
陕西	354789	230095	3996	110169	2504
甘肃	217017	115631	8463	74336	15521
青海	120673	62562	3533	52515	1426
宁夏	192621	113957	13309	62449	2814
新疆	354551	208850	18970	113826	11255

各地区专业承包建筑业企业流动资产及递延资产

单位:万元

地区	流动资产	#存货	#在建工程	无形及递延资产	#无形资产
全国总计	**21988714**	**660352**	**3500898**	**668211**	**525085**
北京	1374926	444765	217671	21955	17391
天津	754148	204418	108939	18053	7556
河北	749455	177177	61881	23170	17620
山西	422103	115264	40661	6881	4574
内蒙古	100175	18740	5920	3984	3841
辽宁	1538986	374126	157797	55351	42631
吉林	316022	51950	6804	5754	4220
黑龙江	555255	132658	35489	5762	4024
上海	2082753	848585	629321	30302	22001
江苏	3006869	1021351	602706	55314	44750
浙江	2273159	745681	435184	62270	49829
安徽	622592	166068	67327	26081	19568
福建	631895	211288	113773	8583	3418
江西	350542	95817	39838	17898	13334
山东	942891	281472	87442	40098	28964
河南	631706	138748	72554	21082	16964
湖北	616759	185604	105720	31477	21694
湖南	431548	93685	51207	58651	58006
广东	1717654	457878	305342	48395	41594
广西	253563	70106	29096	9784	9262
海南	28379	2141	66	48	43
重庆	331185	105021	50251	17036	15230
四川	1132371	383840	170267	47922	43014
贵州	119589	35145	22244	4293	4192
云南	252001	76685	29340	14486	13661
西藏	21093	2619	1501	61	40
陕西	230095	72969	37000	2504	2078
甘肃	115631	26607	4442	15521	1811
青海	62562	12593	3505	1426	1340
宁夏	113957	23032	3207	2814	2234
新疆	208850	29319	4403	11255	10201

各地区专业承包建筑业企业固定资产情况

单位:万元

地区	固定资产小计	固定资产原价	#生产经营用	固定资产折旧	#本年折旧
全国总计	**7892094**	**10862108**	**8735104**	**3361817**	**528776**
北京	252154	363783	282970	115838	22268
天津	322888	433763	375765	125183	24709
河北	375828	522960	412392	162542	28246
山西	193655	248973	198394	64784	10904
内蒙古	73851	94522	81111	21683	5028
辽宁	642340	893202	688232	271763	42729
吉林	141014	175202	137526	45101	6542
黑龙江	199277	278224	250856	81460	12484
上海	909003	1344243	1203129	445739	43342
江苏	864815	1183257	969289	370575	61316
浙江	589122	780868	640405	224044	47047
安徽	266302	362117	302744	95815	14982
福建	131056	170203	114140	49895	8740
江西	131591	176377	119937	48272	13254
山东	310072	414067	319224	117646	18408
河南	316872	411363	332564	165326	21911
湖北	281382	382009	289276	105750	16809
湖南	178183	232536	178777	63360	10994
广东	438951	591579	435084	193309	32266
广西	98012	139780	90176	45409	6416
海南	4238	5303	4928	1177	247
重庆	149483	194872	151670	50646	10078
四川	465108	740734	609816	292773	34665
贵州	40910	49490	36077	10341	2540
云南	86672	131434	103568	47845	7978
西藏	16020	16855	14802	2197	870
陕西	110169	130296	94306	39499	5034
甘肃	74336	94517	73801	23865	4773
青海	52515	61312	25895	9390	1792
宁夏	62449	86315	70437	24835	3737
新疆	113826	151952	127813	45755	8667

各地区专业承包建筑业企业负债及所有者权益

单位:万元

地区	负债合计	流动负债	长期负债	所有者权益	#实收资本
全国总计	**17982923**	**17193088**	**789835**	**13873233**	**10738462**
北京	1063262	1039018	24244	677451	590224
天津	614674	600301	14373	521419	367048
河北	660948	618739	42209	522241	442805
山西	327880	318285	9595	309125	259751
内蒙古	110648	97737	12911	75996	53381
辽宁	1160795	1103418	57377	1161235	881757
吉林	283459	272219	11240	188465	165382
黑龙江	417961	407692	10269	365441	309597
上海	1745424	1732823	12601	1388206	679509
江苏	2502755	2422604	80151	1586771	1254208
浙江	1868487	1773162	95325	1226838	857669
安徽	464342	437567	26775	482118	415396
福建	418577	414137	4440	393068	338685
江西	289191	264948	24243	238801	211404
山东	713907	688933	24974	627014	533518
河南	601457	591999	9458	382557	319763
湖北	503611	470545	33066	457159	394517
湖南	412942	362298	50644	309165	183789
广东	1429711	1342980	86731	856623	662102
广西	207452	191228	16224	182233	137342
海南	10822	10822		24327	7580
重庆	256056	239137	16919	265111	241923
四川	940413	862939	77474	780825	674480
贵州	103007	101590	1417	68892	61351
云南	194059	185988	8071	178631	151686
西藏	8036	7059	977	36917	35905
陕西	229605	215967	13638	125184	112753
甘肃	125570	118051	7519	91447	74664
青海	53296	50686	2610	67377	63823
宁夏	93977	90987	2990	98644	89101
新疆	170599	159229	11370	183952	167349

各地区专业承包建筑业企业实收资本

单位:万元

地区	合计	国家资本	集体资本	法人资本	个人资本	港澳台资本	外商资本
全国总计	**10738462**	**2124016**	**1597119**	**3340782**	**3331817**	**232998**	**111730**
北京	590224	102656	63922	231218	148463	30054	13911
天津	367048	50569	53783	146071	107998	7241	1386
河北	442805	157282	61300	84938	135666	1963	1656
山西	259751	59213	30691	73625	91545	4677	
内蒙古	53381	11437	10561	16996	14137	200	50
辽宁	881757	214424	166524	239226	214157	27422	20004
吉林	165382	53925	28729	55081	25158	1878	611
黑龙江	309597	59535	61215	90818	96955	340	734
上海	679509	182824	116418	161716	145181	50831	22539
江苏	1254208	178165	146304	438382	453212	25348	12797
浙江	857669	65417	68885	219807	489121	6766	7673
安徽	415396	79717	96378	114046	118132	5481	1642
福建	338685	25778	25875	111653	153181	17689	4509
江西	211404	64098	17814	63140	62166	2857	1329
山东	533518	70089	111280	170022	172732	7263	2132
河南	319763	78874	39142	141505	58642	1091	509
湖北	394517	101689	71630	120537	80209	11364	9088
湖南	183789	46076	31521	66256	39382	554	
广东	662102	72739	162169	241752	164810	13854	6778
广西	137342	36667	25739	40451	33512	823	150
海南	7580	910	107	5763	800		
重庆	241923	56678	17823	53825	110155	3155	287
四川	674480	176567	81323	220190	190511	4855	1034
贵州	61351	20096	22626	7047	11290	292	
云南	151686	22104	13153	47598	65966	965	1900
西藏	35905	16300	8617	2683	8305		
陕西	112753	30687	14633	49498	14475	3460	
甘肃	74664	16191	7313	36433	11952	1801	974
青海	63823	14646	15894	21005	12153	125	
宁夏	89101	25885	8459	15128	39457	135	37
新疆	167349	32778	17291	54372	62394	514	

各地区专业承包建筑业企业收入情况

单位:万元

地区	工程结算收入	工程结算成本	工程结算税金及附加	工程结算利润	其他业务收入	#其他业务利润
全国总计	**24323313**	**20683753**	**779999**	**2859561**	**921516**	**165242**
北京	1310499	1117505	39045	153949	32047	8912
天津	868639	728815	25635	114189	42825	5731
河北	1290051	1128907	32507	128637	10410	1478
山西	446419	376595	14322	55502	8848	2470
内蒙古	134362	113579	4233	16550	819	552
辽宁	1900586	1594292	69221	237073	54673	8596
吉林	360487	310360	12734	37393	4153	1609
黑龙江	564408	487146	16993	60269	6751	1070
上海	2038455	1769754	53678	215023	82120	16199
江苏	2886447	2456144	98322	331981	99275	17425
浙江	2923113	2476680	92892	353541	176544	31352
安徽	815415	701395	25979	88041	45313	8848
福建	516053	417512	18115	80426	27455	5221
江西	362218	314531	11190	36497	10884	1434
山东	912528	753137	31796	127595	28121	3907
河南	822157	712026	23758	86373	12017	3395
湖北	713735	606440	25987	81308	17599	8332
湖南	497900	395878	17665	84357	20908	1952
广东	1816631	1559849	64942	191840	101263	10905
广西	235763	199788	5950	30025	6833	2600
海南	17613	12363	547	4703	102	39
重庆	389334	329499	13191	46644	15931	2569
四川	1191614	997793	39315	154506	37679	6321
贵州	99100	86941	3512	8647	2318	865
云南	253134	218609	9038	25487	4329	948
西藏	20294	16908	768	2618		
陕西	290187	258875	8932	22380	15816	2829
甘肃	160847	131678	5295	23874	33215	3914
青海	82158	71307	2406	8445	1769	406
宁夏	107214	88832	3242	15140	7954	2654
新疆	295952	250615	8789	36548	13545	2709

各地区专业承包建筑业企业费用情况

单位:万元

地　　区	管理费用	#税金	#财产保险费	#劳动待业保险费	财务费用	#利息支出
全国总计	**2025445**	**56420**	**14998**	**176923**	**125115**	**96197**
北　　京	123488	1715	526	8832	2792	2806
天　　津	75327	2469	411	8039	2438	1969
河　　北	80192	1990	674	7866	10710	7665
山　　西	42742	1118	328	2994	2796	1998
内 蒙 古	13189	400	117	1021	1256	1165
辽　　宁	176495	3928	721	14431	8539	5951
吉　　林	31867	488	82	1903	772	810
黑 龙 江	44799	872	147	4232	2709	2071
上　　海	168430	2536	642	9330	－172	－1135
江　　苏	250050	6168	1664	19838	16985	15659
浙　　江	185985	8462	1797	9863	15842	12979
安　　徽	62856	2399	1462	5603	3699	2386
福　　建	50462	996	290	2660	1701	1130
江　　西	25912	752	161	2626	2705	2113
山　　东	87708	3797	1425	8178	6965	4313
河　　南	62709	1524	229	7022	5329	3863
湖　　北	64255	2543	492	8390	4913	3104
湖　　南	50778	1473	266	7116	2126	757
广　　东	130557	5284	1258	13542	11526	8141
广　　西	28965	692	138	3276	1115	819
海　　南	1092	3	1	36	268	
重　　庆	35813	1067	122	2347	3648	5837
四　　川	108537	2424	901	12478	8332	5632
贵　　州	7678	275	115	1306	290	236
云　　南	21955	564	206	2608	2085	1146
西　　藏	1378	28	3		128	40
陕　　西	21122	535	149	4351	2800	2263
甘　　肃	21634	458	307	3714	1044	944
青　　海	7004	612	140	358	662	465
宁　　夏	14027	260	42	426	610	563
新　　疆	28439	588	182	2537	502	507

各地区专业承包建筑业企业利润及税金情况

单位:万元

地　　区	利润总额	#应交所得税	税金总额	工程结算税金及附加	管理费用中的税金
全国总计	**890738**	**272482**	**836419**	**779999**	**56420**
北　　京	35129	13763	40760	39045	1715
天　　津	43246	11206	28104	25635	2469
河　　北	39336	11207	34497	32507	1990
山　　西	11213	4913	15440	14322	1118
内 蒙 古	2546	849	4633	4233	400
辽　　宁	54828	19573	73149	69221	3928
吉　　林	5951	2811	13222	12734	488
黑 龙 江	10630	4097	17865	16993	872
上　　海	71925	15006	56214	53678	2536
江　　苏	92203	30222	104490	98322	6168
浙　　江	191948	58816	101354	92892	8462
安　　徽	26666	7061	28378	25979	2399
福　　建	35450	8566	19111	18115	996
江　　西	11191	3277	11942	11190	752
山　　东	38582	12755	35593	31796	3797
河　　南	21456	5616	25282	23758	1524
湖　　北	20482	7229	28530	25987	2543
湖　　南	32101	10695	19138	17665	1473
广　　东	61222	16539	70226	64942	5284
广　　西	5215	2607	6642	5950	692
海　　南	3650	140	550	547	3
重　　庆	9906	3657	14258	13191	1067
四　　川	40158	11376	41739	39315	2424
贵　　州	2306	1089	3787	3512	275
云　　南	2885	2140	9602	9038	564
西　　藏	1107	170	796	768	28
陕　　西	3297	865	9467	8932	535
甘　　肃	3381	1355	5753	5295	458
青　　海	1207	406	3018	2406	612
宁　　夏	3464	823	3502	3242	260
新　　疆	8057	3653	9377	8789	588

各地区专业承包建筑业企业工程拖欠款及企业亏损情况

地　　区	年末拖欠工程款(万元)	#竣工拖欠	企业个数(个)	#亏损企业个数	亏损企业的比重(%)
全国总计	**3054437**	**1969674**	**16159**	**3603**	**22.3**
北　京	216363	125368	908	265	29.2
天　津	91328	72725	621	161	25.9
河　北	163852	104037	465	89	19.1
山　西	78651	55373	442	103	23.3
内蒙古	18749	15769	125	19	15.2
辽　宁	163039	118370	1281	387	30.2
吉　林	70925	50090	252	90	35.7
黑龙江	124980	92320	415	116	28.0
上　海	137148	87610	814	134	16.5
江　苏	481882	292353	1959	373	19.0
浙　江	275833	203122	1584	149	9.4
安　徽	140146	82187	708	135	19.1
福　建	36340	27788	597	66	11.1
江　西	34228	24973	313	51	16.3
山　东	144960	88567	1051	246	23.4
河　南	78585	46479	360	134	37.2
湖　北	105267	65992	423	80	18.9
湖　南	41575	24895	225	50	22.2
广　东	218506	127684	794	130	16.4
广　西	21687	10993	292	114	39.0
海　南	1234	710	10	4	40.0
重　庆	57726	35750	408	114	27.9
四　川	130281	70759	994	183	18.4
贵　州	10349	4583	97	36	37.1
云　南	50683	23183	264	83	31.4
西　藏	3144	1158	20		
陕　西	53286	36957	112	31	27.7
甘　肃	26518	16333	109	38	34.9
青　海	9902	8529	104	32	30.8
宁　夏	24459	22268	166	62	37.3
新　疆	42811	32749	246	128	52.0

各地区专业承包建筑业企业主要经济效益指标

地　　区	产值利润率(%)	产值利税率(%)	资本利润率(%)	资本利税率(%)	人均利润(元/人)	人均利税(元/人)	资产负债率(%)
全国总计	**3.4**	**6.5**	**8.3**	**16.1**	**2968**	**5756**	**56.5**
北　京	2.6	5.6	6.0	12.9	3570	7712	61.1
天　津	5.0	8.2	11.8	19.4	5996	9893	54.1
河　北	3.1	5.8	8.9	16.7	2543	4773	55.9
山　西	2.7	6.5	4.3	10.3	1565	3721	51.5
内蒙古	1.7	4.9	4.8	13.4	1123	3167	59.3
辽　宁	2.7	6.4	6.2	14.5	2038	4757	50.0
吉　林	1.5	4.9	3.6	11.6	995	3205	60.1
黑龙江	1.8	4.9	3.4	9.2	1260	3378	53.4
上　海	3.6	6.5	10.6	18.9	5371	9569	55.7
江　苏	2.6	5.6	7.4	15.7	2561	5464	61.2
浙　江	5.7	8.8	22.4	34.2	7015	10719	60.4
安　徽	3.1	6.4	6.4	13.3	1641	3387	49.1
福　建	6.9	10.6	10.5	16.1	7032	10823	51.6
江　西	2.9	6.0	5.3	10.9	2203	4554	54.8
山　东	3.9	7.4	7.2	13.9	2060	3960	53.2
河　南	2.3	5.1	6.7	14.6	2112	4601	61.1
湖　北	2.5	5.9	5.2	12.4	1861	4454	52.4
湖　南	5.7	9.1	17.5	27.9	4994	7972	57.2
广　东	3.0	6.5	9.2	19.9	3429	7362	62.5
广　西	2.1	4.7	3.8	8.6	1261	2867	53.2
海　南	20.7	23.9	48.2	55.4	20222	23269	30.8
重　庆	2.2	5.4	4.1	10.0	1457	3553	49.1
四　川	3.0	6.2	6.0	12.1	1993	4064	54.6
贵　州	2.1	5.6	3.8	9.9	1358	3588	59.9
云　南	1.0	4.5	1.9	8.2	1015	4392	52.1
西　藏	4.6	7.9	3.1	5.3	3976	6835	17.9
陕　西	1.1	4.4	2.9	11.3	932	3610	64.7
甘　肃	2.0	5.4	4.5	12.2	1498	4048	57.9
青　海	1.3	4.6	1.9	6.6	658	2302	44.2
宁　夏	2.8	5.7	3.9	7.8	1516	3049	48.8
新　疆	2.5	5.4	4.8	10.4	2306	4990	48:1

各地区按资质等级划分的专业承包建筑业企业个数

单位:个

地 区	合 计	一 级	二 级	三级及以下
全国总计	**16159**	**1130**	**4655**	**10374**
北 京	908	92	320	496
天 津	621	36	75	510
河 北	465	86	102	277
山 西	442	17	139	286
内 蒙 古	125	6	19	100
辽 宁	1281	84	429	768
吉 林	252	12	84	156
黑 龙 江	415	24	146	245
上 海	814	70	295	449
江 苏	1959	152	574	1233
浙 江	1584	70	264	1250
安 徽	708	17	165	526
福 建	597	37	272	288
江 西	313	20	91	202
山 东	1051	51	315	685
河 南	360	57	108	195
湖 北	423	52	135	236
湖 南	225	18	60	147
广 东	794	85	189	520
广 西	292	6	59	227
海 南	10	3	4	3
重 庆	408	21	145	242
四 川	994	44	304	646
贵 州	97	1	44	52
云 南	264	20	122	122
西 藏	20	1	4	15
陕 西	112	20	38	54
甘 肃	109	8	42	59
青 海	104	3	25	76
宁 夏	166	4	35	127
新 疆	246	13	51	182

各地区按资质等级划分的专业承包建筑业企业从业人员

单位:万人

地　　区	合　　计	一　　级	二　　级	三级及以下
全国总计	**274.9**	**55.8**	**93.2**	**125.8**
北　　京	7.6	2.1	3.0	2.4
天　　津	6.7	1.5	1.3	3.9
河　　北	13.6	4.4	3.5	5.7
山　　西	6.4	0.7	2.8	2.9
内 蒙 古	1.6	0.4	0.4	0.8
辽　　宁	22.8	3.7	9.7	9.5
吉　　林	4.9	0.5	2.3	2.1
黑 龙 江	6.6	1.2	2.7	2.6
上　　海	10.1	2.5	4.1	3.5
江　　苏	35.7	9.0	11.7	15.0
浙　　江	25.1	4.2	7.7	13.2
安　　徽	15.2	0.7	4.6	9.8
福　　建	6.0	0.8	2.5	2.7
江　　西	4.8	1.2	1.4	2.3
山　　东	16.3	1.7	6.1	8.5
河　　南	10.1	4.3	2.6	3.2
湖　　北	10.9	2.7	2.5	5.8
湖　　南	6.3	1.3	2.2	2.8
广　　东	17.7	3.8	4.0	9.9
广　　西	3.5	0.4	0.9	2.1
海　　南	0.2	0.1	0.1	0.0
重　　庆	5.9	0.9	2.5	2.5
四　　川	20.0	4.5	8.1	7.4
贵　　州	1.8	0.0	1.1	0.7
云　　南	2.9	0.6	1.4	1.0
西　　藏	0.3	0.0	0.0	0.3
陕　　西	3.6	1.1	1.5	1.1
甘　　肃	2.4	0.6	0.7	1.1
青　　海	1.7	0.1	0.4	1.1
宁　　夏	1.9	0.2	0.6	1.1
新　　疆	2.3	0.4	0.9	1.0

各地区按资质等级划分的专业承包建筑业总产值

单位:万元

地区	合计	一级	二级	三级及以下
全国总计	**26390048**	**8305903**	**8993406**	**9090739**
北京	1347376	576239	522361	248776
天津	865925	388582	128512	348831
河北	1276099	479098	475501	321500
山西	411283	83447	170019	157817
内蒙古	146575	54409	41069	51097
辽宁	2008566	541342	825625	641599
吉林	393520	33773	234685	125062
黑龙江	578586	190727	230034	157825
上海	1970642	827998	733761	408883
江苏	3505514	1148261	1134370	1222883
浙江	3348957	939910	1026360	1382687
安徽	864670	55479	312875	496316
福建	516870	126725	227627	162518
江西	387863	168273	97810	121780
山东	1000180	176690	401579	421911
河南	919575	482020	225884	211671
湖北	826853	332847	180905	313101
湖南	562834	193178	196855	172801
广东	2008640	542266	471313	995061
广西	253741	36100	91259	126382
海南	17606	13158	3329	1119
重庆	445276	104075	169481	171720
四川	1327104	368077	571040	387987
贵州	109640	4525	66215	38900
云南	276705	109090	109732	57883
西藏	24191	425	641	23125
陕西	292123	173999	68057	50067
甘肃	168819	64445	69610	34764
青海	92209	12495	20008	59706
宁夏	122073	19711	36304	66058
新疆	320033	58539	150585	110909

各地区按资质等级划分的专业承包建筑业增加值

单位：万元

地　区	合　计	一　级	二　级	三级及以下
全国总计	**7288239**	**2073024**	**2504075**	**2711140**
北　京	346024	139336	122454	84234
天　津	256010	102162	42738	111110
河　北	349301	138821	112894	97586
山　西	132461	22887	54777	54797
内蒙古	45677	15881	13132	16664
辽　宁	572128	157496	237734	176898
吉　林	104426	8034	61160	35232
黑龙江	168034	52512	67838	47684
上　海	495034	194965	165246	134823
江　苏	919499	241394	315991	362114
浙　江	859097	183561	275931	399605
安　徽	262000	13463	87350	161187
福　建	169165	37196	76962	55007
江　西	101885	36967	30013	34905
山　东	307509	55128	126748	125633
河　南	228043	120253	55175	52615
湖　北	227109	79252	54147	93710
湖　南	194280	55421	78099	60760
广　东	492690	133658	124028	235004
广　西	78894	11153	26329	41412
海　南	6650	5551	826	273
重　庆	136719	29496	51541	55682
四　川	421837	109751	178123	133963
贵　州	32278	1213	17939	13126
云　南	69635	24783	27327	17525
西　藏	7636	78	295	7263
陕　西	71442	42700	15177	13565
甘　肃	65422	31748	19463	14211
青　海	22300	2657	5557	14086
宁　夏	45807	5163	14864	25780
新　疆	99247	20344	44217	34686

各地区按资质等级划分的专业承包建筑业企业签订的合同额

单位:万元

地区	合计	一级	二级	三级及以下
全国总计	**31620286**	**11340751**	**10326565**	**9952970**
北京	1630664	782677	594350	253637
天津	974688	440753	157327	376608
河北	1386036	542800	462400	380836
山西	529675	112328	204094	213253
内蒙古	216765	123923	36731	56111
辽宁	2360305	669325	888366	802614
吉林	346185	35058	189942	121185
黑龙江	587718	183905	244554	159259
上海	2390487	1170570	845463	374454
江苏	3989938	1599879	1196507	1193552
浙江	4146849	1306594	1377852	1462403
安徽	991613	56394	371059	564160
福建	585275	105878	284469	194928
江西	612649	343881	116194	152574
山东	1140066	210685	456889	472492
河南	1353238	859331	276230	217677
湖北	1041290	418289	232754	390247
湖南	725636	305810	221384	198442
广东	2579288	810156	578288	1190844
广西	259825	14616	105860	139349
海南	17334	12771	3443	1120
重庆	544265	140720	222139	181406
四川	1500426	469323	643646	387457
贵州	119272	7006	76139	36127
云南	328538	142527	132010	54001
西藏	33678	425	641	32612
陕西	451459	278407	111854	61198
甘肃	175881	67841	76273	31767
青海	98182	12553	23798	61831
宁夏	136163	27154	35574	73435
新疆	366898	89172	160335	117391

各地区按资质等级划分的专业承包建筑业企业竣工产值

单位:万元

地区	合计	一级	二级	三级及以下
全国总计	**20522482**	**6390664**	**6830406**	**7301412**
北京	1067488	485060	383750	198678
天津	711310	296155	112486	302669
河北	902608	345740	297755	259113
山西	309014	73365	125961	109688
内蒙古	106940	22545	38752	45643
辽宁	1531212	420250	624355	486607
吉林	378249	33355	227111	117783
黑龙江	449148	121638	191514	135996
上海	1444783	620254	495679	328850
江苏	2785195	815728	944194	1025273
浙江	2746955	745868	818658	1182429
安徽	634953	48789	218136	368028
福建	420551	79643	188807	152101
江西	309806	121702	82677	105427
山东	835271	185885	320567	328819
河南	686071	371003	144260	170808
湖北	621955	204963	148003	268989
湖南	484555	175397	162619	146539
广东	1417660	417834	343017	656809
广西	191407	21423	66614	103370
海南	16692	13158	2894	640
重庆	234646	42564	71901	120181
四川	1132593	370172	463186	299235
贵州	56973	0	27953	29020
云南	233765	107028	75049	51688
西藏	22136	425	641	21070
陕西	222389	135697	39696	46996
甘肃	123886	35281	58922	29683
青海	84679	12747	18374	53558
宁夏	121123	19037	35643	66443
新疆	238469	47958	101232	89279

各地区按资质等级划分的专业承包建筑业企业房屋施工面积

单位:万平方米

地区	合计	一级	二级	三级及以下
全国总计	**12336.6**	**2360.4**	**4135.2**	**5841.0**
北京	193.5	60.2	101.4	31.9
天津	276.9	31.1	66.6	179.3
河北	642.7	225.3	95.2	322.1
山西	136.8	17.6	46.4	72.7
内蒙古	38.5	2.3	3.5	32.7
辽宁	692.4	46.3	438.3	207.9
吉林	130.5	4.2	61.8	64.4
黑龙江	177.9	2.6	80.8	94.5
上海	453.1	19.3	337.2	96.6
江苏	1724.1	539.5	413.7	770.9
浙江	1510.6	491.8	490.3	528.4
安徽	617.3	4.6	177.2	435.4
福建	106.2	11.1	43.2	51.9
江西	128.0	0.0	20.7	107.3
山东	650.2	55.0	277.3	318.0
河南	424.9	306.8	21.3	96.8
湖北	583.5	57.2	170.6	355.8
湖南	175.9	2.4	34.4	139.1
广东	1867.5	251.5	320.9	1295.1
广西	93.4	3.0	15.7	74.7
海南	0.5	0.0	0.0	0.4
重庆	299.1	93.8	114.2	91.1
四川	814.9	108.9	518.0	188.0
贵州	73.3	0.0	57.1	16.2
云南	43.7	0.0	10.7	33.0
西藏	55.7	0.0	0.3	55.4
陕西	212.4	12.1	140.4	59.8
甘肃	41.4	0.5	0.0	40.8
青海	32.1	0.1	10.7	21.3
宁夏	3.9	0.4	2.4	1.0
新疆	135.9	12.8	64.8	58.3

各地区按资质等级划分的专业承包建筑业企业房屋竣工面积

单位：万平方米

地区	合计	一级	二级	三级及以下
全国总计	**7291.6**	**1192.3**	**2434.0**	**3665.3**
北京	100.3	27.5	51.4	21.3
天津	187.1	18.5	19.5	149.0
河北	447.0	171.5	64.6	211.0
山西	94.7	13.2	34.7	46.8
内蒙古	26.4	2.3	3.5	20.6
辽宁	444.9	18.9	294.2	131.8
吉林	98.3	4.2	44.1	49.9
黑龙江	131.4	2.0	58.2	71.2
上海	174.5	14.6	109.2	50.7
江苏	1022.6	245.3	278.5	498.8
浙江	938.7	221.8	366.5	350.4
安徽	381.8	3.6	108.4	269.9
福建	67.3	10.1	33.7	23.5
江西	100.1	0.0	19.0	81.1
山东	390.1	20.6	161.5	207.9
河南	219.6	162.1	13.5	43.9
湖北	414.2	39.3	111.6	263.3
湖南	120.8	1.7	20.4	98.7
广东	912.4	72.2	183.3	656.9
广西	59.3	1.5	6.0	51.9
海南	0.3	0.0	0.0	0.3
重庆	171.9	66.7	51.6	53.6
四川	443.3	59.4	271.2	112.7
贵州	42.5	0.0	28.6	13.9
云南	30.4	0.0	8.1	22.4
西藏	41.1	0.0	0.3	40.8
陕西	89.2	4.7	48.4	36.1
甘肃	29.8	0.5	0.0	29.3
青海	23.4	0.1	7.0	16.4
宁夏	3.9	0.4	2.4	1.0
新疆	84.3	9.7	34.4	40.2

各地区按资质等级划分的专业承包建筑业企业自有设备台数

单位:台

地　区	合　计	一　级	二　级	三级及以下
全国总计	**1208271**	**249139**	**452693**	**506439**
北　京	32338	11313	12684	8341
天　津	31669	8235	8349	15085
河　北	68546	22513	19717	26316
山　西	29501	3040	13374	13087
内蒙古	6736	1347	1489	3900
辽　宁	71688	12543	32935	26210
吉　林	17372	1230	6710	9432
黑龙江	28359	5111	11880	11368
上　海	45133	11470	23549	10114
江　苏	170589	39180	63739	67670
浙　江	110503	19461	35864	55178
安　徽	77250	6358	25243	45649
福　建	37043	5830	22011	9202
江　西	17910	3051	6317	8542
山　东	60318	5693	26981	27644
河　南	46712	18031	14199	14482
湖　北	57888	14219	16137	27532
湖　南	31874	5727	11637	14510
广　东	83678	22531	21688	39459
广　西	18268	878	7066	10324
海　南	1753	1342	250	161
重　庆	24130	5139	11882	7109
四　川	69304	12123	30954	26227
贵　州	5925	7	3305	2613
云　南	15138	3396	7455	4287
西　藏	697	85	13	599
陕　西	11778	3387	3897	4494
甘　肃	11082	3124	3810	4148
青　海	4865	469	1263	3133
宁　夏	7761	810	2961	3990
新　疆	12463	1496	5334	5633

各地区按资质等级划分的专业承包建筑业企业自有设备总功率

单位:万千瓦

地区	合计	一级	二级	三级及以下
全国总计	**1626.8**	**405.5**	**622.5**	**598.7**
北京	75.9	18.7	45.4	11.9
天津	56.2	19.4	9.9	27.0
河北	94.5	26.0	35.4	33.2
山西	42.2	6.8	18.9	16.5
内蒙古	11.9	2.4	2.9	6.6
辽宁	126.0	29.4	48.7	47.9
吉林	34.1	2.8	20.7	10.6
黑龙江	49.0	14.8	15.7	18.5
上海	58.3	32.1	16.8	9.3
江苏	185.2	53.6	66.4	65.3
浙江	121.3	22.8	43.3	55.2
安徽	71.0	4.9	25.6	40.5
福建	25.7	3.4	13.2	9.2
江西	22.1	7.6	7.9	6.6
山东	66.9	7.7	29.2	30.1
河南	84.2	36.2	29.4	18.7
湖北	76.7	21.0	21.8	33.9
湖南	43.6	15.8	11.7	16.0
广东	93.1	23.0	23.6	46.5
广西	24.2	2.3	7.8	14.1
海南	1.4	0.3	1.1	0.0
重庆	25.1	6.4	10.4	8.3
四川	111.0	17.7	65.6	27.8
贵州	9.1	0.0	5.7	3.4
云南	24.3	4.6	13.5	6.2
西藏	1.2	0.0	0.0	1.2
陕西	18.8	8.9	4.0	5.9
甘肃	21.2	6.6	9.7	4.9
青海	9.7	3.1	1.6	5.0
宁夏	14.7	3.4	4.0	7.3
新疆	28.0	4.1	12.7	11.2

各地区按资质等级划分的专业承包建筑业企业实收资本

单位:万元

地　区	合　计	一　级	二　级	三级及以下
全国总计	**10738462**	**2336561**	**4265157**	**4136744**
北　京	590224	218615	249966	121643
天　津	367048	94836	86650	185562
河　北	442805	141048	151625	150132
山　西	259751	26902	123680	109169
内蒙古	53381	11613	15173	26595
辽　宁	881757	189005	392257	300495
吉　林	165382	14923	91673	58786
黑龙江	309597	64842	135603	109152
上　海	679509	212100	304804	162605
江　苏	1254208	262992	502630	488586
浙　江	857669	131240	276355	450074
安　徽	415396	21715	138848	254833
福　建	338685	47849	185734	105102
江　西	211404	48691	76073	86640
山　东	533518	73012	236164	224342
河　南	319763	133374	96390	89999
湖　北	394517	113715	123370	157432
湖　南	183789	44688	67199	71902
广　东	662102	169963	187425	304714
广　西	137342	11528	51578	74236
海　南	7580	5700	1510	370
重　庆	241923	51682	97461	92780
四　川	674480	103724	356753	214003
贵　州	61351	1509	30155	29687
云　南	151686	30183	81330	40173
西　藏	35905	146	7271	28488
陕　西	112753	45491	40901	26361
甘　肃	74664	17542	36769	20353
青　海	63823	7176	20015	36632
宁　夏	89101	16569	23350	49182
新　疆	167349	24188	76445	66716

各地区按资质等级划分的专业承包建筑业企业资产

单位:万元

地区	合计	一级	二级	三级及以下
全国总计	**31856156**	**9137148**	**11470596**	**11248412**
北京	1740713	758309	575319	407085
天津	1136093	446564	211944	477585
河北	1183189	481383	406129	295677
山西	637005	115712	274439	246854
内蒙古	186644	82775	39197	64672
辽宁	2322030	611204	992690	718136
吉林	471924	43895	270046	157983
黑龙江	783402	233062	335850	214490
上海	3133630	1194152	1320820	618658
江苏	4089526	1120100	1443134	1526292
浙江	3095325	737695	909838	1447792
安徽	946460	53367	289176	603917
福建	811645	112524	430205	268916
江西	527992	164319	168647	195026
山东	1340921	198341	570132	572448
河南	984014	527364	222291	234359
湖北	960770	335856	226119	398795
湖南	722107	186051	344108	191948
广东	2286334	694226	630661	961447
广西	389685	34389	154065	201231
海南	35149	30416	3964	769
重庆	521167	118922	201238	201007
四川	1721238	395221	766683	559334
贵州	171899	4569	82307	85023
云南	372690	97168	167698	107824
西藏	44953	214	7343	37396
陕西	354789	173248	97175	84366
甘肃	217017	79282	81687	56048
青海	120673	11039	38790	70844
宁夏	192621	36046	44262	112313
新疆	354551	59735	164639	130177

各地区按资质等级划分的专业承包建筑业企业所有者权益

单位:万元

地　区	合　计	一　级	二　级	三级及以下
全国总计	**13873233**	**3191295**	**5575276**	**5106662**
北　京	677451	274558	263957	138936
天　津	521419	203255	93284	224880
河　北	522241	193760	154891	173590
山　西	309125	28248	144087	136790
内蒙古	75996	25598	18481	31917
辽　宁	1161235	287948	509758	363529
吉　林	188465	15717	108225	64523
黑龙江	365441	87906	154274	123261
上　海	1388206	339207	836355	212644
江　苏	1586771	330821	625103	630847
浙　江	1226838	231051	366922	628865
安　徽	482118	24509	154385	303224
福　建	393068	57243	206124	129701
江　西	238801	52854	87712	98235
山　东	627014	85001	281039	260974
河　南	382557	163485	116557	102515
湖　北	457159	129536	135644	191979
湖　南	309165	49038	175548	84579
广　东	856623	211745	238415	406463
广　西	182233	17577	72994	91662
海　南	24327	22011	1832	484
重　庆	265111	62362	100009	102740
四　川	780825	132308	379853	268664
贵　州	68892	448	33740	34704
云　南	178631	38531	91991	48109
西　藏	36917	146	7291	29480
陕　西	125184	50694	43284	31206
甘　肃	91447	24358	43897	23192
青　海	67377	7812	20375	39190
宁　夏	98644	15554	23855	59235
新　疆	183952	28014	85394	70544

各地区按资质等级划分的专业承包建筑业企业负债

单位:万元

地区	合计	一级	二级	三级及以下
全国总计	**17982923**	**5945853**	**5895320**	**6141750**
北京	1063262	483751	311362	268149
天津	614674	243309	118660	252705
河北	660948	287623	251238	122087
山西	327880	87464	130352	110064
内蒙古	110648	57177	20716	32755
辽宁	1160795	323256	482932	354607
吉林	283459	28178	161821	93460
黑龙江	417961	145156	181576	91229
上海	1745424	854945	484465	406014
江苏	2502755	789279	818031	895445
浙江	1868487	506644	542916	818927
安徽	464342	28858	134791	300693
福建	418577	55281	224081	139215
江西	289191	111465	80935	96791
山东	713907	113340	289093	311474
河南	601457	363879	105734	131844
湖北	503611	206320	90475	206816
湖南	412942	137013	168560	107369
广东	1429711	482481	392246	554984
广西	207452	16812	81071	109569
海南	10822	8405	2132	285
重庆	256056	56560	101229	98267
四川	940413	262913	386830	290670
贵州	103007	4121	48567	50319
云南	194059	58637	75707	59715
西藏	8036	68	52	7916
陕西	229605	122554	53891	53160
甘肃	125570	54924	37790	32856
青海	53296	3227	18415	31654
宁夏	93977	20492	20407	53078
新疆	170599	31721	79245	59633

各地区按资质等级划分的专业承包建筑业企业总收入

单位:万元

地　区	合　计	一　级	二　级	三级及以下
全国总计	**25244829**	**7817790**	**8534857**	**8892182**
北　京	1342546	593294	482321	266931
天　津	911464	385614	165325	360525
河　北	1300461	467451	413333	419677
山　西	455267	80693	191044	183530
内蒙古	135181	55348	34296	45537
辽　宁	1955259	522613	849030	583616
吉　林	364640	29062	217020	118558
黑龙江	571159	193687	227222	150250
上　海	2120575	874390	781905	464280
江　苏	2985722	906417	955056	1124249
浙　江	3099657	766915	980970	1351772
安　徽	860728	51420	297675	511633
福　建	543508	116745	251021	175742
江　西	373102	159706	93556	119840
山　东	940649	177813	386795	376041
河　南	834174	465853	177206	191115
湖　北	731334	250564	171827	308943
湖　南	518808	160192	178527	180089
广　东	1917894	641673	418332	857889
广　西	242596	37739	91746	113111
海　南	17715	13694	3150	871
重　庆	405265	85043	158469	161753
四　川	1229293	315767	523156	390370
贵　州	101418	4530	58466	38422
云　南	257463	104711	100519	52233
西　藏	20294	425	507	19362
陕　西	306003	189306	65488	51209
甘　肃	194062	73162	66700	54200
青　海	83927	14152	19779	49996
宁　夏	115168	15552	33367	66249
新　疆	309497	64259	141049	104189

各地区按资质等级划分的专业承包建筑业企业利税总额

单位:万元

地　　区	合　　计	一　　级	二　　级	三级及以下
全国总计	**1727157**	**483995**	**570541**	**672621**
北　　京	75889	30227	28301	17361
天　　津	71350	29938	11306	30106
河　　北	73833	27949	25841	20043
山　　西	26653	1659	11811	13183
内 蒙 古	7179	2230	2263	2686
辽　　宁	127977	46722	45412	35843
吉　　林	19173	187	12253	6733
黑 龙 江	28495	7616	13424	7455
上　　海	128139	58064	38455	31620
江　　苏	196693	40598	68512	87583
浙　　江	293302	71057	77232	145013
安　　徽	55044	3241	18036	33767
福　　建	54561	15393	20016	19152
江　　西	23133	7340	7027	8766
山　　东	74175	13210	31462	29503
河　　南	46738	27453	9458	9827
湖　　北	49012	12698	13144	23170
湖　　南	51239	7424	32470	11345
广　　东	131448	32362	30381	68705
广　　西	11857	1259	5051	5547
海　　南	4200	4124	51	25
重　　庆	24164	5472	9188	9504
四　　川	81897	17771	35936	28190
贵　　州	6093	354	2028	3711
云　　南	12487	5554	3089	3844
西　　藏	1903	51	35	1817
陕　　西	12764	7264	2796	2704
甘　　肃	9134	2436	4321	2377
青　　海	4225	235	1297	2693
宁　　夏	6966	498	2224	4244
新　　疆	17434	3609	7721	6104

各地区按资质等级划分的专业承包建筑业企业利润总额

单位:万元

地　区	合　计	一　级	二　级	三级及以下
全国总计	**890738**	**240065**	**287126**	**363547**
北　京	35129	12900	13243	8986
天　津	43246	19024	6728	17494
河　北	39336	12386	17097	9853
山　西	11213	－1030	5280	6963
内蒙古	2546	573	1057	916
辽　宁	54828	25445	16092	13291
吉　林	5951	－752	5729	974
黑龙江	10630	2987	5606	2037
上　海	71925	35265	17009	19651
江　苏	92203	13373	33755	45075
浙　江	191948	44491	45650	101807
安　徽	26666	1545	7694	17427
福　建	35450	11555	10829	13066
江　西	11191	3174	3676	4341
山　东	38582	8174	15998	14410
河　南	21456	13043	2872	5541
湖　北	20482	3876	6014	10592
湖　南	32101	1701	25304	5096
广　东	61222	10431	15858	34933
广　西	5215	964	2601	1650
海　南	3650	3708	－53	－5
重　庆	9906	2397	3793	3716
四　川	40158	8595	17669	13894
贵　州	2306	202	－87	2191
云　南	2885	1997	－298	1186
西　藏	1107	15	20	1072
陕　西	3297	1518	646	1133
甘　肃	3381	345	2057	979
青　海	1207	94	645	468
宁　夏	3464	84	1223	2157
新　疆	8057	1985	3419	2653

各地区按资质等级划分的专业承包建筑业企业工程结算利润

单位:万元

地　　区	合　　计	一　　级	二　　级	三级及以下
全国总计	**2859561**	**831033**	**980903**	**1047625**
北　　京	153949	59003	58146	36800
天　　津	114189	43224	20047	50918
河　　北	128637	50766	44414	33457
山　　西	55502	9724	22522	23256
内 蒙 古	16550	5244	5887	5419
辽　　宁	237073	74670	97390	65013
吉　　林	37393	2151	23858	11384
黑 龙 江	60269	20375	24949	14945
上　　海	215023	88198	66550	60275
江　　苏	331981	81868	117484	132629
浙　　江	353541	81124	100647	171770
安　　徽	88041	4743	26187	57111
福　　建	80426	18920	35549	25957
江　　西	36497	13144	10521	12832
山　　东	127595	23522	54845	49228
河　　南	86373	48641	18954	18778
湖　　北	81308	25828	20799	34681
湖　　南	84357	22263	41434	20660
广　　东	191840	53283	47241	91316
广　　西	30025	4808	11202	14015
海　　南	4703	4250	308	145
重　　庆	46644	9406	17317	19921
四　　川	154506	39366	66205	48935
贵　　州	8647	513	3027	5107
云　　南	25487	9135	10057	6295
西　　藏	2618	22	36	2560
陕　　西	22380	14502	3636	4242
甘　　肃	23874	11770	7672	4432
青　　海	8445	1071	2463	4911
宁　　夏	15140	1092	5296	8752
新　　疆	36548	8407	16260	11881

各地区按资质等级划分的专业承包建筑业企业税金总额

单位:万元

地区	合计	一级	二级	三级及以下
全国总计	**836419**	**243930**	**283415**	**309074**
北京	40760	17327	15058	8375
天津	28104	10914	4578	12612
河北	34497	15563	8744	10190
山西	15440	2689	6531	6220
内蒙古	4633	1657	1206	1770
辽宁	73149	21277	29320	22552
吉林	13222	939	6524	5759
黑龙江	17865	4629	7818	5418
上海	56214	22799	21446	11969
江苏	104490	27225	34757	42508
浙江	101354	26566	31582	43206
安徽	28378	1696	10342	16340
福建	19111	3838	9187	6086
江西	11942	4166	3351	4425
山东	35593	5036	15464	15093
河南	25282	14410	6586	4286
湖北	28530	8822	7130	12578
湖南	19138	5723	7166	6249
广东	70226	21931	14523	33772
广西	6642	295	2450	3897
海南	550	416	104	30
重庆	14258	3075	5395	5788
四川	41739	9176	18267	14296
贵州	3787	152	2115	1520
云南	9602	3557	3387	2658
西藏	796	36	15	745
陕西	9467	5746	2150	1571
甘肃	5753	2091	2264	1398
青海	3018	141	652	2225
宁夏	3502	414	1001	2087
新疆	9377	1624	4302	3451

各地区按资质等级划分的专业承包建筑业企业工程结算收入

单位:万元

地 区	合 计	一 级	二 级	三级及以下
全国总计	**24323313**	**7628434**	**8323155**	**8371724**
北 京	1310499	579344	474145	257010
天 津	868639	377914	147485	343240
河 北	1290051	464505	410361	415185
山 西	446419	79475	185754	181190
内蒙古	134362	54829	34124	45409
辽 宁	1900586	502476	833818	564292
吉 林	360487	28985	215795	115707
黑龙江	564408	193327	223479	147602
上 海	2038455	848518	759330	430607
江 苏	2886447	892035	932831	1061581
浙 江	2923113	745681	956083	1221349
安 徽	815415	50509	294058	470848
福 建	516053	116132	236450	163471
江 西	362218	156047	91484	114687
山 东	912528	166638	379123	366767
河 南	822157	461999	170622	189536
湖 北	713735	239085	170257	304393
湖 南	497900	158308	175464	164128
广 东	1816631	625073	408351	783207
广 西	235763	37604	89135	109024
海 南	17613	13694	3130	789
重 庆	389334	84080	151549	153705
四 川	1191614	311384	507345	372885
贵 州	99100	4530	57649	36921
云 南	253134	104563	99817	48754
西 藏	20294	425	507	19362
陕 西	290187	181097	63097	45993
甘 肃	160847	61704	65488	33655
青 海	82158	14152	19471	48535
宁 夏	107214	15545	31030	60639
新 疆	295952	58776	135923	101253

各地区按资质等级划分的专业承包建筑业企业管理费用

单位:万元

地区	合计	一级	二级	三级及以下
全国总计	**2025445**	**578337**	**699130**	**747978**
北京	123488	48434	45114	29940
天津	75327	24941	13187	37199
河北	80192	33845	24086	22261
山西	42742	9565	18857	14320
内蒙古	13189	4173	4593	4423
辽宁	176495	47316	73010	56169
吉林	31867	2572	18181	11114
黑龙江	44799	12089	20079	12631
上海	168430	60991	56866	50573
江苏	250050	64393	86312	99345
浙江	185985	38865	54874	92246
安徽	62856	2939	18730	41187
福建	50462	8069	27014	15379
江西	25912	9484	7567	8861
山东	87708	14813	38894	34001
河南	62709	32427	17353	12929
湖北	64255	26467	15693	22095
湖南	50778	18779	16677	15322
广东	130557	40225	30306	60026
广西	28965	3869	10330	14766
海南	1092	575	367	150
重庆	35813	6931	12870	16012
四川	108537	28908	45405	34224
贵州	7678	263	3251	4164
云南	21955	6135	9857	5963
西藏	1378	6	11	1361
陕西	21122	12796	4792	3534
甘肃	21634	9834	5780	6020
青海	7004	965	1828	4211
宁夏	14027	878	5234	7915
新疆	28439	6790	12012	9637

各地区按资质等级划分的专业承包建筑业企业财务费用

单位：万元

地　区	合　计	一　级	二　级	三级及以下
全国总计	**125115**	**43166**	**41187**	**40762**
北　京	2792	2056	986	－250
天　津	2438	1107	1314	17
河　北	10710	4409	4661	1640
山　西	2796	979	1134	683
内蒙古	1256	883	203	170
辽　宁	8539	2896	2782	2861
吉　林	772	279	95	398
黑龙江	2709	1310	735	664
上　海	－172	－723	838	－287
江　苏	16985	6568	6932	3485
浙　江	15842	5970	4748	5124
安　徽	3699	254	1039	2406
福　建	1701	326	842	533
江　西	2705	866	796	1043
山　东	6965	1232	2137	3596
河　南	5329	3740	959	630
湖　北	4913	717	976	3220
湖　南	2126	682	－3	1447
广　东	11526	4452	2341	4733
广　西	1115	－17	60	1072
海　南	268	266	2	0
重　庆	3648	830	1481	1337
四　川	8332	1722	3164	3446
贵　州	290	31	165	94
云　南	2085	714	925	446
西　藏	128	1	1	126
陕　西	2800	936	988	876
甘　肃	1044	249	337	458
青　海	662	12	104	546
宁　夏	610	166	230	214
新　疆	502	253	215	34

各地区按资质等级划分的专业承包建筑业企业被拖欠工程款

单位：万元

地　区	合　计	一　级	二　级	三级及以下
全国总计	**3054437**	**1168669**	**985692**	**900076**
北　京	216363	98870	96639	20854
天　津	91328	36773	17813	36742
河　北	163852	72268	39082	52502
山　西	78651	23547	32885	22219
内蒙古	18749	1871	5783	11095
辽　宁	163039	33877	67363	61799
吉　林	70925	13916	38029	18980
黑龙江	124980	78494	26849	19637
上　海	137148	62292	56764	18092
江　苏	481882	219255	141963	120664
浙　江	275833	80461	77713	117659
安　徽	140146	8798	56336	75012
福　建	36340	10764	16505	9071
江　西	34228	17966	6633	9629
山　东	144960	40530	56249	48181
河　南	78585	35475	27081	16029
湖　北	105267	47421	15847	41999
湖　南	41575	17216	13715	10644
广　东	218506	120734	35447	62325
广　西	21687	4041	5725	11921
海　南	1234	40	1194	0
重　庆	57726	14431	30599	12696
四　川	130281	49275	35860	45146
贵　州	10349	0	10306	43
云　南	50683	13714	25257	11712
西　藏	3144	0	46	3098
陕　西	53286	30313	15517	7456
甘　肃	26518	15324	5391	5803
青　海	9902	90	3501	6311
宁　夏	24459	6855	8859	8745
新　疆	42811	14058	14741	14012

各地区劳务分包建筑业企业生产经营情况

单位:万元

地　区	企业总收入	#劳务收入	税金	利润总额	从业人员劳动报酬	#工资总额	#劳动保险
全国总计	**762876**	**478079**	**21289**	**15747**	**336696**	**315478**	**10189**
北　京	4808	4032	226	361	4858	4776	54
天　津	16018	12607	702	1444	3714	3297	181
河　北	12535	11944	282	273	9008	8883	78
山　西	37527	4726	1207	1064	2816	2455	290
内蒙古	901	797	238	19	409	401	8
辽　宁	11957	5361	265	-162	1719	1611	98
吉　林							
黑龙江							
上　海	17347	13577	387	571	2537	2392	124
江　苏	353613	217959	8724	5682	138463	123916	5181
浙　江	18525	14982	734	1201	5395	4772	317
安　徽	57946	53084	1111	2282	37496	36419	892
福　建	61216	19333	2332	384	51995	51676	202
江　西	9645	3777	293	240	1945	1843	83
山　东	20717	9525	812	663	3920	3771	121
河　南	7075	5022	47	326	4270	4238	30
湖　北	27732	21854	332	278	21632	19921	1631
湖　南	440	440	20	4	753	746	7
广　东	10351	4986	234	117	2234	1956	93
广　西	2149	1300	93	9	720	603	20
海　南	157	156	8	-19	21	19	2
重　庆	9296	7909	278	250	4172	3867	289
四　川	57695	52163	1170	643	34128	33703	260
贵　州							
云　南	1102	945	35	36	334	317	16
西　藏							
陕　西	7719	368	244	164	546	521	23
甘　肃	1776	370	84	65	621	572	48
青　海	280	280	17	24	116	116	
宁　夏	920	823	32	-92	297	247	8
新　疆	13429	9759	1382	-80	2577	2440	133

各地区劳务分包建筑业企业个数和人员情况

地　　区	企业个数(个)	计算劳动生产率的平均人数(人)	年平均从业人数(人)	#管理人员	#工程技术人员	#现场施工工人	#持证上岗人员
全国总计	**1193**	**343755**	**352691**	**33377**	**20950**	**305577**	**203075**
北　　京	24	4179	4137	270	158	3636	2827
天　　津	85	4357	4462	744	437	3519	1949
河　　北	47	10717	10818	973	673	9791	7923
山　　西	27	4254	4452	739	550	3336	2176
内 蒙 古	7	638	648	104	73	531	479
辽　　宁	44	2498	2588	557	301	1859	1262
吉　　林							
黑 龙 江							
上　　海	40	2734	2176	422	207	1652	1565
江　　苏	373	133964	135758	10523	7362	120658	68171
浙　　江	76	4792	4762	763	449	3673	2568
安　　徽	74	46448	50323	7197	3231	41968	29181
福　　建	61	37086	37471	866	476	35358	27981
江　　西	27	4035	4720	496	394	3974	1722
山　　东	68	5996	6081	1029	643	3908	2914
河　　南	12	4549	5479	492	305	4226	3526
湖　　北	24	19164	18887	2452	2185	15863	13943
湖　　南	3	3622	3622	189	137	3433	1456
广　　东	16	821	1883	329	211	686	526
广　　西	4	822	840	66	27	764	464
海　　南	2	14	17	6	4	8	8
重　　庆	24	4257	4214	389	281	3494	1939
四　　川	64	43268	43952	3824	2250	39435	28195
贵　　州							
云　　南	2	277	277	42	21	234	229
西　　藏							
陕　　西	9	674	688	120	80	479	291
甘　　肃	17	914	944	161	129	646	393
青　　海	1	214	214	14	12	200	21
宁　　夏	13	623	639	98	59	430	274
新　　疆	49	2838	2639	512	295	1816	1092

五

各行业建筑业企业

各行业建筑业企业签订合同情况

单位：万元

行业	合同总额	上年结转合同额	本年新签合同额
总计	**267342881**	**91747274**	**175595607**
土木工程建筑业	237702211	84360046	153342165
房屋	170069357	59180405	110888952
矿山	2986696	838985	2147711
铁路公路隧道桥梁	45447654	17623023	27824631
堤坝电站码头	10492030	4419723	6072307
其他土木工程	8706474	2297910	6408564
线路管道设备安装业	22234413	5857047	16377366
线路管道安装业	9953986	2426773	7527213
设备安装业	12280427	3430274	8850153
装修装饰业	7406257	1530181	5876076

各行业建筑业企业承包工程完成情况

单位：万元

行业	直接从建设单位承揽工程完成的产值	自行完成施工产值	分包出去工程的产值	从建设单位以外承揽工程完成的产值
总计	**180966888**	**175892776**	**5074112**	**9378977**
土木工程建筑业	157094780	152941880	4152900	7417865
房屋	114181013	111537335	2643678	5032753
矿山	2416512	2337160	79352	93842
铁路公路隧道桥梁	28408174	27418145	990029	1430161
堤坝电站码头	5583417	5335071	248346	254840
其他土木工程	6505664	6314169	191495	606269
线路管道设备安装业	17665610	16829602	836008	1446172
线路管道安装业	8575032	8141597	433435	435316
设备安装业	9090578	8688005	402573	1010856
装修装饰业	6206498	6121294	85204	514940

各行业建筑业企业总产值和竣工产值

单位:万元

行业	建筑业总产值	#装饰装修产值	#在外省完成的产值
总计	**185271753**	**12227101**	**37932017**
土木工程建筑业	160359745	6321217	33607516
房屋	116570088	5815708	21245005
矿山	2431002	19714	425086
铁路公路隧道桥梁	28848306	214998	9608453
堤坝电站码头	5589911	44965	1247466
其他土木工程	6920438	225832	1081506
线路管道设备安装业	18275774	286023	3295065
线路管道安装业	8576913	86179	1518755
设备安装业	9698861	199844	1776310
装修装饰业	6636234	5619861	1029436

各行业建筑业企业总产值和竣工产值

续表

单位:万元

行业	按构成分组			竣工产值
	建筑工程产值	安装工程产值	其他产值	
总计	**157103166**	**21735028**	**6433559**	**137294144**
土木工程建筑业	147631989	8137928	4589828	117945007
房屋	108072099	5658794	2839195	87098460
矿山	1939111	391619	100272	1787258
铁路公路隧道桥梁	27638493	473322	736491	19739351
堤坝电站码头	4658132	671702	260077	3970463
其他土木工程	5324154	942491	653793	5349475
线路管道设备安装业	4807144	12603117	865513	14456865
线路管道安装业	2680237	5621145	275531	6833992
设备安装业	2126907	6981972	589982	7622873
装修装饰业	4664033	993983	978218	4892272

各行业建筑业企业单位工程施工个数及工程质量

行业	单位工程施工个数(个)	#本年新开工	#实行投标承包个数	#本年新开工
总计	**912259**	**634397**	**481465**	**329183**
土木工程建筑业	650956	436722	421505	285535
房屋	470303	309078	321410	218679
矿山	12318	9910	6181	4688
铁路公路隧道桥梁	78373	49490	58308	35736
堤坝电站码头	22454	15736	14195	10006
其他土木工程	67508	52508	21411	16426
线路管道设备安装业	260834	197333	59810	43522
线路管道安装业	135760	105208	25520	19604
设备安装业	125074	92125	34290	23918
装修装饰业	469	342	150	126

各行业建筑业企业单位工程施工个数及工程质量

续表

行业	单位工程竣工个数(个)	#一次交验合格个数	单位工程一次交验合格率(%)	投标承包个数的比重(%)
总计	**610192**	**535880**	**87.8**	**52.8**
土木工程建筑业	405100	367575	90.7	64.8
房屋	283241	263138	92.9	68.3
矿山	9122	8242	90.4	50.2
铁路公路隧道桥梁	44257	39213	88.6	74.4
堤坝电站码头	14293	12068	84.4	63.2
其他土木工程	54187	44914	82.9	31.7
线路管道设备安装业	204725	167974	82.0	22.9
线路管道安装业	109852	91526	83.3	18.8
设备安装业	94873	76448	80.6	27.4
装修装饰业	367	331	90.2	32.0

各行业建筑业企业房屋建筑面积及工程质量

行业	房屋建筑施工面积(万平方米)	#本年新开工	#实行投标承包面积	#本年新开工
总　计	**215608.7**	**126658.2**	**165451.7**	**101849.1**
土木工程建筑业	212460.3	124571.4	163744.7	100733.8
房　屋	205672.2	120408.3	158974.2	97932.4
矿　山	652.9	438.5	383.6	256.8
铁路公路隧道桥梁	2095.3	1150.4	1722.8	928.2
堤坝电站码头	575.8	325.9	463.2	263.0
其他土木工程	3464.1	2248.2	2200.9	1353.5
线路管道设备安装业	3058.3	2027.5	1654.8	1075.5
线路管道安装业	903.2	574.2	443.3	281.2
设备安装业	2155.1	1453.3	1211.5	794.4
装修装饰业	90.2	59.4	52.2	39.8

各行业建筑业企业房屋建筑面积及工程质量

续表

行业	房屋建筑竣工面积(万平方米)	#一次交验合格面积	竣工面积一次交验合格率(%)	实行投标承包面积的比重(%)
总　计	**110217.1**	**100146.4**	**90.9**	**76.7**
土木工程建筑业	108332.1	98579.1	91.0	77.1
房　屋	104677.6	95569.0	91.3	77.3
矿　山	417.3	277.4	66.5	58.8
铁路公路隧道桥梁	1015.5	859.7	84.7	82.2
堤坝电站码头	271.9	236.9	87.1	80.5
其他土木工程	1949.9	1636.1	83.9	63.5
线路管道设备安装业	1828.9	1514.0	82.8	54.1
线路管道安装业	589.4	514.9	87.4	49.1
设备安装业	1239.6	999.1	80.6	56.2
装修装饰业	56.0	53.3	95.1	57.9

按主要用途分的各行业建筑业企业房屋建筑竣工面积

单位:万平方米

行　　业	合　　计	厂房	住宅	办公用房	商业、居民服务业用房
总　　计	**110217.1**	**15027.6**	**63711.6**	**8863.6**	**9453.1**
土木工程建筑业	108332.1	14450.2	63065.2	8693.7	9168.7
房　屋	104677.6	13370.5	61548.2	8411.4	8959.2
矿　山	417.3	112.9	191.6	20.9	23.3
铁路公路隧道桥梁	1015.5	133.0	476.0	91.2	54.7
堤坝电站码头	271.9	92.3	108.2	29.1	23.1
其他土木工程	1949.9	741.5	741.2	141.1	108.4
线路管道设备安装业	1828.9	569.0	617.9	163.8	277.8
线路管道安装业	589.4	90.5	243.7	54.3	134.1
设备安装业	1239.6	478.5	374.3	109.5	143.6
装修装饰业	56.0	8.4	28.4	6.1	6.7

按主要用途分的各行业建筑业企业房屋建筑竣工面积

续表

单位:万平方米

行　　业	文化教育用房	医疗用房	科研用房	其他用房
总　　计	**6653.9**	**1009.3**	**476.4**	**5021.5**
土木工程建筑业	6600.5	995.6	462.7	4895.4
房　屋	6457.5	982.8	450.9	4497.2
矿　山	22.4	1.9	2.3	42.0
铁路公路隧道桥梁	38.0	4.0	0.4	218.1
堤坝电站码头	3.4	0.6	1.2	14.0
其他土木工程	79.3	6.4	8.0	124.1
线路管道设备安装业	51.2	13.7	13.6	122.0
线路管道安装业	11.8	2.3	2.8	49.8
设备安装业	39.3	11.3	10.8	72.2
装修装饰业	2.3			4.1

各行业建筑业企业机械设备情况

行　　业	年末自有机械设备总台数(台)	年末自有机械设备总功率(千瓦)	#施工机械总功率	年末自有机械设备净值(万元)	技术装备率(元/人)	动力装备率(千瓦/人)
总　　计	**7540011**	**110225153**	**86640024**	**21722927**	**9675**	**4.9**
土木工程建筑业	6454893	98251978	77765380	19284347	9607	4.9
房　屋	5300876	62533609	50211128	12009250	7295	3.8
矿　山	105444	3078851	2226382	617123	22844	11.4
铁路公路隧道桥梁	546399	20999245	15973129	4391135	21280	10.2
堤坝电站码头	231354	5994674	4782998	1141001	22040	11.6
其他土木工程	270820	5645599	4571743	1125838	14834	7.4
线路管道设备安装业	661115	9570297	7072262	1892466	11036	5.6
线路管道安装业	255089	4271535	3169593	813215	10804	5.7
设备安装业	406026	5298762	3902669	1079251	11218	5.5
装修装饰业	424003	2402878	1802382	546114	8231	3.6

各行业建筑业企业主要生产效益指标

行　　业	建筑业企业个数(个)	计算劳动生产率的平均人数(人)	按总产值计算的劳动生产率(元/人)	按增加值计算的劳动生产率(元/人)	人均竣工产值(元/人)	人均施工面积(平方米/人)	人均竣工面积(平方米/人)
总　　计	**47820**	**24323131**	**76171**	**19316**	**56446**	**88.6**	**45.3**
土木工程建筑业	32967	21760466	73693	18168	54202	97.6	49.8
房　屋	25466	17800046	65489	16138	48932	115.6	58.8
矿　山	354	270964	89717	26946	65959	24.1	15.4
铁路公路隧道桥梁	2912	2353067	122599	27575	83888	8.9	4.3
堤坝电站码头	984	551496	101359	30785	71994	10.4	4.9
其他土木工程	3251	784893	88170	24121	68155	44.1	24.8
线路管道设备安装业	6817	1820334	100398	31427	79419	16.8	10.1
线路管道安装业	2570	795200	107859	33681	85941	11.4	7.4
设备安装业	4247	1025134	94611	29678	74360	21.0	12.1
装修装饰业	8036	742331	89397	23275	65904	1.2	0.8

各行业建筑业企业营业额

单位:万元

行业	企业营业额	在境外完成的营业额	企业总产值	#建筑业总产值	#对内销售产值
总计	**200156293**	**2334063**	**197822230**	**185271753**	**1789804**
土木工程建筑业	172666902	2162100	170504802	160359745	1427886
房屋	124296584	1341522	122955062	116570088	932598
矿山	2971597	18554	2953043	2431002	120212
铁路公路隧道桥梁	30881628	138284	30743344	28848306	189573
堤坝电站码头	6466542	118334	6348208	5589911	110627
其他土木工程	8050551	545406	7505145	6920438	74876
线路管道设备安装业	20422089	160674	20261415	18275774	349244
线路管道安装业	9598301	69278	9529023	8576913	162889
设备安装业	10823788	91396	10732392	9698861	186355
装修装饰业	7067302	11289	7056013	6636234	12674

各行业建筑业增加值及其构成

单位:万元

行业	建筑业增加值	本年提取固定资产折旧	主营业务应付工资总额	主营业务应付福利费总额
总计	**46982984**	**3010518**	**20517210**	**2230194**
土木工程建筑业	39534503	2541123	17946776	1902988
房屋	28724882	1365587	14256180	1427833
矿山	730141	116125	237731	32191
铁路公路隧道桥梁	6488473	705522	2196648	289587
堤坝电站码头	1697792	190410	587556	72432
其他土木工程	1893215	163479	668661	80945
线路管道设备安装业	5720733	374852	1974333	262895
线路管道安装业	2678351	174100	873614	113106
设备安装业	3042382	200752	1100719	149789
装修装饰业	1727748	94543	596101	64311

各行业建筑业增加值及其构成

续表　　　　单位:万元

行　业	工程结算税金及附加	工程结算利润	管理费用中的税金	管理费用中的劳动待业保险费
总　计	**5667556**	**13950478**	**326709**	**1280319**
土木工程建筑业	4908532	10906550	272632	1055902
房　屋	3649218	7189283	208717	628064
矿　山	65905	232951	4378	40860
铁路公路隧道桥梁	813942	2209642	35109	238023
堤坝电站码头	175631	569703	10931	91129
其他土木工程	203836	704971	13497	57826
线路管道设备安装业	545155	2321811	37951	203736
线路管道安装业	251925	1151401	16734	97471
设备安装业	293230	1170410	21217	106265
装修装饰业	213869	722117	16126	20681

各行业建筑业企业资产构成

单位:万元

行　业	资产合计	#流动资产小计	#长期投资	#固定资产小计	#无形及递延资产
总　计	**203901075**	**143153123**	**8742542**	**45183333**	**5219417**
土木工程建筑业	170180303	118652277	7198060	38384410	4611698
房　屋	116683928	83697159	4423856	24247606	3352047
矿　山	4024787	2050642	129859	1692147	140257
铁路公路隧道桥梁	31961478	21612469	1430997	8055523	640408
堤坝电站码头	7535566	4640078	640064	1989206	191303
其他土木工程	9974544	6651929	573284	2399928	287683
线路管道设备安装业	25738543	18410958	1311168	5327306	486243
线路管道安装业	11321051	8246274	650252	2135506	199785
设备安装业	14417492	10164684	660916	3191800	286458
装修装饰业	7982229	6089888	233314	1471617	121476

各行业建筑业企业流动资产及递延资产

单位：万元

行　　业	流动资产	#存货	#在建工程	无形及递延资产	#无形资产
总　　计	**143153123**	**41073296**	**24271110**	**5219417**	**4287889**
土木工程建筑业	118652277	34083199	20508060	4611698	3845631
房　屋	83697159	26196208	16325096	3352047	2794369
矿　山	2050642	445410	120707	140257	99600
铁路公路隧道桥梁	21612469	4782839	2554394	640408	562010
堤坝电站码头	4640078	835501	460297	191303	141233
其他土木工程	6651929	1823241	1047566	287683	248419
线路管道设备安装业	18410958	5144626	2953470	486243	367842
线路管道安装业	8246274	2363904	1357937	199785	134712
设备安装业	10164684	2780722	1595533	286458	233130
装修装饰业	6089888	1845471	809580	121476	74416

各行业建筑业企业固定资产情况

单位：万元

行　　业	固定资产小计	固定资产原价	#生产经营用	固定资产折旧	#本年折旧
总　　计	**45183333**	**61838028**	**48488808**	**19106231**	**3010518**
土木工程建筑业	38384410	52296551	41021224	16034262	2541123
房　屋	24247606	31612705	24084572	8691440	1365587
矿　山	1692147	2441085	1875739	880247	116125
铁路公路隧道桥梁	8055523	11667167	9762509	4028566	705522
堤坝电站码头	1989206	3253022	2590411	1392688	190410
其他土木工程	2399928	3322572	2707993	1041321	163479
线路管道设备安装业	5327306	7647166	6058246	2576925	374852
线路管道安装业	2135506	2990775	2357182	991059	174100
设备安装业	3191800	4656391	3701064	1585866	200752
装修装饰业	1471617	1894311	1409338	495044	94543

各行业建筑业企业负债及所有者权益

单位：万元

行　业	负债合计	流动负债	长期负债	所有者权益	#实收资本
总　计	**129856808**	**123237647**	**6619161**	**74044267**	**58555713**
土木工程建筑业	109276313	103410818	5865495	60903990	48654898
房　屋	74940748	71537098	3403650	41743180	33545072
矿　山	2253449	2067416	186033	1771338	1537245
铁路公路隧道桥梁	21097616	19791893	1305723	10863862	8431198
堤坝电站码头	4935136	4459946	475190	2600430	1919864
其他土木工程	6049364	5554465	494899	3925180	3221519
线路管道设备安装业	16406704	15842411	564293	9331839	6710676
线路管道安装业	7442447	7150422	292025	3878604	2848599
设备安装业	8964257	8691989	272268	5453235	3862077
装修装饰业	4173791	3984418	189373	3808438	3190139

各行业建筑业企业实收资本

单位：万元

行　业	合　计	国家资本	集体资本	法人资本	个人资本	港澳台资本	外商资本
总　计	**58555713**	**15700727**	**10038259**	**17386861**	**14867009**	**365261**	**197596**
土木工程建筑业	48654898	13608580	8777714	13950638	12101928	115607	100431
房　屋	33545072	6512099	7696965	9168907	10027727	74479	64895
矿　山	1537245	602263	57368	801752	75862		
铁路公路隧道桥梁	8431198	4231594	563173	2493113	1131862	6581	4875
堤坝电站码头	1919864	988237	131508	632719	167000	400	
其他土木工程	3221519	1274387	328700	854147	699477	34147	30661
线路管道设备安装业	6710676	1803110	985095	2413007	1423530	55700	30234
线路管道安装业	2848599	790425	480645	1019890	541369	11329	4941
设备安装业	3862077	1012685	504450	1393117	882161	44371	25293
装修装饰业	3190139	289037	275450	1023216	1341551	193954	66931

各行业建筑业企业收入情况

单位:万元

行业	工程结算收入	工程结算成本	工程结算税金及附加	工程结算利润	其他业务收入	#其他业务利润
总计	**172092117**	**152474083**	**5667556**	**13950478**	**5355660**	**856237**
土木工程建筑业	148336528	132521446	4908532	10906550	4206845	641866
房屋	105211169	94372668	3649218	7189283	2688285	449915
矿山	2668568	2369712	65905	232951	91935	18330
铁路公路隧道桥梁	28234924	25211340	813942	2209642	757769	89715
堤坝电站码头	5668877	4923543	175631	569703	298111	36222
其他土木工程	6552990	5644183	203836	704971	370745	47684
线路管道设备安装业	17571092	14704126	545155	2321811	1014780	181684
线路管道安装业	8220459	6817133	251925	1151401	450963	80344
设备安装业	9350633	7886993	293230	1170410	563817	101340
装修装饰业	6184497	5248511	213869	722117	134035	32687

各行业建筑业企业费用情况

单位:万元

行业	管理费用	#税金	#财产保险费	#劳动待业保险费	财务费用	#利息支出
总计	**10166903**	**326709**	**78108**	**1280319**	**949836**	**738304**
土木工程建筑业	7851005	272632	62478	1055902	848950	656480
房屋	4933324	208717	40438	628064	636078	479287
矿山	238259	4378	1301	40860	15269	12088
铁路公路隧道桥梁	1653415	35109	14489	238023	127134	108256
堤坝电站码头	480866	10931	2693	91129	33337	27852
其他土木工程	545141	13497	3557	57826	37132	28997
线路管道设备安装业	1776026	37951	11937	203736	59209	50584
线路管道安装业	828501	16734	4901	97471	21690	17891
设备安装业	947525	21217	7036	106265	37519	32693
装修装饰业	539872	16126	3693	20681	41677	31240

各行业建筑业企业利润及税金情况

单位:万元

行业	利润总额	#应交所得税	税金总额	工程结算税金及附加	管理费用中的税金
总计	**3703532**	**1187922**	**5994265**	**5667556**	**326709**
土木工程建筑业	2846570	908951	5181164	4908532	272632
房屋	2074907	653727	3857935	3649218	208717
矿山	-23479	9940	70283	65905	4378
铁路公路隧道桥梁	511545	162662	849051	813942	35109
堤坝电站码头	103479	29421	186562	175631	10931
其他土木工程	180118	53201	217333	203836	13497
线路管道设备安装业	684981	220207	583106	545155	37951
线路管道安装业	382076	122484	268659	251925	16734
设备安装业	302905	97723	314447	293230	21217
装修装饰业	171981	58764	229995	213869	16126

各行业建筑业企业工程拖欠款及企业亏损情况

行业	年末拖欠工程款(万元)	#竣工拖欠	企业个数(个)	#亏损企业个数	亏损企业的比重(%)
总计	**33656155**	**19245673**	**47820**	**8968**	**18.8**
土木工程建筑业	30389718	17281730	32967	5380	16.3
房屋	23645023	13338808	25466	3910	15.4
矿山	307385	188645	354	70	19.8
铁路公路隧道桥梁	4304201	2480031	2912	460	15.8
堤坝电站码头	907092	456097	984	156	15.9
其他土木工程	1226017	818149	3251	784	24.1
线路管道设备安装业	2545483	1477322	6817	1491	21.9
线路管道安装业	981049	574804	2570	467	18.2
设备安装业	1564434	902518	4247	1024	24.1
装修装饰业	720954	486621	8036	2097	26.1

各行业建筑业企业主要经济效益指标

行　　业	产值利润率(%)	产值利税率(%)	资本利润率(%)	资本利税率(%)	人均利润(元/人)	人均利税(元/人)	资产负债率(%)
总　　计	**2.0**	**5.2**	**6.3**	**16.6**	**1523**	**3987**	**63.7**
土木工程建筑业	1.8	5.0	5.9	16.5	1308	3689	64.2
房　屋	1.8	5.1	6.2	17.7	1166	3333	64.2
矿　山	-1.0	1.9	-1.5	3.0	-866	1727	56.0
铁路公路隧道桥梁	1.8	4.7	6.1	16.1	2174	5782	66.0
堤坝电站码头	1.9	5.2	5.4	15.1	1876	5259	65.5
其他土木工程	2.6	5.7	5.6	12.3	2295	5064	60.6
线路管道设备安装业	3.7	6.9	10.2	18.9	3763	6966	63.7
线路管道安装业	4.5	7.6	13.4	22.8	4805	8183	65.7
设备安装业	3.1	6.4	7.8	16.0	2955	6022	62.2
装修装饰业	2.6	6.1	5.4	12.6	2317	5415	52.3